L'abbé de Boulogne, jeune prêtre habitué à Saint-Germain-l'Auxerrois, étoit interdit depuis deux ou trois ans par M. l'archevêque, fans favoir pourquoi, fans que le prélat eût jamais voulu l'inftruire de la caufe, & malgré les atteftations qu'il lui avoit rapportées, conformément à ce que fa grandeur en avoit exigé. Se doutant bien que fon nom ne feroit point agréable à M. de Beaumont, s'il fe faifoit connoître d'abord, il avoit prié un de fes amis de lui fervir de prête-nom : celui-ci, quand il fut bien conftaté que le difcours compofé par fon ami étoit le difcours couronné, inftruifit les juges de la petite fupercherie. Ces juges étoient meffieurs Chevreuil, Affeline, Royou, Geoffroy, Grofier, Pey, Gerard & Godefcard. Ils furent bien furpris & embarraffés, connoiffant l'entêtement & la prévention du prélat. Cependant il fallut lui apprendre cette fâcheufe nouvelle ; il en fut furieux, & vouloit que le prix fût transféré au difcours le plus goûté des juges après celui-là. C'étoit un difcours de M. de Milou, arbitre au premier concours & entré dans la lice pour le fecond : mais ces meffieurs déclarerent à M. de Beaumont, que ce feroit une injuftice d'autant plus manifefte, qu'il y avoit une très-grande diftance entre l'un & l'autre. Il fallut que l'archevêque avalât la pilule, & vît le jeune abbé, victime de fes perfécutions, emporter les 1,800 liv. qu'il n'avoit pas eu deffein de lui donner.

On affure d'ailleurs que l'ouvrage de M. l'abbé de Boulogne eft d'un mérite fupérieur ; que depuis long-temps on n'a rien vu d'auffi bon, & qu'il furpaffe tout ce que l'académie Françoife a jamais couronné. L'auteur eft dans la maniere de M. l'évêque de Beauvais ; il eft plein d'idées, a beaucoup d'imagination, de chaleur, d'abondance, & son style est noble & ferme.

Son succès a concilié à M. l'abbé de Boulogne tous les gens distingués du parti des dévots; & depuis ce temps, ils ne cessent de harceler M. l'archevêque de Paris, pour qu'il lui rende ses bonnes graces & sa confiance.

1 *Janvier* 1781. Les comédiens Italiens donnent aujourd'hui pour étrennes au public, la premiere représentation des *Etrennes de Mercure*, ou *le Bonnet Magique*, opéra comique nouveau, en trois actes, en vaudevilles. Il est des faiseurs à la mode, MM. Auguste de Piis & Barré.

2 *Janvier*. Extrait d'une lettre d'Amiens, du 28 décembre 1780. « Ce monsieur Necker est un
» homme terrible, qui met notre intendant dans
» un grand embarras. Celui-ci a jugé à propos
» de nous faire construire une salle de comédie,
» qui coûte 160,000 livres. Elle est achevée depuis
» quelque temps, & l'on y a joué du commence-
» ment de cette année. M. l'intendant se propo-
» soit de la payer des fonds des octrois muni-
» cipaux d'Amiens; il en avoit donné sa parole à
» l'architecte, qui, croyant pouvoir y compter, en
» avoit fait les avances de son argent, ou de
» celui de ses associés. C'est le diable aujourd'hui!
» Cet artiste n'en peut tirer un sou. Le directeur
» général des finances ne veut pas laisser à la
» disposition des commissaires départis les octrois,
» s'en empare & se charge des dépenses. En con-
» séquence il nous a remis cette année 50,000
» livres sur les tailles; il nous a fait fournir
» 40,000 livres pour les atteliers de charité,
» mais rien pour la salle de comédie. On est
» obligé de prélever sur les représentations une

MÉMOIRES SECRETS

POUR SERVIR A L'HISTOIRE
DE LA
RÉPUBLIQUE DES LETTRES
EN FRANCE,

DEPUIS MDCCLXII JUSQU'A NOS JOURS;

OU

JOURNAL
D'UN OBSERVATEUR,

CONTENANT les Analyses des Pieces de Théatre qui ont paru durant cet intervalle ; les Relations des Assemblées Littéraires ; les notices des Livres nouveaux, clandestins, prohibés ; les Pieces fugitives, rares ou manuscrites, en prose ou en vers ; les Vaudevilles sur la Cour ; les Anecdotes & Bons Mots ; les Eloges des Savants, des Artistes, des Hommes de Lettres morts, &c. &c. &c.

TOME DIX-SEPTIEME.

. . . . *huc propius me,*
. . . . *vos ordine adite.*
Hor. L. II, Sat. 3, ℣. 81 & 82.

A LONDRES,
CHEZ JOHN ADAMSON.

M. DCC. LXXXIV.

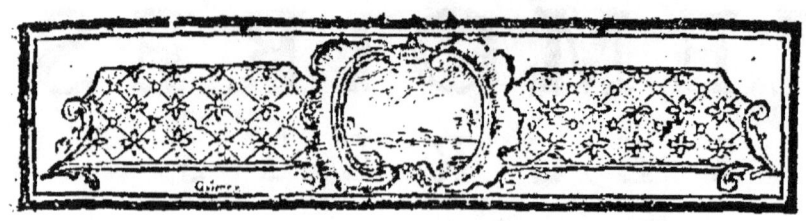

MÉMOIRES
SECRETS

Pour servir a l'Histoire de la République des Lettres en France, depuis MDCCLXII jusqu'a nos jours.

ANNÉE M. DCC. LXXXI.

1 *Janvier* 1781. C'est, comme on l'a déjà annoncé, M. l'abbé de Boulogne qui est l'auteur du discours qui a remporté le prix proposé par une société, amie de la religion & des lettres. Avant de parler du discours, il faut faire connoître les auteurs du prix & le candidat couronné. Les premiers sont M. l'archevêque de Paris, d'abord pour moitié dans 1,200 livres annoncées en 1778, & ensuite pour les trois quarts, ayant augmenté sa mise de 1,200 livres, pour exciter encore mieux le zèle & le talent des concurrents; les autres sont un abbé Pey, chanoine de l'église de Paris; l'abbé de Crillon, &c.

» somme pour payer les intérêts de son capital
» à l'architecte, qui gémit de sa crédulité, &
» maudit le comte d'Agai : c'est ainsi que se
» qualifie notre intendant, détestant à son tour
» cordialement M. Necker. »

2 *Janvier* 1781. La nouvelle production de messieurs Auguste & Barré n'a point eu hier de succès des premieres ; elle a généralement déplu : on a dit que le sujet ne comportoit pas trois actes : on y a trouvé beaucoup de longueurs, des plaisanteries grossieres, enfin point de plan, ni situation, ni tableaux.

Voici en deux mots le sujet de la piece : *Géronte*, en écrivant des lettres de nouvelle année, fait de sages réflexions sur ce genre de politesse : il voudroit pouvoir discerner parmi les compliments qu'il est sur le point de recevoir, ceux que lui donnera l'amitié sincere, d'avec ceux qu'il ne devra qu'à l'usage ou au vil intérêt. *Mercure* lui porte pour étrennes, de la part de Jupiter, un bonnet. Quand il en sera coëffé, tous ceux qui lui parleront, seront forcés de lui dire la vérité. Il a la mal-adresse de s'en servir, & il apprend de la bouche de son ami, & même de celle de sa femme, tout ce qu'il n'auroit pas voulu savoir.

3 *Janvier.* Mlle. Duranci, morte le 28 décembre dernier, est une perte très-grande pour l'opéra ; & elle mérite une notice particuliere. Fille de la fameuse Darimatel, renommée durant les jours brillants de l'opéra comique, elle fut consacrée au théatre dès sa plus tendre enfance. Douée d'une intelligence supérieure & encouragée par ses premiers essais en province, elle débuta à la comédie Françoise le 19 juillet 1759, dans

l'emploi des foubrettes : elle n'avoit pas encore 13 ans. —— Elle paſſa enſuite au théatre lyrique en 1762, où s'élevant aux rôles de reines, elle fit celui de *Cléopâtre*. En 1766, elle rentra à la comédie Françoiſe pour doubler Mlle. Dubois, qui ſuccédoit à Mlle. Clairon, comme chef d'emploi ; mais bientôt la jalouſie de ſa rivale la força de retourner à l'opéra. Celle-ci, avec beaucoup moins de talent, étoit très-jolie, & dès-lors ne devoit pas manquer de l'emporter. Le célebre le Kain, dont on ne peut révoquer en doute le ſuffrage, chargé d'être leur médiateur reconnoiſſoit en Mlle. Duranci, quoique laide, une actrice pleine d'ame, de ſentiment & de chaleur, dont la nobleſſe de ſa démarche, la grace du maintien, la vérité des geſtes auroient dû faire oublier la figure. Il fut indigné de voir la ſeconde ſacrifiée aux brigues de la premiere, près des gentilshommes de la chambre, plus em-preſſés de coucher avec l'une que d'admirer l'autre au théatre. Il copia toute la correſpondance relative à cette querelle, il la certifia véritable, & la conſigna dans un journal qu'il tenoit de tout ce qui ſe paſſoit dans ſon tripot. Il a confié ce journal en mourant aux mains d'un M. Antoine, ſon ami, qui conſerve ce manuſcrit, & le montre aux amateurs. Dans pluſieurs de ſes lettres, ce ſublime acteur parle de Mlle. Duranci comme d'un ſujet fait pour honorer la ſcene françoiſe. C'eſt encore à l'occaſion des injuſtices dont elle avoit à ſe plaindre, que Voltaire écrivoit à le Kain : « je mourrai bientôt, & ce ſera avec le » regret d'avoir vu le plus beau des arts vili-
» pendé & tombé en France. » Mlle. Duranci, au titre de comédienne, le ſujet le plus diſtin-

gué de l'opéra, y éprouvoit encore des persécutions. Elle n'y a point eu le succès qu'elle méritoit, parce qu'elle avoit une voix presque aussi désagréable que sa figure. Du reste, elle étoit renommée par sa lubricité, & l'on a parlé dans le temps de son aventure avec M. de Louvois. Elle étoit devenue amoureuse d'un M. le Vacher de Charnois, gendre du sieur Préville.

Ce M. le Vacher de Charnois est en même temps un bel esprit, un auteur qui a continué le *Journal des théatres*, commencé par M. le Fuel de Méricourt ; il est aujourd'hui le rédacteur en titre des articles des spectacles pour le *Mercure*, à 150 livres la feuille. Mlle. Duranci, enchantée de trouver dans ce jeune homme à la fois le physique & les ressources de l'esprit, goûtoit par son union un charme inexprimable. Mais M. de Charnois s'étant réconcilié avec sa femme, a dû, comme de raison, renoncer à ce commerce criminel. L'actrice n'a pu soutenir une telle rupture & son amant s'attribue cette mort, & se fait gloire de sa victime. Il lui a, par reconnoissance, dressé une belle oraison funèbre dans le *Mercure*.

4 Janvier 1781. A l'assemblée de l'académie royale de peinture & de sculpture, du 30 décembre dernier, M. Menageot, agréé peintre d'histoire, a fait apporter le morceau qu'il a exécuté pour sa réception, & il a été admis, avec beaucoup d'applaudissements, au nombre des académiciens.

Le sujet est allégorique ; c'est *l'étude qui arrête le temps*. Sans parler de la composition qui est ingénieuse, mais dont les artistes s'occupent le moins, ils en vantent le ton de couleur vigoureux, le beau pinceau, la touche ferme & moëlieufe, l'excellent goût de draperie, enfin l'enfemble, qui en eft très-agréable; fans doute cet ouvrage fera expofé au fallon, & l'on verra fi le public déja bien difpofé en faveur du peintre, confirmera par fon fuffrage celui des juges.

4 *Janvier*. Extrait d'une lettre de Boulogne-fur-Mer, du 25 décembre 1780. « Notre évêque
„ vient d'établir dans chaque paroiffe dont il eft
„ feigneur, un prix de fageffe, fous le nom de
„ fecond prix de la Rofiere, en faveur des filles
„ pauvres & vertueufes. Celui de la paroiffe de
„ faint Nicolas eft de 500 livres. Il a été décerné
„ le jour de la fête de ce faint, entre trois filles
„ à mérite égal : le prélat a préféré une orpheline
„ de pere & de mere, & qui, quoique privée des
„ fecours de trois freres matelots au fervice du
„ roi, & vivant feule, n'a dû la fubfiftance qu'à
„ fon travail, & s'eft gagné par fes vertus l'ef-
„ time publique. „

4 *Janvier* 1781. Ces jours derniers une femme eft venue chez Mlle. Bertin, la fameufe marchande de modes de la reine, dont nous avons eu occafion de parler plufieurs fois. Cette femme a demandé des ajuftements pour le deuil de l'impératrice; on lui en a préfenté de plufieurs efpeces qu'elle a rejetés. Mlle. Bertin impatientée, & voyant qu'elle avoit affaire à une petite-maîtreffe d'un goût très difficile, s'eft écriée pour finir : *préfentez donc à madame des échantillons de mon dernier travail avec fa majefté.* C'étoit fermer la bouche à la critique, & la dame s'en eft allée très-fatisfaite d'avoir tout ce qu'il y avoit de plus moderne & de plus exquis, mais non fans rire de l'emphafe ridicule de l'ouvriere.

5 *Janvier.* Extrait d'une lettre de Grandville,

du 1er. janvier. « Depuis quelque temps on préparoit dans ce port & sur la côte une expédition avec le plus grand secret ; on avoit mis un embargo sur tous les bâtiments : on sait aujourd'hui qu'il s'agit de l'isle de Jersey, & que c'est un baron de Rullecourt qui a donné le projet, & doit l'exécuter à la tête de la légion de *Luxembourg*. Les chasse-marées, les gabares & d'autres bâtiments rassemblés ici, reçurent leur monde le 28 ; & à l'entrée de la nuit cette flotille, portant environ 1,200 hommes, s'éloigna. Les vents & le calme l'ont contrariée, elle a été obligée de se réfugier à l'isle de Chousey, & de là elle est revenue à Cancale. Ce n'est qu'une partie remise.

» Parmi les officiers de la légion de *Luxembourg*, il y a un Indien *Mir Seed*, officier au service du grand-mogol, venu en France avec M. Chevalier, & qui a voulu, à toute force, *aller tuer les Anglois*. Il s'est affublé d'un beau doliman bleu, qui est la couleur de l'uniforme de la légion, & il n'a de nos officiers que les épaulettes. Il conserve toujours son turban avec une bande d'étoffe verte, en qualité de descendant de Mahomet. On raconte qu'il disoit l'autre jour : *moi manger cochon, moi boire vin, & par conséquent moi chrétien ; moi toujours conserver turban, parce que moi sang du grand prophete*. On vouloit l'empêcher de s'embarquer ; mais il a fallu céder à ses instances. C'est un homme d'environ quarante-cinq ans, qui paroît fort vigoureux. Sa résolution de venir s'instruire en Europe, annonce de l'esprit & de l'ardeur. »

5 *Janvier* 1781. Les colporteurs commencent

à annoncer une *Vie privée de Louis XV*, avec portraits, en quatre volumes.

6 Janvier. M. Lieutaud, mort le 6 décembre dernier, étoit né à Auxerre en 1703. Il étoit le dernier de douze enfants, le plus foible & le moins bien conformé; mais il fut dédommagé par les qualités de l'esprit. Formé sous son oncle Garidel, botaniste, alors très-célebre à Aix, ses études se tournerent naturellement vers la médecine. Après l'avoir exercée long-temps en province, il fut appellé d'Aix à Versailles en 1750, & établi médecin de l'infirmerie royale. Son mérite n'étoit pas encore assez grand pour avoir percé jusqu'à la cour: son élévation fut donc la suite d'une intrigue, dont on a perdu la trace. Il fut nommé, quelques mois après, médecin des enfants de France, & est successivement devenu premier médecin du roi, & de *Monsieur* & du comte d'Artois en même temps, qui n'ont jamais voulu qu'il les quittât.

M. Lieutaud a publié plusieurs ouvrages sur la médecine; des *Observations sur le cœur & sur la vessie*; des *Essais d'anatomie*; *un Traité de Physiologie*, &c. Il étoit membre de l'académie royale des sciences, où son éloge sera traité plus amplement.

Au milieu des honneurs dont il fut comblé, ce docteur conserva la simplicité de ses mœurs, sa modestie & son amour pour le travail. Il aimoit les lettres, & s'étoit formé une bibliotheque choisie. *Monsieur* avoit acheté cette collection de livres de son vivant, & en avoit laissé la jouissance à M. Lieutaud.

Il n'a jamais mérité le reproche, souvent fait à ses confreres, de prêcher peu d'exemple, & d'aimer la table & la bonne chere ; il étoit sobre & frugal, & a été enlevé presque subitement à 77 ans.

6 *Janvier* 1781. Messieurs le Sesne & compagnie, ayant par une lettre du 4 décembre dernier, soumis au choix de mademoiselle la Chevaliere d'Eon, le capitaine, les officiers & volontaires qui monteront la frégate corsaire qui porte le nom de cette héroïne, en ont reçu la réponse suivante en date du 15, digne d'être consignée ici par le ton original qui caractérise les productions de cette fille célebre.

« J'ai reçu, Messieurs, la nouvelle lettre dont
» vous m'avez honorée le 4 de ce mois. Si j'avois
» prévu les conséquences qui résultent de la ré-
» ponse que j'ai cru devoir faire à votre demande
» gracieuse de nommer une de vos frégates, je
» me serois bien gardée d'accepter cet honneur.
» Les louanges que cette déférence m'attire de
» votre part, donnent de mes talents & de mon
» mérite une idée qui ne peut s'accorder avec
» l'opinion que je dois en avoir. Il est vrai que
» remplie d'un attachement inviolable aux in-
» térêts de sa majesté, mon zele pour sa gloire
» m'a toujours fait desirer d'être utile à ma patrie.
» Il n'y a donc que ce sentiment, secondé de
» votre intelligence & de votre intégrité recon-
» nues dans votre administration, qui puissent
» me décider à partager & à m'intéresser, autant
» qu'il me sera possible, dans vos travaux, dont
» l'objet répond si parfaitement à ma façon de
» penser.

» Quant au choix du capitaine de vaisseau,
» des officiers & volontaires qui desirent se dis-
» tinguer sur votre armement, je crois, Messieurs,

» qu'il suffit d'ouvrir à nos marins & à nos mili-
» taires une carriere de gloire & d'utilité au gou-
» vernement, pour les voir s'y présenter en foule,
» & acheter aux dépens de leur fortune, & même
» de leur vie, le droit de la parcourir; en sorte
» que je regarde ce choix comme bien plus
» difficile à faire par le grand nombre de concur-
» rents, que par le mérite & le courage; qualités
» naturelles à tous les militaires François, que
» je suis plus dans le cas d'applaudir & d'imiter,
» que de juger. Au surplus, je vous promets de
» faire tout ce qui dépendra de moi, pour ré-
» pondre à la confiance que vous voulez bien me
» témoigner à cet égard, d'une maniere digne
» de son objet. »

J'ai l'honneur d'être, &c.

La Chevaliere d'Éon.

7 Janvier 1781. Les comédiens François donnent demain la premiere représentation du *Jaloux sans amour*, comédie nouvelle en cinq actes & en vers. Le nom de l'auteur, M. Imbert, prévient peu favorablement: il est trop jeune pour traiter à fond un sujet aussi difficile, exigeant une profonde connoissance du cœur humain; & ses essais dans le genre dont il s'agit, n'annoncent pas à beaucoup près le talent qu'il faudroit. Ses partisans assurent qu'il y a des vers heureux, des tirades charmantes; ce qui est très possible, mais ne constitue pas le mérite essentiel d'un pareil ouvrage.

7 Janvier 1781. Extrait d'une lettre de Bordeaux, du 1 janvier. « On vous a trompé,
» si l'on vous a dit que M. Dupaty eut été reçu
» à plaider la cause devant la grand'cham-

» bre ou les chambres assemblées pour l'admis-
» sion de sa requête civile. Au contraire, c'est
» une gaucherie de ses ennemis ; car s'ils avoient
» pu le faire exclure par un arrêt ainsi légal, &
» que lui-même desiroit, l'expulsé n'avoit plus
» rien à dire, & étoit dans le cas de se retirer.
» Vraisemblablement ils ont craint que son élo-
» quence ne triomphât de leur cabale, & qu'il
» n'entraînât pour lui la pluralité des suffrages.
» C'est cette injustice, ce refus criant de l'enten-
» dre, qui peuvent le justifier sur les voies d'auto-
» rité qu'il a été obligé d'employer. Voici au sur-
» plus les faits plus exacts que vous desirez.

» Le roi, lassé d'une résistance téméraire, a
» voulu être obéi : un édit a prorogé la séance
» du parlement ; des lettres de cachet ont été
» distribuées à tous les membres qui le compo-
» sent, pour avoir à se trouver au palais le jour
» qui leur seroit indiqué. M. Bouvard de Four-
» queux, conseiller d'état, est arrivé de Paris
» pour cette commission importante, qu'il a
» remplie conjointement avec le maréchal de
» Mouchy : ils y ont mis tous deux beaucoup
» de douceur & d'honnêteté. M. Dupaty a
» été reçu président à mortier, & l'arrêté con-
» cernant M. Dufaur de la Jarthe, cassé, en ce
» que le parlement n'a pas le droit de pronon-
» cer aucune peine contre les gens du roi, avant
» que S. M. le lui ait permis. Alors l'édit de
» prorogation fut révoqué, & les chambres eu-
» rent l'air de se séparer ; je dis l'air, parce qu'il
» est constant qu'il y a eu une protestation se-
» crete contre tout ce qui s'est passé : mais
» j'ignore si c'est la veille, le jour ou le lende-
» main de la séance.

» A la rentrée, le peuple bénissoit le monar-
» que du retour des deux magistrats, MM. Du-
» paty & de la Jarthe. La fermeté modeste de
» ceux-ci contrastoit merveilleusement avec l'air
» altier de leurs oppresseurs. Cependant un bruit
» sourd se répand, on redoute de nouveaux événe-
» ments : M l'avocat-général de la Jarthe quitte
» la chambre du conseil, où tous les magistrats
» étoient rassemblés, suivant l'usage, & se retire
» au parquet : d'un autre côté, M. Dupaty est
» resté dans la salle des manteaux, & la cour déli-
» bere. Il étoit trois heures de relevée ; rien ne
» transpire, & le public assemblé depuis neuf
» heures dans la grande salle du palais, attendoit
» le résultat avec la plus vive impatience. La
» messe rouge n'avoit jamais été autant retar-
» dée. —— Enfin la cour s'y rend à quatre heures.
» Le sujet de sa longue délibération avoit été
» contre les deux magistrats qu'il s'agissoit d'ex-
» pulser. On agita long-temps de savoir si M. Du-
» paty, en siégeant avec la compagnie, au rang
» des présidents, étoit censé immatriculé & faire
» corps : après bien des débats l'affirmative passa.
» On résolut, pour éluder cette difficulté, d'assister
» à la messe rouge, & de le laisser confiné à la salle
» des manteaux, & l'avocat-général au parquet.

» Cet expédient ne réussit point. M. Dupaty
» étoit aux aguets : il apperçoit la compagnie
» sortir, & court prendre sa place. M. de la Jarthe
» se tient sur le seuil de la porte du parquet,
» & se joint à ses confreres, qui se rendent à la
» chapelle. Presque la moitié des officiers étoit restée
» dans la chambre du conseil.

» Depuis cette époque, le parlement de Bor-
» deaux s'est assemblé tous les jours ; & si la

» fermeté des plus sages n'en avoit impofé à la
» multitude effrénée, cette cour auroit infaillible-
» ment pouffé la démence à fon dernier période. »

8 *Janvier* 1781. La comédie Italienne, malgré les fréquentes nouveautés qu'elle donne fans
relâche depuis long-temps, ne peut empêcher qu'on
ne remarque le vuide laiffé fur fon théatre par
la perte de *d'Hele*, mort le 27 décembre dernier. Né d'une famille Angloife diftinguée, il
étoit d'abord entré au fervice, & avoit été envoyé à la Jamaïque, où il refta jufqu'à la fin de
la derniere guerre. Il voyagea enfuite, & paffa
plufieurs années en Italie. Venu à Paris vers
1770, & fe trouvant dans la détreffe pour s'être
livré avec trop d'ardeur aux plaifirs de cette capitale, il chercha dans les lettres une reffource
contre l'infortune. S'étant lié avec M. Gretry,
qui goûtoit fon genre de travail, & le trouvoit
propre à lui échauffer le génie, celui-ci le pré-
fenta à madame de Monteffon. Cette femme
illuftre, amie des arts, les cultivant, les accueil-
lant dans fon palais, fut enchantée de M. d'Hele
& voulut faire jouer fur fon théatre *le Jugement
de Midas*, comédie relative à la révolution que
notre mufique venoit d'éprouver. Elle eut beaucoup de fuccès dans la fociété de madame de
Monteffon, & fe foutint fur le théatre de la
comédie Italienne. *L'Amant Jaloux*, autre piece
du même auteur, dont elle fut fuivie, acheva
fon triomphe. Les *événemens imprévus* effuyerent
plus de contradiction. Docile & de bonne foi,
d'Hele les retira, profita des critiques, & fit re-
paroître fon ouvrage avec des changemens qui
lui concilierent les fpectateurs les plus difficiles.

En général, les comédies de ce poëte font fortement intriguées; l'action en est vive & chaude, & l'intérêt agréable. Ses vers sont un peu lâches le style de sa prose n'est pas toujours très-pur: mais son dialogue est naturel & pressé. On peut le regarder comme créateur sur la scene Italienne d'un genre à lui, qu'il auroit encore plus perfectionné, si le temps le lui eût permis. Attaqué de la poitrine, le départ d'*Argentine*, dont il étoit amoureux fou, lui a porté le dernier coup: il a accéléré une mort que cet homme passionné auroit préféré de recevoir dans les bras & au sein de la volupté.

9 *Janvier*. Le *jaloux sans amour*, non-seulement n'a eu aucun succès, mais a été hué à peu près depuis le commencement jusqu'à la fin. Cet excès de dégoût du public fournit un prétexte à l'auteur & à ses partisans pour demander une seconde représentation. Ils prétendent n'avoir jamais vu de représentation plus scandaleusement orageuse que celle-ci, & ils attribuent au tumulte la disgrace de la piece remplie, disent-ils, de détails brillants, & dont l'action rallentie par d'autres déplacés & trop longs, sera plus chaude & plus saillante quand elle en sera dégagée. On peut assurer d'avance que ce sera toujours une très-mauvaise comédie, un caractere vague, esquissé d'une façon triviale; de petits moyens & une intrigue sans combinaison & sans effets.

9 *Janvier* 1781. Extrait d'une lettre de Bordeaux, du 4 janvier. « Un trait de M. Dupaty, » qui mérite d'être conservé, vous prouvera com-
» bien chez lui l'intérêt public l'emporte sur l'in-
» térêt particulier. Par un usage respectable,
» *l'audience de la Rede*, est consacrée à la dé-

„ livrance des prisonniers que des événements
„ malheureux, de légeres fautes retiennent dans
„ les liens. L'inſtant approchoit de ce jour de
„ grace & d'humanité ; M. Dupaty, qui n'a ceſſé
„ d'entrer au palais, mais preſque toujours ſeul,
„ craint de laiſſer échapper ce moment ſi deſiré
„ pour tant d'infortunés, plus à plaindre que cou-
„ pables. Il ſe préſente à la tournelle dont il
„ étoit, & annonce aux autres officiers que, pour
„ ne point éluder l'effet de l'audience ſolemnelle
„ qui va ſe tenir inceſſamment, il ſe retire, en
„ proteſtant qu'on ne doit attribuer ſa retraite
„ qu'à un motif de compaſſion, & qu'il ſe réſerve
„ le droit de rentrer dès que ſon devoir le rappel-
„ lera à ſes fonctions. „

10 *Janvier* 1781. L'école royale vétérinaire devient de plus en plus l'objet de la curioſité, non-ſeulement des nationaux, mais des étrangers. La collection anatomique de cette maiſon royale eſt la plus intéreſſante qu'il y ait en ce genre, en ce qu'on y trouve une piece rare ou plutôt unique, & qui certainement n'exiſte dans aucun des cabinets de l'Europe ; c'eſt la nevrologie toute entiere du cheval, ſans aucune ſolution de continuité.

Ce chef-d'œuvre anatomique paſſe pour être l'ouvrage de M. Flandrin, ancien directeur de l'école vétérinaire de Lyon, & maintenant attaché à celle de Paris. Il eſt neveu de M. Chabert, directeur actuel de celle-ci, & le ſucceſſeur du fameux Bourgelat.

11 *Janvier*. Malgré le peu de ſuccès du *bonnet magique*, les couplets ſuivants méritent d'être conſervés.

Lise à douze ans demanda ses étrennes,
Et sa maman lui donna des rubans;
C'étoit bien peu; mais chaque âge a les siennes:
C'étoit bien peu; mais Lise avoit douze ans.

Lise à treize ans demanda ses étrennes,
On lui donna des almanachs chantants;
Du dieu d'amour elle y vit les fredaines:
Elle en sourit; car Lise avoit treize ans.

A quatorze ans, Lise pour ses étrennes.
Choisit Colin, la perle des amants;
Mais la maman se moquoit de ses peines,
En lui disant, tu n'as que quatorze ans.

Lise à quinze ans ne reçut point d'étrennes,
Mais l'hymen vint appaiser ses tourments;
Il étoit temps qu'elle donnât les siennes
Et son époux eut un cœur de quinze ans.

11 *Janvier* 1781. Mlle. Cécile, rentrée à l'opéra comme maîtresse de M de la Ferté, intendant des menus, & commissaire du roi en cette partie, a reparu dans le prologue de *Silvie*, depuis qu'on l'a joint au *Seigneur bienfaisant*. Elle a reçu les applaudissements les plus vifs, & a beaucoup acquis dans cet intervalle, contre l'ordinaire; elle faisoit déja les délices du théatre lyrique, & en est aujourd'hui l'admiration.

12 *Janvier*. Extrait d'une lettre de Strasbourg, du 2 janvier. « La pyramide triangulaire du maréchal de Turenne, dont les proportions ont été données peu exactement

« aura 27 à 29 pieds de hauteur, au lieu de
» 16 ; & la grille de fer qui fermera l'enceinte
» où elle sera posée, en aura 72, au lieu de
» 35. Il faut ajouter que s'il ne se trouvoit
» pas dans le régiment de *Turenne*, un sol-
» dat vétéran invalide, en état de venir occu-
» per la maison, & s'acquitter des soins que le
» local exige, on le prendroit dans le régiment de
» *Rohan-Soubize.* »

12 *Janvier.* Mémoire présenté au roi & à son conseil en 1780, par messieurs les députés & procureur-général syndic des états de Bretagne, à la cour, sur le droit que les états ont toujours eu d'élire librement leurs députés : précédé de la délibération des états qui en ordonne l'impression, & de l'arrêt du conseil du premier mars 1777. Tel est le titre d'un nouvel imprimé arrivé de Bretagne, & dont le gouvernement se soucie peu de voir les exemplaires se répandre dans la capitale. On dit l'ouvrage très-bien fait.

13 *Janvier* 1781. Monsieur Maloet, homme de lettres, autant qu'estimable médecin, trouvant le vers hexamètre de M. Delastre sur l'impératrice reine trop languissant, l'a changé en un pentamètre, pour y jeter plus de vivacité & d'énergie. Il faut rappeller le premier, afin de mieux les comparer :

Femina fronte patet, Vir pectore Diva decore.

Voici le second :

Pectore Vir, vultu Femina, mente Dea.

Quelques gens préferent celui-ci ; cependant

il manque de la gradation d'idées & d'images, qui fait la principale beauté de l'autre.

M. de Sancy, qui a découvert le vers de M. Delastre, a essayé de rendre ainsi en françois l'un & l'autre :

Cœur mâle, air de Vénus, sagesse de Minerve.

Il faut avouer que, malgré ce laconisme, le latin perd beaucoup à la traduction, & qu'elle est bien inférieure à l'original.

13 *Janvier* 1781. Depuis la descente extraordinaire faite à Jersey, M. de Rullecourt est aujourd'hui l'entretien de Paris. Il est d'Artois; c'est le fils d'un secretaire du roi, qui s'est signalé de bonne heure par son étourderie, & s'est fait décréter au parlement de Douay. Il étoit allé en Pologne lors des troubles de cette république, & avoit été à la veille d'y être pendu. C'est un roué dans toute la force du terme, abymé de dettes, & payant ses créanciers à coups de sabre. Ne sachant où donner de la tête, il s'est mis à la tête de ces volontaires de *Luxembourg*, gens de sac & de corde, qui ont pillé tout le pays où ils ont passé en Normandie. Il n'est pas étonnant que des bandits de cette espece aient fait un coup de main ; mais tout le monde est persuadé qu'il ne réussira pas, & qu'ils ne seront pas soutenus. Il court même des bruits déja que l'expédition est manquée. On parle d'un procès-verbal dressé à Granville sur le retour de l'arriere-garde de la troupe & de l'artillerie. On ajoute que l'officier qui l'a signé, avoit encore une telle frayeur, que la main lui trembloit.

14 *Janvier*. Dans le mémoire des états de Bre-

tagne annoncé, on expose ainsi le sujet de la querelle avec M. le duc de Penthievre.

Les états crurent pouvoir user sans crainte, en 1776, d'un droit qu'ils avoient paisiblement exercé en 1770 : ils nommerent des députés qui n'avoient point été recommandés par le gouverneur. Les commissaires du roi leur firent notifier une déclaration, qui leur annonçoit que S. M. ne recevroit aucuns autres députés à la cour, & ne permettroit pas qu'il en assistât d'autres à la chambre des comptes, que ceux qui avoient été recommandés. Les états se trouverent dans la cruelle alternative d'abandonner leurs droits, qui n'avoient point encore pu être examinés & jugés par le conseil, ou de persévérer dans une délibération qui pouvoit seule les maintenir. Ils se bornerent à faire des représentations pour obtenir le retrait de la déclaration ; il fut refusé ; ils protesterent, pour conserver leurs droits contre cette déclaration & contre la défense notifiée aux députés de la noblesse & du tiers, de se rendre à Paris.

Ils crurent devoir faire une défense particuliere au procureur-général syndic de faire aucune fonction sans le concours des députés. Ils nommerent, non pas des députés pour gérer les affaires de la province, mais des procurateurs pour défendre au conseil la légitimité des députés.

La nomination des procurateurs étoit tellement nécessaire & indispensable, que le roi ne crut pouvoir prononcer sur le droit réclamé par la province, sans l'intervention des états. Le conseil fut obligé de rester pendant deux ans dans le silence. Depuis l'ouverture des états, S. M. a persisté dans le desir de ne les entendre que par les députés recommandés par le gouverneur : les états se sont conformés à la volonté du monarque, ils les ont nommés, & ils les ont autorisés à accepter la recommandation du gouverneur, seulement afin de poursuivre au conseil la décision de la contestation.

Voilà où les choses en étoient, lorsque le mémoire a paru. Ce qu'il y a de singulier, c'est que M. le duc de Penthievre semble par son silence désavouer la prétention, & attend la décision sans comparoir.

Ce mémoire très-bien écrit, avec la dignité qui convient au corps qu'il défend, est cependant très-modéré, & rempli du respect des états pour leur gouverneur, & de leur haute vénération pour ses vertus.

14 *Janvier* 1781. Nous avons négligé d'annoncer un cours de commerce qui se fait aux consuls, dont l'objet est, en réunissant la théorie à la pratique, de rendre plus fertile cette source de l'opulence des états. C'est M. Benoît, homme très-estimé dans sa profession, qui s'est chargé de ce cours. Il a prononcé le 4 novembre, dans la salle d'audience du consulat, un discours d'ouverture très-intéressant, & qui mérite d'être infiniment plus connu que tant d'autres discours académiques, vagues & sans utilité. En voici un paragraphe.

« Nous vous parlions, Messieurs, il n'y a
» qu'un instant, des monarques, nos suprêmes
» bienfaiteurs : & à qui devons-nous plus d'hom-
» mages & de reconnoissance, qu'au souverain
» assis aujourd'hui sur le trône ? Voilà le rigide
» défenseur des loix, leur ange tutelaire. Oui,
» Messieurs, ses premiers soins ont été pour la

„ confervation & les progrès du commerce. Il
„ s'eſt armé du glaive ; ce n'eſt point pour ſe
„ couvrir d'une gloire ſtérile, pour ravager,
„ pour conquérir de vaſtes domaines ; c'eſt pour
„ défendre & ſoutenir les droits du commerce,
„ & en aſſurer la liberté à la France & à l'Eu-
„ rope entiere ; non content de nous protéger,
„ il nous crée des appuis dans de dignes miniſ-
„ tres qu'il inſpire : c'eſt ſous ſes glorieux auſpi-
„ ces qu'ils ſont chargés d'examiner ſes ordon-
„ nances ſur le commerce, & de dreſſer un nou-
„ veau corps de loix & de réglements. Puiſſe ma
„ foible voix ſe mêler aux acclamations publi-
„ ques pour bénir un regne qui annonce tant de
„ ſplendeur au commerce. „

14 *Janvier*. Extrait d'une lettre de Tours, du
10 janvier. " M. Rougeot, maître de deſſin
„ de cette ville, enthouſiaſte de ſon art, & con-
„ vaincu du beſoin que tous les autres, & ſur-tout
„ les plus utiles, tels que la menuiſerie, l'orfévre-
„ rie, la ſerrurerie, &c. ont de lui, ouvrit, il y
„ a trois ans, ſon école à tous les jeunes gens
„ qui pouvoient manquer de quoi ſe procurer ce
„ ſecours ; il ne tiroit de ſon travail journalier
„ que de quoi fournir aux frais indiſpenſales du
„ local, du luminaire, du chauffage, &c. Le
„ deſir de ſervir ſes concitoyens, & d'acquérir
„ la ſorte de gloire convenable à ſon entrepriſe,
„ étoit le principal motif de ſa généroſité. Le
„ gouvernement voulant reconnoître ſon zele, &
„ éclairé par cet eſſai ſur les avantages d'un pa-
„ reil établiſſement, vient d'ériger en académie
„ royale l'école gratuite de deſſin, ouverte par
„ M. Rougeot. Il lui a accordé 500 livres d'appoin-
„ tements, dont deux années payées d'avance.
„ Notre

„ Notre ville n'oubliera jamais le nom de ce
„ fondateur patriote, & sans doute les autres
„ villes commerçantes profiteront de l'exemple
„ qu'il leur donne. „

15 *Janvier* 1781. Extrait d'une lettre de Rennes, du 12 janvier. " Je vous envois, pour joindre
„ au mémoire imprimé des états, des *observations*
„ *du second ordre de la chambre de l'église, sur*
„ *l'arrêt du conseil des dépêches du 4 novembre*
„ 1780, *lu à l'assemblée des états*. „ Comme
elles ne sont que manuscrites, elles en deviennent plus précieuses : leur précision & leur énergie
les font d'ailleurs regarder comme un chef-
d'œuvre.

„ La destruction du droit naturel des états de
„ Bretagne, la discussion des moyens à employer
„ pour son rétablissement, & pour exprimer la
„ douleur vive & profonde de l'assemblée, ont
„ dû seules occuper hier tous les membres des
„ états.

„ Le cri de la patrie doit toujours être unanime;
„ c'eût été le troubler & en affoiblir l'énergie,
„ que d'y mêler dans le premier moment les
„ plaintes particulieres sur les infractions faites à
„ leurs droits.

„ Nous ignorons quelle marche dictera aux
„ états leur sagesse relativement à l'arrêt du 4
„ novembre.

„ La liberté détruite & mise jusqu'au tombeau,
„ observera-t-elle le silence de la mort, ou bien
„ emploierons-nous ce qui nous reste de force pour
„ faire les justes réclamations des états ?

„ Dans ce dernier cas, le second ordre du
„ clergé ne pourra se dispenser de joindre ses
„ plaintes personnelles à la réclamation générale

,, Pourrions-nous n'être pas vivement affectés
,, de l'exclusion formelle & de droit à la grande
,, députation prononcée contre nous par l'arrêt du
,, conseil ?

,, Il est vrai que depuis long-temps nous en
,, sommes exclus par le fait. Mais des exemples
,, ne sont pas des loix. A ces exemples modernes
,, nous avons à opposer des exemples anciens.
,, Nous citerions entr'autres ceux de *Mathurin
,, de Montale*, abbé de Saint Melaine de Rennes,
,, & de *Jean le Provot*, chanoine & trésorier de
,, l'église de la même ville, qui dans les temps
,, les plus difficiles remplirent avec succès ses
,, fonctions honorables & pénibles de la grande
,, députation.

,, Ces fonctions, dans d'autres pays d'états,
,, tels que la Bourgogne & l'Artois, sont encore
,, remplies aujourd'hui à l'alternative par les
,, membres du premier ordre, les abbés & les
,, membres des chapitres. Enfin tous les réglements
,, qui sont le texte de la loi, nous conservent ex-
,, pressément notre droit ; & si nous sommes rare-
,, ment élus, nous étions des trois ordres, de
,, l'aveu même du gouvernement, toujours re-
,, connus & déclarés éligibles.

,, Nous conviendrons sans peine que dans bien
,, des circonstances il peut être avantageux que
,, le choix de l'assemblée se fixe sur un des mem-
,, bres du premier ordre. Les égards dus à leur
,, dignité, à leurs talents, à leur mérite connu &
,, récompensé par le souverain lui-même, doi-
,, vent leur donner chez les ministres un accès
,, plus facile, & augmenter les moyens pour le
,, succès & la prompte expédition des affaires ;
,, mais dans cette circonstance même nous ne

» négligerions rien pour que notre zele suppléât à
„ notre crédit.

„ Les membres du premier ordre savent tous
„ que les places que nous occupons aujourd'hui
„ leur ont servi de degrés pour parvenir aux plus
„ éminentes qu'ils occupent. Ils se rappellent tous
„ le zele dont ils étoient animés pour le peuple,
„ pour le souverain, pour la patrie; ils recon-
„ noissent, ils applaudissent en nous les mêmes
„ sentiments.

„ Nous ne doutons pas qu'à ce titre ils ne veuil-
„ lent bien souscrire eux-mêmes à nos justes ré-
„ clamations, & approuver le zele qui nous rend
„ jaloux de partager avec eux l'honorable fonction
„ de porter aux pieds du trône les supplications
„ des états, & d'être les organes du peuple auprès
„ du pere de la patrie.

„ Cette persuasion a été pour nous un nou-
„ veau motif de commencer à faire part au pre-
„ mier ordre de notre arrêt de réclamation, si
„ les états se déterminent à en dresser une au
„ roi sur l'arrêté de son conseil du 4 de ce
„ mois.

Ces observations convenues entre tous les membres du second ordre, ont été suivant leur vœu
lues en pleine chambre de l'église, le 10 novembre 1780.

16 *Janvier* 1781. On a parlé plusieurs fois
de l'établissement des écoles nationales de M. le
comte de Thélis, qui peu à peu acquierent quelque consistance. Dans une lettre du 17 décembre
dernier, il répond à des objections qui lui ont été
faites.

1°. On lui a représenté d'abord que c'étoit
aller contre son but que d'approcher les enfants

du séjour de la corruption, en les occupant aux environs de Paris, cette Babylone nouvelle, centre des crimes, de la débauche & du scandale. Il paroît qu'il a senti cet inconvénient autant que personne ; mais il savoit aussi que ce n'est qu'en frappant les yeux de ceux dont il vouloit avoir les secours, qu'il pourroit les obtenir, & il se proposa bien après le succès de son établissement parfaitement consolidé, de soustraire ses élèves aux dangers qui les environnent ici de toutes parts.

2°. Ensuite il a reçu dans ses écoles, beaucoup d'enfants de douze à treize ans, parce que son principal but est de travailler à la réformation des mœurs publiques, en donnant aux enfants du peuple une éducation chrétienne & patriotique, éducation dont ils sont plus susceptibles à mesure qu'ils sont moins avancés en âge.

3°. Mais il en a résulté plus de lenteur dans la confection des chemins, auxquels les enfants sont occupés. De-là l'indifférence ou la critique d'une multitude de personnes qui, croyant l'argent mal employé à favoriser un établissement dont les travaux leur sembloient trop foibles, ont refusé d'y contribuer par cette raison.

Il a également senti la force de ce reproche, qu'il croyoit balancé par les avantages d'une bonne éducation donnée à la noblesse pauvre & aux enfants de la classe du peuple, qu'elle rendra singulièrement propres à l'agriculture, lorsqu'ils n'auront point de vocation pour l'état militaire.

Afin de le prévenir désormais, M. le comte de Thélis se propose de choisir un certain nombre d'élèves plus âgés, & de n'en point admettre d'autres qu'il n'y ait des places vacantes pour leur âge. Voici le nouvel arrangement.

Chaque chambrée sera composée de seize élèves, dont deux enfants de douze ans, deux de treize, & ainsi de suite jusqu'à vingt.

Le premier plan avoit été de donner pour chefs aux enfants de la seconde classe d'anciens sergents ou soldats éprouvés du côté de la religion & des mœurs ; l'expérience ayant fait connoître qu'ils n'avoient pas toujours les qualités requises pour cet emploi, ils seront confiés désormais aux gentilshommes les plus âgés de l'école.

L'auteur du projet apprend au public qu'en Berry on vient de supprimer les corvées, & de proposer une souscription pour les établissements utiles de la province ; que les propriétaires ont déja offert près de 120,000 livres payables en six ans. Exemple mémorable qu'il cite aux Parisiens, afin d'exciter leur zele. Il ne demande aujourd'hui aux bienfaiteurs des écoles nationales qu'une somme de 12 livres.

Comme rien n'est tel que la présence de l'objet, M. le comte de Thélis a profité du renouvellement de l'année, & le deux janvier l'école nationale de Paris est allée rendre hommage à M. l'archevêque de Paris, à M. le garde-des-sceaux, au ministre de la guerre & à messieurs les maréchaux de France.

17 *Janvier* 1781. On a parlé plusieurs fois de M. Sage, comme d'un chimiste très-estimé, faisant des cours gratuits, & le professeur à la mode de cette science, à laquelle veulent aujourd'hui s'initier les gens les plus frivoles, les petits-maîtres, les femmes, les militaires, &c. Dans le cours de ses expériences, il a cru en avoir fait de

propres à introduire du doute sur l'art actuel d'essayer l'or & l'argent, & il a composé un ouvrage sous ce point de vue, qui excite des réclamations. Quoique membre de l'académie des sciences, il ne s'est point décoré de ce titre à la tête, n'ayant point la sanction de son corps. On lui reproche d'y avancer une doctrine contraire aux faits, capable d'inquiéter le commerce des matieres d'or & d'argent, & renfermant en outre des personnalités contre un confrere estimable, M. Tillet, commissaire du roi pour les essais & affinages du royaume. En conséquence son livre fait bruit dans le monde savant, & y cause un grand scandale.

18 *Janvier* 1781. L'indestructibilité reconnue de l'or & de l'argent par le feu, donne la faculté de les séparer des autres métaux qui leur sont alliés, soit par la voie seche, soit par la voie humide : ces deux opérations sont, l'une la coupellation, l'autre le départ. Faites en grand, elles constituent l'art de l'affineur; en petit, celui de l'essayeur. Tel est le sujet de l'ouvrage de M. Sage.

On croyoit que l'art de l'essayeur, pratiqué nécessairement chez toutes les nations depuis l'usage de l'or & de l'argent comme signes représentatifs de toutes les denrées, intéressant à la fois le commerce, la politique & l'avarice, devenu ainsi un art de premiere nécessité chez les peuples policés, auroit atteint à la perfection depuis long-temps. M. Sage a découvert le contraire ; il a alarmé l'administration sur le procédé usité dans les monnoies pour le départ. Il prétend que l'acide nitreux, employé à cette opération, dissout l'or. Le ministre des finances

a. consulté sur cet objet important l'académie des sciences ; & dans son assemblée du 22 décembre dernier, elle a décidé sur le rapport de la classe de chimie, que l'opération des essais d'or, telle que les essayeurs la font journellement, est très-exacte, & qu'il n'y avoit rien à y changer, parce qu'il ne résultoit aucune dissolution de l'or, quoique l'eau forte que l'on employât fût portée à un haut degré de concentration.

On reproche à M. Sage d'avoir eu l'imprudence de prévenir, par la publicité de son livre, le jugement de sa compagnie, parce qu'il sentoit d'avance qu'il lui seroit contraire. On lui reproche de se trop laisser guider par son zele & son ardeur d'innover, d'avoir cherché à se faire des prosélytes par des assertions plus hardies que justes, de n'avoir voulu être le disciple de personne, & de s'être fait des principes à lui.

19 *Janvier* 1781. Les comédiens Italiens avoient donné en 1778, le *Porteur de chaise*, opéra comique, dont les paroles sont du sieur Montvel, & la musique du sieur Desaides. Cet ouvrage assez gai n'eut alors qu'un médiocre succès. Les auteurs n'ont pas voulu y renoncer. Ils l'ont reproduit le 11 de ce mois, avec des changements ; ils en ont déguisé jusqu'au titre, & ont substitué d'abord celui de *Jérôme & Champagne*, ou le *Porteur de chaise*. Ensuite ils l'ont resserré de deux actes en un : mais il n'a pas été mieux accueilli, & le spectateur a paru désirer encore beaucoup de sacrifices. Il y a trop peu de fond dans le poëme & la musique n'est pas assez saillante pour remplir le vuide.

19 *Janvier* 1781. Le sieur Préville, après une abscence de plusieurs mois, pendant laquelle il

avoit fait courir le bruit qu'il étoit mort, pour se rendre plus intéressant, a enfin reparu le 15 de ce mois dans *Turcaret* & *le Mercure galant*. Au lieu de l'accueil froid qu'il auroit dû recevoir du public, pour s'être ainsi souftrait à son devoir, le public s'est laissé aller à son enthousiasme, & l'a applaudi comme il applaudissoit autrefois le Kain à chacune des dix ou douze représentations par an qu'il daignoit accorder à ses admirateurs.

19 Janvier 1781. Madame la comtesse de Beauharnois, virtuose très-renommée par son goût pour les lettres, & pour ceux qui les cultivent, ayant adressé le 20 novembre dernier au roi de Prusse une épître au sujet de la grand'messe chantée à Breslau, pour le repos de l'ame de Voltaire, critique indirecte de la conduite du gouvernement de France, en a reçu la réponse suivante, en date de Berlin, le 5 de ce mois.

« Madame la comtesse de Beauharnois, l'épître
» que vous avez eu la bonté de m'adresser par votre
» lettre du 20 novembre de l'année dernière, sur
» la grand'messe chantée à Breslau pour le repos
» de l'ame de Voltaire, vient de m'être présentée ;
» elle réunit à beaucoup de facilité, le goût qui
» caractérise le génie d'un sexe aimable ; & Vol-
» taire lui-même ne manqueroit pas de vous en
» faire compliment, en joignant son admiration
» à la mienne. Je me borne à de simples remercie-
» ments, priant Dieu sur ce, madame la comtesse
» de Beauharnois, qu'il vous ait en sa sainte &
» digne garde. »

(*Signé*) FREDERIC.

A Berlin, le 5 janvier 1781.

20 *Janvier* 1781. M. Sage, piqué des leçons que lui a données au nom de l'académie M. le marquis de Condorcet, dans différents articles insérés au *Journal de Paris*, qu'on lui attribue, n'a pas voulu se rendre à la décision de son corps. En opposition aux expériences faites par MM. Macquer, Cadet, Lavoisier, Baumé, Cornette, Bertholet, il en a pratiqué d'autres hier devant son assemblée, composée de plus de six cents personnes, pour démontrer que l'acide nitreux dissolvoit plus ou moins d'or, suivant son état de concentration. Il n'avoit eu garde d'annoncer publiquement son projet, dans la crainte que l'académie ne l'empêchât de l'exécuter; mais il avoit fait avertir sous main ses adeptes, qui, comme l'on voit, s'y étoient rendus en foule, & ont publié & attesté l'excellence & l'exactitude des observations de leur maître.

Ce système, au surplus, n'est pas seulement celui de M. Sage; il l'est aussi de plusieurs chimistes modernes, d'une réputation bien méritée, tels que MM. Brandt, Schæffer & Bergman. Mais la question que l'académie étoit priée de résoudre, concernoit particuliérement l'opération du départ pratiquée aux monnoies; c'est-à-dire, la séparation, avec toute l'exactitude dont la physique est susceptible, de l'or & de l'argent alliés ensemble: fondée sur la propriété qu'a l'acide nitreux de dissoudre parfaitement l'agent, & de ne point dissoudre l'or; il s'agissoit de savoir si la découverte de ces novateurs pouvoit influer sur la méthode usitée dans le départ d'essai, & c'est à la solution négative du problème, que l'académie s'est bornée jusqu'à présent.

L'indocilité de M. Sage & sa mauvaise foi, en

ne prenant pas l'état véritable de la question, indisposent fort l'académie contre lui.

20 *Janvier* 1781. Si M. le comte d'Estaing, de retour de sa campagne, continue à se plaindre de l'insubordination du grand nombre des officiers de la marine; il rend justice à ceux qui le méritent. On en pourra juger par sa lettre suivante à M. de Castries. « M. le Marquis de Vaudreuil a donné une nouvelle preuve de son zele & de son humanité, en offrant 70 quintaux de biscuit & 20 barriques de vin, que j'ai fait remettre à l'*Amphion*, il y a quatre jours, pour l'usage des bâtiments marchands. »

« J'ai remercié cet officier général au nom de S. M. de cette action, que j'ose espérer, monsieur, que vous trouverez digne d'être mise sous les yeux du roi. C'est un nouvel hommage que je m'empresse d'ajouter à ceux que j'ai déja rendus aux talents & à la fermeté de M. le marquis de Vaudreuil, après ma derniere campagne. »

Les armateurs & négociants de la ville de Nantes, ont fait présenter par les députés du commerce de Paris, une lettre de remerciement à M. le marquis de Vaudreuil, pour lui témoigner leur juste reconnoissance.

21 *Janvier* 1781. La séance publique de l'académie Françoise, pour la réception de MM. le Miere & comte de Tressan, est enfin fixée au 15 de ce mois. Ce dernier avoit, dit-on élevé des tracasseries de vanité, qu'il a fallu appaiser; il ne vouloit pas avoir une séance commune avec son confrere.

21 *Janvier*. Quelques personnes qui ont déja

lu la *Vie privée de Louis XV*, en semblent assez contentes. Elles assurent qu'en y représentant ce monarque sous l'aspect philosophique de l'homme, on n'a négligé aucun des faits remarquables de son regne, & que tous y sont rapportés avec plus ou moins de détails, suivant les proportions convenables. On trouve dans les pieces qu'on y a jointes en nature, des morceaux très-curieux, tels que le *Mémoire du parlement contre les ducs & pairs*, la *Liste des-taxés à la chambre de justice*, les *Philippiques* dans leur plus grande exactitude & étendue, avec des notes intéressantes, &c. &c. Ce livre se vend trois louis, quant à présent.

21 *Janvier*. La querelle élevée entre M. de Vismes, le directeur de l'opéra, & M. Marmontel, l'entrepreneur de la refonte du poëme d'*Atys*, dont M. Piccini devoit refaire la musique, obligea celui-ci d'abandonner cet ouvrage déja commencé, par les hautes prétentions du poëte, qui vouloit pour son raccommodage les mêmes honoraires que pour un opéra fait à neuf. M. Dubreuil alors présenta au musicien Italien son poëme d'*Iphigénie en Tauride*. M. Piccini n'ignoroit pas que le chevalier Gluck avoit emporté à Vienne un poëme de M. Gaillard, sur le même sujet. En conséquence, malgré l'usage de son pays, où trente compositeurs travaillent quelquefois sur le même ouvrage, il refusa le poëme ; on l'assura, on lui prouva même que M. Gluck dégoûté renonçoit à revenir en France, tant que subsisteroit la nouvelle administration de l'opéra : il céda ; il achevoit son troisieme acte, lorsque le musicien Alemand arriva comme la foudre, & fit jouer son *Iphigénie en Tauride* ;

il fallut renoncer à son projet. Mais aujourd'hui que le succès de son rival, confirmé depuis deux ans, ne laisse plus rien à craindre à M. Gluck, M. Piccini croit pouvoir hasarder à se montrer, d'autant mieux qu'il assure qu'il n'y aura pas dans les deux ouvrages deux morceaux qui se ressemblent. Tels sont les faits dont il a cru devoir instruire le public avant de se faire jouer ; ce qui doit avoir lieu incessamment.

22 *Janvier.* L'isle de Malte, fondée sur un roc presque dépourvu de terre, n'a qu'un seul cimetiere, ou les cavaux de l'église de saint Dominique, dans la cité Valette, construite en 1567. Le tremblement de terre du mois de janvier 1780, a rendu indispensable la démolition de cette église. Le college de médecine & de chirurgie, aussi bien que le bureau de santé, établis à Malte, ont prononcé qu'une reconstruction sur les ruines de l'ancienne église, pouvoit avoir les suites les plus fâcheuses ; ils ont insisté sur la nécessité de murer les caveaux, & de prendre les plus grandes précautions pour empêcher que dans la démolition on n'enfonce quelques-uns des pavés qui les recouvrent.

D'après cet avis, le conseil de la religion à Malte a proposé plusieurs questions, que M. l'ambassadeur a été chargé de communiquer à la société royale de médecine, ainsi qu'aux facultés de médecine de Paris & de Montpellier. Celles-ci ne se sont pas encore expliquées ; mais la premiere, dans la séance du 5 décembre, a donné sa réponse, dont il résulte :

1°. Que l'on a pris un parti très-prudent en défendant d'ouvrir, & faisant murer les caveaux de l'église de saint Dominique, à raison des dangereux effets des fouilles & des exhumations précipitées, prouvées par une multitude d'accidents & d'observations.

2°. Qu'il faut encore laisser écouler un quart de siècle avant de fouiller le terrein où sont les caveaux ; en sorte qu'il y aura environ 128 à 129 ans depuis la peste de 1676.

3°. Qu'il ne faudra pas même alors ouvrir ces caveaux sans les plus grandes précautions, que la société indique ; sages & savants procédés qui peuvent servir de regle dans tous les cas semblables.

4°. Enfin, qu'on ne sauroit en général trop éloigner les tombeaux des églises & des villes ; précaution suggérée par toutes les lumieres de la raison, fondée sur les autorités les plus respectables, sur les exemples les plus funestes ; & qu'il est à souhaiter qu'un abus aussi dangereux, répugnant même à la dignité & à la pureté de nos temples, soit détruit entiérement & à jamais.

22 *Janvier* 1781. On assure que M. le comte de Tressan a effectivement écrit une lettre à l'académie Françoise, pour demander que sa réception n'eût pas lieu le même jour que celle de M. le Miere, ou du moins pour avoir une tribune particuliere, afin que madame la comtesse de Tressan & sa compagnie, ne fussent pas confondues avec la femme de son confrere & sa société.

On ajoute que M. d'Alembert lui a répondu au nom de la compagnie, qu'elle n'admettoit aucune distinction de rang, & que sa délicatesse étoit très-mal placée ; que M. le prince de Beauvau n'avoit pas répugné à être reçu avec M. Gaillard, & que madame la princesse de Beauvau s'étoit fait un devoir de faire les honneurs de la loge à la sœur de M. Gaillard.

Madame la comtesse de Tressan, au surplus, pouvoit avoir un motif d'amour-propre mieux fondé ; c'est qu'étant vieille & laide, & madame le Miere jeune & jolie, celle-ci n'attirât tous les regards & les hommages des spectateurs.

23 *Janvier.* L'opéra a donné aujourd'hui la représentation de l'*Iphigénie en Tauride* de M. Piccini, en quatre actes. M. Dubreuil, l'auteur du poëme, a suivi, comme son prédécesseur, le plan de Guimon de la Touche, & ne pouvoit mieux faire en effet. Cependant les deux imitateurs different dans des points essentiels.

Thoas, dans la piece de M. Gaillard, n'est qu'un tyran superstitieux ; dans celle de M. Dubreuil, il est amoureux d'*Iphigénie*. L'un commence par le naufrage d'*Oreste* & de *Pylade* ; l'autre emploie son premier acte aux préparatifs de l'hymen de *Thoas* & d'*Iphigénie*. Le premier fait arriver devant le tyran *Oreste* & *Pylade* enchaînés : le second offre le naufrage même, & *Thoas* vient les chercher pour qu'on les enchaîne. *Iphigénie* ne voit dans le songe de M. Gaillard, rien que de sinistre ; elle envisage dans celui de M. Dubreuil, le terme de ses malheurs. Là, cette princesse émue de pitié & desirant donner de ses nouvelles à sa sœur *Electre*, trompe le tyran & veut sauver *Oreste* ; ici elle demande au tyran son amant, la grace de l'un des deux prisonniers, & l'obtient. Enfin, M. Gaillard place la reconnoissance au moment où la prêtresse, armée du fer sacré, est prête à percer la victime : le nouvel auteur donne à *Iphigénie* le desir de savoir le nom & le rang de la victime ; elle apprend, dans ſon dialogue avec lui, qu'il eſt ſon frere.

Il paroît, au ſurplus, que M. Dubreuil, ſe conformant au génie de ſon muſicien, a cherché tout ce qui pouvoit le faire briller & fournir plus de moyens à ſon talent. M. Piccini, ayant la touche moins forte que le chevalier Gluck, étant plus propre à exprimer le tendre & le gracieux, le poëte a plus varié ſon ſujet, & ſans le défigurer y a introduit tout ce qu'il a pu d'analogue à ces deux genres de muſique ; en quoi ſans doute, M. Piccini a parfaitement réuſſi : il y a auſſi dans ſa compoſition des morceaux ſublimes, & auxquels on ne ſe ſeroit pas attendu de ſa part.

24 *Janvier* 1781. *Le Seigneur bienfaiſant*, comme tous les bons ouvrages, eſt mieux goûté à meſure qu'on le joue. Ce qui prouve combien le public eſt aiſé à entraîner par la cabale des jaloux, & combien il revient facilement lorſqu'on fait céder à propos ; c'eſt que la même ariette de bravoure, chantée par le ſieur Laïs, qui aux répétitions avoit eu le plus grand ſuccès, tellement huée enſuite à la premiere repréſentation que les auteurs avoient pris le parti de la retirer, a reparu il y a environ quinze jours, & a produit le même plaiſir que ci devant.

25. *Janvier.* L'intrigue de l'*Amour Conjugal*, ou l'*Heureuſe Crédulité*, piece nouvelle en un acte, jouée avant-hier ſur le théatre de la comédie Italienne, eſt fondée ſur l'effronterie & l'adreſſe d'un valet qui, pour ſervir les feux de ſon maître, ſe joue de la crédulité des deux honnêtes époux. La rapidité du dialogue & des ſituations d'un bon comique, ont fait applaudir pluſieurs ſcenes

de cette piece, qui auroit eu un plein succès, si l'on n'avoit pas trouvé le dénouement un peu trop brusque. La jeunesse de l'auteur & ses talents, déja connus par la comédie des *deux Oncles*, doivent faire excuser ce défaut, qu'il lui sera peut-être aisé de réparer.

26 *Janvier* 1781. L'assemblée publique de l'académie Françoise, pour la réception de M. le Miere & du comte de Tressan, a eu lieu hier avec une affluence de femmes plus considérable encore que ce qu'on avoit vu. L'empressement n'a pas été moins grand de s'y rendre de bonne heure, & madame la duchesse de Chartres s'y est trouvée en place à deux heures & demie. Les académiciens, au coin du feu, dans leur salle d'assemblée, ont laissé son altesse se morfondre impitoyablement. Au surplus, elle ne sembloit pas s'ennuyer. Des virtuoses plus zélées encore que les autres, malgré leur diligence, n'ayant pas trouvé à s'asseoir, sont restées debout.

Le discours de M. le Miere, du moins son début, s'est trouvé neuf par la fierté rare qu'il y a montrée: au lieu de se prosterner aux genoux de l'académie, à l'exemple de ses devanciers, il a prétendu que cette modestie déplacée dégradoit également & le récipiendaire & les juges: il s'est rendu le noble témoignage de n'avoir brigué sa place que par ses travaux & ses succès; il a reproché indirectement à ses confreres nouveaux de l'avoir fait attendre si long-temps; comme s'ils ne le voulussent couronner qu'au bout de sa carriere, ce qui, suivant lui, devroit être l'objet de l'institution de sa compagnie. Ce début, dans lequel certaines gens ont trouvé trop de morgue, a eu en général les suffrages de tous les hommes de lettres capables de sentir la dignité de leur être. Malheureusement M. le Miere ne s'est pas soutenu sur le même ton, & a fini par se rendre long & ennuyeux.

M. le comte de Tressan a affecté de mettre dans son discours la naïveté & la loyauté de nos anciens chevaliers. Mais on n'y a plus trouvé que les efforts languissants d'un vieux paladin.

L'abbé de Lille, le directeur, dans ses deux réponses, a fort amusé l'assemblée ; on a cru voir revivre en lui l'abbé de Voisenon, si fécond en saillies gaies & spirituelles : il faut convenir cependant que le premier a un style plus noble, plus ferme, & n'est point affecté & maniéré, comme son devancier.

M. le Miere a rempli le reste de la séance par quelques scenes de sa tragédie de *Barnevelt*, qu'il prépare. Malgré le commentaire dont il a précédé cette lecture, il n'a pas eu l'art d'intéresser le spectateur, & sa versification dure n'a pas flatté.

Le directeur a fini la séance plus heureusement, & le chant de son poëme sur l'*Art d'orner les jardins*, a prouvé que le public n'étoit rien moins que dégoûté de la poésie, quand elle est bonne & que l'harmonie est jointe à la richesse des images & à la vérité des idées. Tous ses vers ont été sentis & applaudis avec transport.

16 *Janvier* 1781. Il y avoit à Paris, depuis onze ans, un concert établi sous le nom du *Concert des Amateurs* ; il se tenoit à l'hôtel de Soubise, & après le concert spirituel, étoit sans doute le plus brillant spectacle harmonique de l'Europe. Depuis long-temps on attendoit l'ou-

vertute de la session, cette année devant avoir douze représentations, comme les précédentes. On avoit même annoncé des virtuoses nouveaux, entr'autres madame Seeman, née Cesari, cantatrice déja célebre dans plusieurs cours étrangeres; on avoit donné pour raison du retard l'indisposition de plusieurs sujets, dont les talents devoient y être employés. Enfin on déclare aujourd'hui que ce concert n'aura pas lieu du tout: on parle même de la dissolution de la société musicale qui l'a fondée. Ces messieurs n'en donnent pas la raison véritable, qu'on croit être le dérangement dans la fortune de M. Audry, fermier général, l'un de leurs plus puissants soutiens: ils disent qu'ils ne se déterminent à abandonner leur établissement, que parce qu'ils craignent de ne pouvoir faire entendre dans ce moment des concerts aussi brillants & aussi variés de ceux qu'ils ont exécutés jusqu'à présent.

Quoi qu'il en soit, les enthousiastes de la musique ne peuvent que regretter ce concert, qui avoit amené le goût de la musique Italienne, où, exécutée par fragments détachés & choisis, elle avoit produit le plus grand effet. C'étoit une école où s'étoit formée une foule d'amateurs, qui à la longue avoient beaucoup contribué à la révolution de notre musique.

26 *Janvier* 1781. Extrait d'une lettre de Bordeaux, du 24 janvier 1781. " Il court ici plusieurs
„ pamphlets imprimés sur les dissensions du parle-
„ ment; entr'autres, *lettre à M. Linguet, en ré-*
„ *ponse à l'article inséré dans ses annales, concer-*
„ *nant les difficultés élevées dans le parlement de*
„ *Bordeaux*. Cette lettre, datée du 16 décembre
„ 1780, est fort gauche, en ce qu'elle est adres-

» fée à un homme qui certainement ne pouvoit
» pas la recevoir, étant à la Bastille depuis près
» de trois mois, & d'ailleurs au moment où
» toutes les nouvelles qu'il pouvoit donner de
» lui étoient interceptées, où même il couroit un
» bruit de sa mort. Je ne l'ai pas encore lue;
» mais elle intrigue singuliérement nos magis-
» trats, qui se disposent à sévir contre ce qui la
» rendra plus rare encore. »

27 *Janvier* 1781. M. François de Neuf-Châ-
teau a eu l'honneur d'être derniérement admis chez
M. le prince de Condé, pour lire un chant de
son poëme du *Roland* de l'Arioste, en vers. On
observe à cette occasion que les gens de lettres
ne rendent pas assez d'hommage à ce prince qui
les aime, & qui, toutes les semaines, en admet
quelques-uns à sa table. Ceux qui ont l'honneur
d'approcher de son altesse, & de converser avec
elle, assurent qu'elle est très-instruite, qu'elle
daigne même prendre quelquefois la plume &
composer. Ce prince a travaillé principalement
sur le grand Condé, digne de lui servir de
modele, & d'en être célébré. Mais sa modestie
l'empêche de rien communiquer de ses ouvrages.

27 *Janvier* 1781. Les comédiens Italiens annoncent encore une nouveauté pour lundi; c'est
la *Mélomanie*, comédie nouvelle en un acte, mêlée
d'ariettes, musique de M. Champein. On a peu
d'espérance du poëme, dont le titre seul annonce
un sujet trivial & rebattu cent fois, mais on espere davantage du second auteur.

28 *Janvier* 1781. Il paroît une nouvelle brochure sur la querelle qui subsiste depuis long-temps

entre la faculté de médecine & la société royale. Comme elle est fort sage, fort honnête, son auteur ne se cache pas absolument. Elle est d'un jeune docteur nommé *Hallot*. Ses amis craignent cependant que cet aveu ne lui cause du chagrin; ils voudroient qu'il gardât l'incognito; mais son zele bouillant l'emporte.

28 *Janvier* 1781. On est fort surpris de la lenteur avec laquelle on procede à la publication du *Prospectus* de l'édition nouvelle des œuvres de Voltaire, annoncée depuis si long-temps. On le promet enfin: quelques amateurs l'ont lu: en attendant qu'il soit pleinement répandu, on voit un *avis* imprimé aux personnes qui ont des écrits particuliers, des pieces fugitives ou des lettres de Voltaire, par lequel on les invite à les communiquer, & à donner tous les renseignements dont on auroit besoin. On déclare en même temps à ceux dont on a trouvé dans les manuscrits de ce grand homme, des missives qu'il se plaisoit à conserver, qu'on est disposé à les leur rendre, & à n'en faire du moins aucun usage contraire à leur volonté.

Il paroît que ce qui a retardé si long-temps l'opération, c'est qu'il ne restoit en Angleterre qu'un seul ouvrier de Baskerville en état de graver les accents françois, qui manquoient à sa fonderie. Ces accents sont gravés maintenant: les matrices viennent d'en être frappées, & la France est enfin enrichie des types les plus parfaits de l'Europe.

29 *Janvier* 1781. Il court dans les provinces des bulletins manuscrits de nouvelles si particulieres & si contraires, dit-on, au respect dû aux personnes de la famille royale, que M. le

lieutenant-général de police est chargé de remonter à la source, & qu'on vient d'arrêter M. Boyer, connu pour auteur de nouvelles à la main, puisqu'il a été long-temps le correspondant du *Courier de l'Europe*. On le dit à la Bastille. On parle aussi d'autres personnes arrêtées dans des cafés.

29. *Janvier* 1781. Les connoisseurs en chef-d'œuvres typographiques, savent que l'art de l'imprimerie, & sur-tout l'art de la gravure des types ou poinçons, ont été portés au plus haut degré de perfection possible par le célebre Baskerville. Une société de gens de lettres & de riches amateurs des beaux arts, a fait l'acquisition de ces types. Elle a acquis son art de lisser le papier, le secret de son encre, & de ses autres principes & procédés relatifs à la fonderie, à la papeterie & à l'imprimerie.

Cette société se propose de faire l'emploi de cette acquisition importante, aux éditions des fameux auteurs de plusieurs nations: devenue propriétaire exclusive de tous les manuscrits de Voltaire, par la cession que madame Denis, niece de l'auteur, & le sieur Panckoucke, le premier acquéreur, lui en ont faite, elle doit commencer par imprimer les œuvres de ce grand homme. Elle a choisi pour son correspondant général, le sieur Caron de Beaumarchais, & c'est enfin entre ses mains que va s'ouvrir la souscription.

Il y aura deux sortes d'éditions de Voltaire ; l'une en 60 volumes in-8°., dont 20 nouveaux ; l'autre en 40 volumes in-4°. : le tout prêt à être porté à la fois à l'adresse des souscripteurs, à la fin de 1782.

La nouvelle édition sera composée des œuvres connues, corrigées par l'auteur, accompagnées de variantes, notes & fragments principaux tirés de ses porte-feuilles ; de sa vie, avec les anecdotes qui y ont rapport ; de ses œuvres posthumes ; d'un choix de ses lettres, avec des notes historiques ; & d'une table raisonnée des matieres.

Le prix de l'in-8°. sera de quinze louis ; de l'in-4°. de vingt-cinq louis. Tel est le précis du *Prospectus*, suivant que l'annoncent ceux qui l'ont déjà parcouru.

30 Janvier 1781. Un enthousiaste-fou de musique, grand partisan de la *période*, & qui prétend qu'on ne doit *parler qu'en chantant*, est résolu de donner sa fille à un fameux compositeur Italien, M. *Fugantini* ; mais la jeune personne a fait un choix tout différent. Son amant aidé par un valet adroit, vient à bout de tromper le vieillard, en se faisant passer pour un des premiers virtuoses d'Italie. Tel est le sujet de la *mélomanie*, qu'on a donné hier, & qui a eu du succès à raison de la musique variée, fraîche, souvent riche, & faisant honneur au jeune compositeur. Il est à souhaiter seulement qu'il soit plus sévere désormais dans le choix des paroles, sur lesquelles il voudra travailler.

30 *Janvier*. Il paroît des lettres-patentes, données au mois de novembre 1780, & registrées en parlement le 16 janvier de cette année, portant établissement d'un nouveau marché rue de Baune, à l'hôtel qui servoit de logement à la premiere compagnie des mousquetaires de la garde du roi : sous le nom de *Marché de Boulinvilliers*. Ainsi ce nom si bafoué, il y a quelques années, va figurer parmi les noms patriotiques. C'est

d'autant plus gratuitement, que M. de Boulain-villiers a fait en cette circonstance une entreprise très-lucrative, ainsi que toutes celles qu'il forme.

30 *Janvier* 1781. Il paroît un arrêt du conseil du 14 de ce mois, concernant les domaines engagés, composé de quinze articles, dont les dispositions sont présentées en substance dans cette phrase : « Sa majesté renonçant à priver aucun » de ses sujets des domaines dont ils sont en pos- » session, a cru devoir se borner à exiger d'eux » une redevance annuelle, qui, en assurant » leur jouissance, établisse une proportion plus » égale entre les finances & les produits des en- » gagements. »

Le préambule de cette loi, suivant l'usage de M. Necker, est fort long & rempli de *pathos*. Malgré toutes ces belles phrases, ceux qui connoissent la cour & le ministere, appellent cela *de la graine de niais* ; ils se doutent fort que la loi ne sera jamais exécutée, sur-tout envers les grands seigneurs. L'affectation de l'auteur d'assurer le contraire, d'assurer que cette opération d'ordre public ne sera point arbitraire, qu'on ne se contentera pas de poursuivre au nom du roi des engagistes obscurs & sans crédit, confirme encore mieux leur idée à cet égard. Au reste, on doit s'attendre à voir ouvrir incessamment un emprunt, dont ces morceaux d'éloquence sont toujours précurseurs.

31 *Janvier* 1781. L'énigme suivante, assez bien faite, manuscrite encore, originale, mérite à ces différents titres de trouver place ici. Elle est de M. le chevalier de Montelet,

Aux gens de robe, aux gens d'église
Je sers assez communément ;
Ma taille est mince, assez bien prise,
Et très-légere assurément.
Sans être ennemi de la joie,
Prends bien garde, mon cher lecteur,
Qu'à ma suite l'on ne la voie ;
Ce seroit signe de malheur (1).

31 Janvier 1781. Enfin le fameux prospectus paroît sous le titre d'*édition des œuvres de M. de Voltaire, avec les caracteres de Baskerville.* C'est un volume entier, fort bavard, fort obscur, comme tout ce qui sort de la plume du sieur de Beaumarchais. On y trouve un *avis préliminaire*, un *avertissement des rédacteurs*, un *avertissement des éditeurs* un *projet de loterie.*

L'*avis préliminaire* n'est qu'une répétition de ce qui a été dit sur la naissance de la société littéraire typographique, sur son objet, sur ses acquisitions, & sur la maniere dont elle se propose de les employer.

Dans l'*avertissement des rédacteurs*, ceux-ci cherchent à exciter la curiosité & le concours des amateurs, en leur annonçant toutes les richesses littéraires nouvelles dont ils auront la jouissance. Ils assurent que les porte-feuilles du défunt contiennent des fragments précieux de ses œuvres anciennes, des morceaux destinés à de

---

(1) Le mot est *Rabat-joie.*

nouvelles compositions, & des ouvrages entiérement achevés, qu'il différoit encore de livrer au public. Voltaire a laissé trente-un volumes de ses œuvres corrigés en entier de sa main sur la derniere édition, avec des notes : c'est de tout cela qu'il résultera une masse de soixante volumes in-8°.

Les éditeurs, dans leur *avertissement*, nous apprennent qu'ils ont déja avancé des sommes énormes, dont 100,000 liv. pour l'acquisition des types inimitables de Baskerville, & 300,000 liv. pour les manuscrits cédés par le cessionnaire de madame Denis. Ils donnent ensuite des modeles du papier, du caractere & du format de l'édition in-8°.; & ces modeles ne sont rien moins que séduisants : ils sont si pâles, qu'ils ont l'air d'esquisse, & fatiguent singuliérement la vue.

La souscription entiere sera de 5,000 exemplaires pour les deux éditions : savoir, 4,000 de l'in-8°. & 1,000 de l'in-4°. ; ce qui doit rendre plus de deux millions, dont plus de la moitié de gain.

C'est sur ce million de bénéfice que, pour exciter la cupidité des joueurs autant que la curiosité des gens de lettres, le sieur de Beaumarchais a imaginé de consacrer 200,000 liv. employées en une loterie au profit des souscripteurs. De-là un détail très-verbeux, intitulé *Motifs & Plan de la répartition des 200,000 liv.* Nous n'entreprendrons point d'expliquer cette loterie, où les plus habiles calculateurs ne comprennent rien ; il faut attendre que son inventeur, le sieur de Beaumarchais, fournisse les explications qu'on lui demandera.

1 *Février* 1781. Monsieur le marquis de

Paulmy est un grand seigneur, qui a une des plus superbes bibliotheques que puisse posséder un particulier, & qui aime les lettres & les cultive. Il est actuellement occupé, outre la bibliotheque des romans, dont il a imaginé le plan & l'exécution, de donner, sous le titre de *Mélanges tirés d'une grande bibliotheque*, tout ce que la sienne peut fournir de plus curieux. Dans le nombre est une *Vie privée des François*, dont le précis occupe un volume entier. Un monsieur le Grand publie aujourd'hui le prospectus du même ouvrage plus étendu. Monsieur de Paulmy réclame contre l'ingratitude de cet auteur, qui, enrichi de ses dépouilles, des instructions qu'il lui a données, voudroit s'attribuer son travail.

Monsieur le Grand se défend à son tour, & veut constituer juges du différend, les académies françoise & des belles-lettres, dont monsieur le marquis de Paulmy est membre. Il a présenté à cette occasion une requête à la derniere, mardi 30 de janvier, & une autre à la premiere, aujourd'hui 1 février. Il faut attendre ce que ces compagnies décideront, si elles veulent s'en mêler.

En général, monsieur de Paulmy n'a pas à se louer des gens de lettres: il s'est déja plaint que monsieur de Bastide, qu'il avoit mis à la tête de la bibliotheque des romans, l'avoit payé d'ingratitude, & avoit abusé de sa facilité à son égard, en le compromettant vis-à-vis des créanciers qu'a M. de Bastide, au point qu'il a été obligé de lui fermer sa bibliotheque.

1 *Février* 1781. Extrait d'une lettre de Saint-Jean-d'Angely. "Nous venons de perdre dom Fonteneau, religieux bénédictin de la congré-

„ gation de Saint-Maur. Il avoit entrepris en 1741, „ conjointement avec dom Joseph-Marie Boudet, „ non-seulement l'*histoire du Poitou*, mais encore „ celle de *toute l'Aquitaine* : la mort ayant enlevé „ son compagnon en 1743, il ne perdit pas cou- „ rage, il s'appliqua, sans relâche, à la recherche „ des diplômes, chartes, actes & autres monu- „ ments relatifs à son travail. —— Ces matériaux „ ramassés pendant vingt-sept ans, formerent „ une collection très-nombreuse ; il est fâcheux „ qu'il n'ait pu lui-même, mettre en œuvre un „ trésor littéraire si précieux : on ne doute pas „ que la congrégation ne charge quelqu'un de ses „ membres de rédiger cet ouvrage & de le pu- „ blier. „

2 *Février* 1781. On parle beaucoup d'un fameux suicide d'un sieur Bronod, notaire, qui s'est coupé le cou. On ne doute pas que son dérangement n'en soit cause : ce qui est d'autant plus étonnant, qu'il étoit le plus riche de ses confreres, & par son patrimoine, & par ses pratiques, & par les grandes affaires qu'il faisoit. Il étoit le notaire du clergé ; emploi qui seul auroit suffi pour faire la fortune d'un autre.

2 *Février*. Le sieur Boyer est sorti de la bastille ; il n'y a été que huit jours. Il attribue sa détention à l'abbé Aubert, dont il avoit été le coopérateur pour les *petites Affiches*: il prétend que cet abbé l'avoit calomnié auprès du gouvernement, qui a reconnu son innocence.

3 *Février* 1771. Le parti des Gluckistes a été fort humilié hier au concert spirituel, à l'occasion de monsieur Piccini. On sait avec quelle fureur il se déchaîne aujourd'hui contre l'*Iphigénie* de ce

compositeur. On y a exécuté un motet de lui, où l'on a reconnu la touche fraîche & légère, & la mélodie pure, qui caractérisent les ouvrages de ce grand musicien: bravant la rage de ses ennemis, il s'est présenté en personne pour faire exécuter son motet; & il a été reçu avec des applaudissements généraux, qui ont fait taire les sifflets de l'envie.

Madame Cezari, venue pour le concert des amateurs, & n'ayant pu y briller par la dissolution de cette assemblée, a chanté au concert spirituel hier, & a reçu les suffrages de tous les connoisseurs: cependant on a jugé que son organe étoit plus propre pour la société que pour le théatre.

Les Gluckistes sont réduits à dire aujourd'hui qu'il faut faire une distinction entre la musique du théatre & celle des concerts. Ils ne trouvent point monsieur Piccini propre à exciter les émotions, les mouvements de l'ame par l'expression vraie des passions; mais lui accordent le talent de charmer l'oreille, soit par le luxe de sa composition, soit par la perfection de l'exécution.

3 Février 1781. Il se répand une aventure si publique, qu'elle fait l'entretien de tout Paris. On raconte que monsieur de Cavanac, le mari de mademoiselle de Romans, mauvais sujet, joueur, abusant des bontés de sa femme au point de la ruiner, avoit obligé celle-ci de se resserrer, & de lui refuser de l'argent; qu'outré de ne pouvoir plus satisfaire sa passion pour le jeu, il avoit résolu de faire un esclandre. Madame de Cavanac, à raison de son fils l'abbé de Bourbon, est dans le cas de voir beaucoup de prélats & de membres du clergé de toute espece. Un abbé

de Boisgelin, grand-vicaire d'Aix, agent-général du clergé, beau brun & superbe cavalier, faisoit sa cour à cette dame. Un soir, après avoir soupé seul avec elle, il s'étoit retiré dans la chambre de madame de Cavanac: le mari affecte de rentrer brusquement, de vouloir entrer chez sa femme; & trouvant quelque résistance à la porte, il fait grand bruit, il l'enfonce avant qu'on l'ouvre; il apostrophe durement madame de Cavanac & l'abbé: dans sa rage, il paroît en vouloir à celui-ci & le frapper: l'abbé fort & vigoureux le prévient, & de la pelle du feu le marque au front. Madame de Cavanac ouvre sa fenêtre, appelle la garde; ce dont il résulte un scandale effroyable. La garde & le commissaire arrivent; on verbalise. Le lendemain le ministère en est instruit. Monsieur de Maurepas mande l'abbé de Boisgelin, & le réprimande sur ce qu'il se trouve à pareille heure tête-à-tête avec une jolie femme. Il s'excuse; il dit qu'il ne croyoit pouvoir mieux faire que de suivre l'exemple de tel & tel prélat qu'il nomme. " Point du tout, lui observe le ,, ministre plaisant: attendez que vous soyez ,, évêque. ,, La chose en est restée-là, & l'on ne sait encore quelle suite elle aura. ,,

4 *Février* 1781. Une *lettre de monsieur le chevalier de* *** *à Me. Treilhard, avocat*, a fait grand bruit au palais. On en pourra juger par le réquisitoire de M. Seguier, qui s'exprime ainsi :

" Cet ouvrage anonyme ne présente qu'un
,, tissu d'injures aussi grossières que déplacées,
,, de plaisanteries aussi froides qu'indécentes,
,, d'allusions triviales, & de sarcasmes mal-honnê-

„ tes. L'auteur accoutumé sans doute à tremper
„ sa plume dans le fiel de la satire, semble avoir
„ pris plaisir à en faire passer toute l'amertume
„ dans cet écrit. On ne sait ce qui doit étonner
„ le plus, ou de sa méchanceté, ou de sa pru-
„ dence à garder l'anonyme. Il peint son caractere
„ dans son libelle ; il a poussé l'audace jusqu'à
„ faire distribuer dans toutes les chambres de la
„ cour une de ces productions éphémeres, dont
„ la causticité publique s'amuse quelques instants,
„ & qu'elle rejette bientôt avec le mépris qu'elles
„ doivent inspirer. Nous rougissons d'être en
„ quelque sorte forcés de tirer une feuille aussi
„ méprisable des ténebres qui la redemandent.
„ Elle est plutôt digne de l'animadversion de la
„ justice. C'est le fruit de la haine, & l'ouvrage
„ de l'envie. Les talents s'honorent, se respectent,
„ & ne doivent exciter que l'émulation. Les
„ personnalités répandues dans cet imprimé, ne
„ peuvent affecter une profession faite pour s'élever
„ au-dessus des invectives. Un avocat se consa-
„ cre à la défense de ses concitoyens ; un juris-
„ consulte ne connoît que la modération & la
„ vérité ; & après qu'il a rempli avec décence
„ les fonctions que lui imposent l'honnêteté &
„ la noblesse de sa profession, c'est aux magistrats
„ à sévir contre ceux qui osent attaquer sa répu-
„ tation. C'est ainsi que vous avez toujours pris
„ la défense d'un ordre aussi précieux à la société
„ que nécessaire à la justice. Nous lui rendons
„ cet hommage ; & notre ministere, chargé de
„ veiller au maintien du bon ordre & la manu-
„ tention de la librairie, nous met encore dans
„ la nécessité de requérir l'exécution des régle-
„ ments. „ Cependant, cette lettre n'a été

que supprimée comme diffamatoire & calomnieuse.

5 *Février* 1781. Les arts ont fait une perte véritable en la personne de mademoiselle Luzuries. Elle s'étoit livrée à celui de la peinture, & commençoit à y développer des talents au-dessus de son sexe. Elle peignoit très-bien une tête, & supérieurement les vêtements ; elle connoissoit l'harmonie du tableau & les effets de la lumiere. Eleve de M. Drouais, elle tenoit à la maniere de son maître ; c'est-à-dire, qu'elle répandoit trop d'éclat sur le haut de ses têtes ; ce qui leur donnoit le transparent du verre ou de l'émail.

Mademoiselle Luzuries n'étoit point encore en état de lutter contre Mlle. Vallayer, ni même contre madame Filleul, plus rapprochée de son genre, encore moins contre madame le Brun ; poussant son art jusqu'à la composition historique & allégorique ; mais, avec le temps, elle auroit pu devenir leur émule : malheureusement elle a été moissonnée à la fleur de son âge, & dans le fort de ses études.

6 *Février* 1781. Le sieur Grammont, reçu à la comédie Françoise à pension, a perdu à Rochefort tous ses effets de théatre & de ville, consumés dans un incendie de l'auberge où il étoit. Pour réparer ce malheur autant qu'il est en eux, ses camarades ont arrêté de donner mardi treize une représentation à son profit. Ce qu'annonce le sieur Fleuri, semainier, dans une lettre du cinq février, insérée au *Journal de Paris*.

6 *Février*. Ce qu'on avoit prévu est arrivé. Monsieur de Lassone, le premier médecin, se trouvant indirectement injurié dans une note de la lettre du docteur Hallot, a obtenu une lettre de

cacher contre lui., & il est à la bastille depuis quelques jours.

Monsieur le lieutenant de police, l'ayant interrogé pour savoir de lui quel étoit le nom de l'imprimeur de sa lettre, il a répondu avec une fierté noble à ce magistrat: " me prenez-vous, ,, Monsieur, pour un sociétaire? ,, M. le Noir pensant trop noblement lui-même pour ne pas sentir & apprécier cette réponse, s'est trouvé forcé malgré lui d'exécuter ses ordres. Ils étoient même si séveres, que ce prisonnier a été d'abord sans feu ; mais monsieur le Noir a si bien fait qu'on a tempéré cet ordre rigoureux, & l'on espere que, graces au bons soins de M. le lieutenant de police, il sortira bientôt.

7 *Février* 1781. La faculté, sensible au malheur d'un de ses membres, est allée en grand cérémonial à Versailles demander à monsieur le garde-des-sceaux l'élargissement du docteur Hallot. Le chef de la justice leur a répondu que cela ne le regardoit pas. On n'a pas été peu effrayé à la cour de voir tous ces ministres de la mort, dont le cortege lugubre n'étoit point attendu.

7 *Février*. On parle beaucoup d'une perte énorme faite au jeu par le fils de monsieur de la Haye: on la porte à 800,000 livres. Il étoit tellement ivre, que le lendemain il ne s'en souvenoit pas. On dit que c'est chez M. de Genlis que s'est passé la scene, & que M de Fénelon est un des gagnants. On espere qu'à force de crier contre ces coupe-gorges, le gouvernement remédiera à ce scandale, & fera fermer des lieux où se passent de pareilles catastrophes.

9 *Février* 1781. Le *Procès des trois Rois* commence à percer dans cette capitale. C'est

une brochure écrite d'un ton mauſſade & apocalyptique : mais à travers ce galimatias, on ſent facilement que l'auteur a eu ſes raiſons pour déguiſer ainſi ſon ſtyle, qui n'eſt pas le véritable; qu'il entend très-bien la langue françoiſe, & ne ſe trompe pas ſur le choix du mot toujours employé dans ſa véritable acception. Quant au fond des choſes, il faut bien de la patience pour le ſaiſir & le ſuivre à travers cette contexture dégoûtante. Il y a ſur-tout des calomnies atroces contre la reine; ce qui doit rendre l'ouvrage déteſtable pour tout bon François. On voit en tête une immenſe caricature, où figurent tous les potentats, ſouverains, petits princes, miniſtres principaux de l'Europe, dont l'explication emblématique mériteroit ſeule un long commentaire.

10 *Février* 1781. M. Cailhava d'Eſtandoux, dans la nouvelle édition de ſes œuvres, a ajouté des réflexions nouvelles à ſon *Traité des cauſes de la décadence du théatre.* On y lit celle-ci. " Les „ Italiens ſe ſont noblement chargé de leur „ enlever leurs acteurs (aux ſpectacles des bou- „ levards.) Le criſpin du bois de Boulogne a „ débuté ſur leur théatre: le fameux Jeannot des „ *Variétés amuſantes*, eſt paſſé à leur théatre.

Les comédiens Italiens, outrés de ce reproche, qui ne veulent avoir rien de commun avec les ſpectacles forains, ont écrit au ſieur Panckoucke, le bréveté du *Mercure*, où l'on avoit cité cette phraſe, une lettre pour ſe juſtifier; il en réſulte :

1°. Que le ſieur Boucher, qui a quitté le bois de Boulogne pour débuter à la comédie Italienne, n'y a paru qu'en vertu d'un ordre ſupérieur, sollicité par quelques personnes puissantes.

9°. Que le sieur Volange y a débuté en vertu d'un pareil ordre; que l'intention des comédiens Italiens n'a jamais été de le conserver; & qu'après sept mois de séjour parmi eux, le Roscius des remparts, s'étant convaincu de son peu d'aptitude à ce théâtre, ils se sont empressés de solliciter son ordre de retraite.

3°. Que M. Cailhava, enfin, a contribué plus qu'eux au début de Jeannot, puisque de concert avec monsieur d'Hele, il s'étoit donné la peine de rédiger pour lui *les Trois freres jumeaux vénitiens*, comédie de Colalto, dans laquelle Volange avoit desiré faire sa premiere apparition.

11 *Février* 1781. M. d'Argens, agent de la ville d'Amiens, & vice-consul d'Espagne, a été arrêté ces jours-ci comme auteur de faux billets de la loterie royale, & conduit à la bastille, ainsi que le sieur Desaint, l'imprimeur qui les avoit imprimés. C'est un jeune homme fort bien né, d'une belle figure, & l'amant de la demoiselle Colombe. Il paroît que le desir de satisfaire au luxe de cette actrice, l'a conduit à cette friponnerie. Celle-ci, au reste, en est vivement affectée, & a obtenu de ses supérieurs la permission de s'abstenir de jouer dans les premiers temps de sa douleur : mais tout considéré, pour éviter qu'on ne la soupçonnât complice du crime, on lui a conseillé de se vaincre, & d'affecter au contraire de se montrer davantage.

11 *Février* 1781. Les deux académies, dont M. le marquis de Paulmy est membre, n'ont fait aucun cas des requêtes de monsieur le Grand contre lui, & ont même cru inutile de recevoir les originaux des preuves incontestables de sa

propriété, & du mauvais procédé de cet auteur, que monsieur de Paulmy vouloit mettre sous les yeux de ces compagnies. Du moins, c'est ce que ce seigneur annonce. On trouve qu'il met trop de chaleur & d'amour-propre dans une pareille querelle ; qu'il devoit s'élever au dessus, & mépriser son adversaire ; ce qui auroit été plus noble de sa part.

12 *Février* 1781. M. Mercier, dont les drames sont joués en province avec beaucoup de succès, mais qui, depuis ses contestations avec les comédiens François, a lieu de désespérer de paroître jamais sur leur scene, se trouve obligé de se vouer absolument aux Italiens : malgré le peu d'aptitude de ceux-ci à représenter des pieces aussi graves, aussi sérieuses, il ose leur confier son *Jenneval*, en cinq actes & en prose. On sait que ce sujet, d'une touche très-sombre, très-noire, très-atroce même, n'est autre chose que le *Barnevelt Anglois*, imprimé depuis long-temps. Les troupes de province s'en étoient emparés. Nous allons voir quel effet il produira dans la capitale. C'est demain que les Italiens en donnent la premiere représentation.

13 *Février* 1781. Le parlement avoit mandé, au commencement de ce mois, les gens du roi du châtelet, & leur avoit ordonné de faire des recherches sur les différentes banqueroutes qu'il y a eu à Paris depuis cinq à six mois, ainsi que sur les suites qu'elles ont entraînées. Il leur avoit été enjoint en même temps de faire promptement leur rapport à la cour, pour être statué par elle ce qu'il appartiendroit. Il étoit également question des suicides ; on vouloit remettre en vigueur le supplice ordonné par les loix en

pareil cas. On pouffoit les recherches jufqu'à vouloir faire exhumer le notaire Bronod. Les gens du roi s'étoient en conféquence rendus le neuf au parlement. Il paroît que tout ce bruit-là fe réduira à faire un réglement contre les jeux : c'eft ce dont doit s'occuper aujourd'hui cette cour, où les pairs fe font rendus d'office, & où M. le lieutenant-général de police doit fe trouver.

13 *Février* 1781. Il paroît conftant que M. Haudry de Soucy, fermier-général, fait une banqueroute décidée. Mlle. la Guerre n'y a pas peu contribué, & n'a pas pris cet amant en traître. Elle lui a déclaré qu'elle ne lui donnoit pas plus de deux ans; elle lui a dit que l'exemple du duc de Bouillon devoit l'inftruire. Il n'a pas voulu en profiter; elle a travaillé en conféquence; & quand il n'a plus eu rien à lui donner, elle l'a mis à la porte.

14 *Février* 1781. Il y a eu effectivement hier à l'affemblée des chambres une dénonciation des maifons de jeu publiques : M. le lieutenant-général de police a lu un mémoire extrêmement bien fait fur ce fujet, dont il a réfulté que, malgré le bénéfice confidérable qui en provenoit pour fon département, malgré les œuvres de bienfaifance auxquelles il appliquoit cet argent, il ne pouvoit difconvenir que cette tolérance produifoit infiniment plus de mal que de bien.

La matiere étant trop importante pour ne pas mériter la plus férieufe attention, étant d'ailleurs fort délicate relativement aux perfonnes en place, chez lefquelles fe tiennent de ces fortes de jeux, & même pouvant compromettre les miniftres étrangers, étant effentiel de faire un réglement folide que personne n'osât enfreindre, on a arrêté que les princes & pairs seroient invités de venir prendre leur place au parlement le mardi 20; que M. le lieutenant de police y recommenceroit la lecture de son mémoire, & les gens du roi donneroient leurs conclusions, &c.

14 *Février* 1781. La piece de *Jenneval*, ou *le Barnevelt François*, n'a point réussi généralement à la premiere représentation; il s'en faut de beaucoup aussi qu'elle ait généralement déplu. On peut dire que la piece est arrivée à la fin au milieu des huées & des plus grands applaudissements. Une partie du public s'écrioit: *c'est horrible*; une autre: *voilà qui est beau, parfait, sublime.* Les uns disoient: *quelle superbe leçon de morale on peut puiser ici!* Les autres: *quel tableau affligeant pour l'humanité! jamais il n'auroit dû paroître aux yeux du public François!* Dans ce conflit d'opinions, il faut attendre la seconde représentation, & peut-être les suivantes, pour juger quel parti l'emportera.

15 *Février* 1781. Une jeune & jolie personne, attachée à la cour, ayant éprouvé un de ces accidents, suite fréquente d'une passion trop aveugle, on a fait la chanson suivante d'un genre neuf, qui mérite place ici à raison de l'anecdote: on la trouve digne du chevalier de Boufflers.

I

J'allai chez Lise hier au soir,
 Et quoique charmante,
On pouvoit l'appercevoir
 Triste & languissante,

Vous croyez qu'avec Licas
Ce sont de nouveaux débats ;
Non, non, vous ne savez pas
Ce qui la tourmente.

2

Dans un bosquet, l'autre jour,
La jeune innocente
A cueilli des fleurs d'amour,
Mais trop imprudente ;
Elle tremble d'avoir pris
Avec les fleurs quelques fruits ;
Et voilà, mes chers amis,
Ce qui la tourmente.

3

Déja Phœbé dans son cours,
Lui paroît plus lente :
Un courier depuis trois jours,
Trompe son attente.
Mais chacun peu consterné
De son sort infortuné,
Lui voudroit avoir donné
Ce qui la tourmente.

15 *Février* 1781. Quelques personnes s'étant plaintes au sieur de Beaumarchais qu'elles n'entendoient rien au grimoire de sa loterie, il a voulu en donner une explication dans le *Journal de Paris*. Ce commentaire, aussi obscur que le texte, ne fait pas fortune, & il y a apparence qu'il trouvera peu de dupes. On dit que les souscriptions n'arrivent pas en affluence, comme il l'es-

péroit ; & l'entreprise exigeant de gros fonds d'avance pour commencer, on ne s'y doit livrer que lorsque la souscription sera complete à peu près.

19 *Février* 1781. Extrait d'une lettre de Vienne, du premier février. « On sait que l'empereur avoit
,, désiré que le pape rendît à son auguste mere
,, des honneurs particuliers : il est d'usage qu'on
,, célebre, dans la capitale du monde chrétien,
,, un service pour les impératrices. Celle-ci étant
,, d'un ordre supérieur, & ayant gouverné long-
,, temps seule & avec des qualités peu communes,
,, le prince son fils avoit lieu de s'attendre à une
,, exception ; mais la cour de Rome, très-stricte
,, sur l'étiquette, n'a pas voulu innover en rien. Sa
,, majesté impériale piquée, a résolu d'apprendre à
,, l'évêque de Rome ce que c'étoit que de manquer
,, à un souverain comme lui. Il est question de
,, deux ordonnances qu'il doit rendre : l'une,
,, pour empêcher qu'aucun ordre religieux de ses
,, vastes états ait un général hors de ses états ;
,, l'autre, pour qu'aucun rescrit de Rome n'y soit
,, exécuté sans son ordre ; ce qu'on appelle
,, l'*exequatur*.

17 *Février* 1781. On parle beaucoup d'une lettre de M. le comte d'Artois à M. le Noir. On avoit fait courir le bruit qu'une maison nouvellement construite sur le boulevard, & où ce prince a choisi son jeu de paume, alloit être établie en maison de jeu. S. A. royale dément cette rumeur, & déclare au magistrat qu'il n'en est rien. On ne doute pas que M. le chevalier de Crussol n'ait influé beaucoup dans cette résolution du prince. Il est gouverneur du temple, & une compagnie s'est présentée à lui pour obtenir du

comte d'Artois la liberté de jouer dans ce lieu privilégié : elle offroit un bénéfice effrayant. Pour mieux constater le fait, ce seigneur a paru acquiescer aux propositions, les a bien éclaircies ; & après en avoir rendu compte au prince, lui a fait sentir quel gouffre de perdition devoit être un pareil lieu. M. le comte d'Artois a été effrayé lui-même du calcul, & a rejeté avec indignation cet infame marché.

17 Février 1781. Le docteur Hallot, qui avoit été arrêté avec la plus grande tranquillité, & jouant de la flûte, a soutenu son séjour à la bastille avec la même sérénité. On a fait rougir M. de Lassone d'une vengeance aussi atroce, & le docteur est sorti après douze jours de captivité.

18 Février. Extrait d'une lettre de Bordeaux, du 13 février. « L'affaire de M. Dupaty ne „ finissant point, & le parlement ayant déclaré „ qu'il ne le regarderoit point comme reçu „ qu'il n'eût fait entendre ses doléances auprès „ du trône, & n'eût reçu les ordres de la bouche „ de S. M. même ; le premier président & quel-„ ques autres membres de cette compagnie sont „ mandés à Versailles, & doivent y être rendus „ incessamment. Les membres qui accompagnent „ le premier président, sont son gendre monsieur „ Linche, l'abbé Feugeres, MM. de Conteneuil, „ un autre & un des gens du roi. „

18 Février. On parloit depuis quelques jours de donner à la comédie Italienne l'*Amant statue*, opéra comique en un acte & en vaudevilles, exécuté cet hiver à Brunoy. La représentation a été suspendue : on présume que c'est pour en supprimer ce qu'il y a de trop fort, des gravelures qui, excellentes dans un spectacle particulier, ne peuvent se tolérer par la police dans un spectacle public.

Les changements annoncés dans la *Mélomanie* qui devoit avoir lieu hier, se sont réduits à quelques phrases supprimées dans le dialogue du dénouement, & en quelques vers ajoutés, dont le musicien a fait *une finale*. Le public a été indigné de cette supercherie, & vraisemblablement n'y sera pas repris.

On prétend aujourd'hui que c'est la personne représentant à Paris l'auteur de la *Mélomanie*, qui n'a pas voulu adopter les changements assez considérables qui y avoient été faits.

19 *Février* 1781. On parle beaucoup d'une brochure contre les jeux publics, adressée à monsieur Dussaulx, qu'on sait avoir écrit sur cette matiere. On dit que dans ce pamphlet fort rare, on révele tout ce qui se passe dans les tripots, on en peint les héros; & après en avoir montré toute l'horreur, on appelle sur eux la foudre du ciel.

19 *Février*. *Compte rendu au roi, par monsieur Necker, directeur général des finances, au mois de janvier 1781, imprimé par ordre de sa majesté in-4°., de 116 pages, avec deux cartes.* Comme cet ouvrage est broché & couvert d'un papier bleu, les persifleurs ne manquent pas de dire, que c'est un *conte bleu*.

20 *Février* 1781. M. Dumont le Roman, peintre du roi, chancelier, recteur & ancien directeur de l'académie royale de peinture & de sculpture, vient de mourir. Son grand âge rendoit son talent inutile depuis plusieurs années.

M. François Bourgeois de Châteaublanc, ancien ingénieur, privilégié du roi, inventeur & entrepreneur des illuminations de Paris, vient de mourir auſſi très-vieux. C'eſt un homme à qui la capitale a l'obligation d'être mieux éclairée; mais, comme tous les premiers auteurs des découvertes, il n'en a pas recueilli le fruit ; on avoit eu bien de la peine à lui faire accorder par les entrepreneurs actuels une modique penſion ; & lui conteſtant juſqu'à ſa gloire, ils le traitoient de radoteur, & auroient voulu faire oublier ſes utiles travaux.

20 *Février* 1781. Un jeune homme, afin de jouir de la vue d'une veuve qu'il aime, & qui affecte de paroître inſenſible à ſes feux, emploie différents moyens pour s'introduire chez elle. Il imagine en dernier lieu de ſe mettre à la place d'une ſtatue, dont le piédeſtal eſt cenſé organiſé : là il joue pluſieurs airs de flûte, qui diſpoſent favorablement pour lui le cœur de ſa maîtreſſe. Tel eſt en ſubſtance le ſujet de la farce exécutée aujourd'hui, qui reſſemble beaucoup, comme on voit, à l'*Abbé de Plâtre*. Elle a réuſſi, c'eſt-à-dire, qu'on a ri ; ce qui eſt la meilleure façon, la plus naturelle d'applaudir.

20 *Février*. Hier on a donné la premiere repréſentation du *Roi de Cocagne*, piece de carnaval, qui a beaucoup amuſé, avec une nouvelle muſique du ſieur Beaudron, premier violon de la comédie Françoiſe, auteur déjà connu par celle de *Pygmalion*.

21 *Février* 1781. Les comédiens Italiens, qui ont déjà cinq ou ſix pieces nouvelles en train, & marchant à la fois, en préparent encore une autre qui doit avoir lieu inceſſamment. C'eſt un opéra-

comique en un acte, en vaudevilles, intitulé: *les deux Morts*; en voici le sujet.

Deux valets, qui ayant introduit chez leur jeune maîtresse un amant libéral, imaginent, pour se soustraire au courroux du pere & de la mere, de faire tour-à-tour semblant d'être morts, & conseillent ensuite à l'amant de se déguiser en commissaire, pour intimider ces bonnes gens, & les forcer à lui donner leur fille: à en juger par les répétitions, le pronostic n'est pas heureux, & la froideur de l'ouvrage doit nécessairement passer dans l'ame du spectateur.

21 *Février* 1781. L'assemblée du parlement au sujet des jeux a eu lieu aujourd'hui. Tous les princes du sang y étoient, & beaucoup de pairs: on a été fâché de n'y pas voir les freres du roi. M. le lieutenant-général de police a repris la lecture de son compte rendu; les gens du roi ont donné leurs conclusions, & ensuite l'on est allé aux voix. Parmi les princes du sang, M. le duc d'Orléans s'est signalé sur-tout; & quand il a été question d'adopter l'arrêt proposé par M. de Lamoignon, & d'en rédiger les termes, il a fort insisté qu'on ajoutât à cette formule de défenses, *à toutes personnes, de quelque état & condition qu'elles soient*, ces autres mots plus précis: *de quelque rang & dignité qu'elles soient*. On a senti quelle raison le portoit à cette addition, & le duc de Chartres en a paru décontenancé. Plusieurs pairs ont aussi très-bien parlé.

Un des messieurs, dans le cours des opinions, ayant dans la peinture qu'il a faite du désordre de ces jeux publics, introduit jusque dans les intendances de province, désigné ces commissaires départis comme le fomentant par leur exemple, un intendant préfent, & voulant prendre à parti le magiftrat comme calomniateur des intendants, M. de Cipieres, intendant d'Orléans, homme fage & judicieux, lui a confeillé de fe taire, en convenant que ce reproche n'étoit que trop vrai à l'égard de plufieurs de fes confreres.

Enfin il a été rédigé un arrêt des plus rigoureux, non-feulement contre les banquiers, mais encore contre les propriétaires des maifons où fe tiennent les tripots.

Quant aux miniftres étrangers, on a pris toutes les précautions convenables pour, fans bleffer leur dignité, leurs prérogatives & privileges, les engager d'honneur à fe conformer à l'exemple général.

Comme il faut auparavant l'agrément du roi, cet arrêt ne paroîtra que précédé d'une déclaration; & ceux qui trouvent le réglement trop dur, efperent qu'il fera modifié en quelque chofe.

Du refte, on a déja donné l'exemple à la cour, & les banquiers de la reine font réformés.

21 *Février* 1781. On doit exécuter aujourd'hui fur le théatre lyrique, *la Fête de Mirza*, ballet pantomime, pour fervir de fuite à celui qu'on connoît déja, & qui a reçu tant d'applaudiffements: on y a joint une petite comédie en mufique, qui en fait partie, de la compofition de M. Gretry. Les avis font déja très-partagés fur les répétitions. Les connoiffeurs admirent le choix des airs, l'ufage heureux qu'on y a fait de plufieurs morceaux de mufique du chevalier Gluck, & l'intelligence avec laquelle tout ce qui eft pantomime eft exécuté. A l'égard du petit opéra qu'on y a joint, ils trouvent également heureufe

cette nouveauté, qui devoit d'autant mieux réussir qu'elle présente une action complete, bien filée; & dans laquelle il n'y a à reprendre que quelques négligences de style. Des gens plus séveres sur les convenances, sur la nature de la pantomime théatrale, ne pensent pas de même de la *Fête de Mirza* & de son ensemble; ils la jugent un assemblage monstrueux de diverses actions de la vie, qui ne sont pas faites pour être admises au théatre, & encore moins pour s'exécuter en cadence, & au son des instruments.

22 *Février* 1781. Il a déja paru en 1777, un mémoire du marquis de Quincy, contre le comte de Limbourg-Styrum, se disant prince, &c. dans lequel on dévoiloit tous les ressorts que cet étranger artificieux avoit pour mystifier sa dupe crédule, & s'en approprier les biens. Ce personnage revient sur la scene : c'est aujourd'hui un laboureur nommé Charlemagne qui l'attaque : il répand un mémoire à consulter très-volumineux, & prétend dévoiler toute la conduite du comte de Limbourg, le suivre dans les principales époques de sa vie & de ses intrigues, éclairer le gouvernement, la justice & le public sur ses démarches les plus sourdes & les plus secretes, nommer & dépeindre ses principaux complices, afin qu'on puisse se garantir désormais de leurs infames séductions & de leurs astuces. On conçoit qu'un pareil détail ne peut qu'infiniment amuser les lecteurs, dont la malignité se plaît à parcourir le roman de ces fameux aventuriers. Celui-ci est des plus incroyables.

Il est suivi d'une consultation en date du six décembre 1780, où l'on approuve son attaque, si le sieur Charlemagne est en état d'administrer.

tant par titres que par témoins, la preuve de ce qu'il avance.

23 *Février* 1781. Toute la France sait que madame Necker, participant dans son genre à l'administration bienfaisante de son mari, s'est chargée d'un bureau analogue & d'une espece nouvelle au contrôle général. Il est intitulé: *Bureau de commisération*. Dans son département est compris l'hospice de charité qu'elle a institué sur la paroisse de saint Sulpice, & dont on a vu le compte rendu pour la premiere année : celui pour la seconde, qui est 1780, se publie depuis peu, imprimé à l'imprimerie royale.

Les deux comptes se rapportent relativement à la dépense de chaque mois pour les divers articles de consommation ; il en résulte qu'au moyen d'une somme de 33,000 livres, on est parvenu, dès le premier essai, à fournir les secours les plus abondants à 1,430 malades : que pour moins de 17 sous par jour, on leur a donné les aliments & les remedes de la meilleure qualité, tels que les personnes riches de la capitale n'auroient pu s'en procurer de meilleurs ; qu'on les a tenus dans l'état de propreté la plus recherchée, jusqu'à les changer de linge deux ou trois fois par jour ; &, ce qui surprendra encore davantage, est que ce résultat a été tiré, en réunissant la dépense propre des malades, la nourriture des sœurs, la nourriture & les gages des domestiques, les appointements de l'aumônier, du médecin, du chirurgien, & les achats du linge neuf.

Cet exemple encourageant a déja produit un heureux effet ; deux des principales paroisses de Paris, celles de saint Eustache & de saint

Jacques du Haut-pas, & les administrateurs de Bon-Secours, préparent un asyle semblable aux pauvres malades de leurs districts.

23 *Février* 1781. M. l'abbé de Bourbon prenant, comme de raison, le parti de sa mere dans sa querelle avec M. de Cavanac, a obtenu une lettre de cachet contre celui-ci, qui l'exile à quarante lieues de Paris.

L'abbé de Boisgelin triomphe, & par la même raison on ne doute plus aujourd'hui qu'il ne reste grand-vicaire de M. l'archevêque d'Aix, & agent général du clergé.

23 *Février*. Après un préambule très-adroit, très-honnête & tout-à-fait spécieux, mais où l'on critique cependant l'assertion erronée & inconstitutionnelle, que *l'augmentation des impôts est soumise à la puissance du roi*, M. Necker divise son compte en trois parties.

La premiere concerne l'état actuel des finances du royaume, & toutes les opérations qui sont relatives au trésor royal & au crédit public.

La seconde développe des opérations qui ont réuni des économies importantes à des avantages d'administration.

Dans la troisieme, le directeur général des finances fait valoir les dispositions générales, qui n'ont eu pour but que le plus grand bonheur des peuples, & la prospérité de l'état.

Il résulte de-là, que deux grandes parties d'administration sont remises entre les mains du ministre des finances, dont les éléments n'ont malheureusement aucun rapport ensemble ; & cependant s'il ne réunit les connoissances & le génie qu'elles exigent, il ne peut occuper dignement sa place : voilà pourquoi tous les prédécesseurs de M. Necker ont échoués, & voilà pourquoi il a réussi. Tel est la conséquence qu'il tire modestement *in petto* de son compte rendu, & qu'il indique au lecteur : amour-propre puant, qui a révolté beaucoup de gens. On trouve dans le courant de l'ouvrage différents autres passages de cette espece, qui ont également déplu, & qui, indépendamment du fond, ils regardent comme plein d'inexactitudes & de faussetés, en rendent la forme très-propre à lui susciter autant d'ennemis qu'il y a eu d'administrateurs, ainsi que la foule immense de leurs partisans.

24 *Février* 1781. On trouve dans le *Compte rendu* par M. Necker, plusieurs faits épars, bons à recueillir & à conserver.

1°. Le dernier état, mis sous les yeux de S. M. par M. de Clugny, annonçoit un déficit de vingt-quatre millions de la recette à la dépense ordinaire.

2°. Tant par l'effet des soins de ce directeur général des finances, & des diverses réformes que S. M. a permises, que par l'amélioration des revenus, ou par leur augmentation naturelle, & enfin par l'extinction de quelques rentes & de quelques remboursements, l'état actuel des finances est tel, que malgré le déficit en 1776, malgré les dépenses immenses de la guerre, & malgré les intérêts des emprunts faits pour y subvenir, les revenus ordinaires excedent en ce moment les dépenses ordinaires de dix millions deux cents mille livres.

3°. En ne composant le chapitre des revenus que des versements faits au trésor royal par les différentes caisses, déduction faite des charges qu'elles sont tenues d'acquitter, & en ne portant
pareillement

pareillement dans la colonne des dépenses que les parties qu'il paie ; la recette n'est que de 264 millions, & les revenus passent 430 millions : mais le surplus est consommé, soit par des charges assignées sur les recettes générales, soit par les rentes sur l'hôtel-de-ville, & les autres objets hypothéqués sur les fermes, soit par les dépenses dont le paiement est indiqué sur le domaine, sur le produit des régies, sur les impositions des pays d'états, &c.

4°. Par exemple, les vingtiemes, la taille, la capitation se montent à environ 149 millions; mais par des états du conseil, les charges assignées sur cette recette s'élevent à environ 29 millions.

5°. M. Necker demande au roi que ce compte soit examiné chez M. le garde-des-sceaux, ou chez M. le comte de Maurepas, par un comité composé de quelques personnes de ses conseils, auxquelles il en communiquera les détails.

6°. Il voudroit que tous les cinq ans un pareil compte fût rendu d'une maniere authentique.

7°. On a compris dans les dépenses ordinaires 17,300,000 livres de remboursements, qui devant se regarder comme un superflu des revenus, formeront un accroissement éventuel lorsque les capitaux seront éteints.

8°. Les rentes viageres se montent à 50 millions, & diminuent tous les jours. Il y a 28 millions de pensions, s'éteignant de même. Enfin, S. M. n'est pas au bout des économies & des améliorations de divers genres qu'elle peut se proposer : par exemple, l'augmentation que peut procurer la loi qui vient de paroître sur les domaines engagés, n'est pas comprise dans l'état actuel des finances.

9°. M. Necker a été obligé de pourvoir à 150 millions de dépenses extraordinaires par an depuis la guerre, & n'y est subvenu que par le crédit public.

10°. Lorsqu'il est entré en place, les contrats sur l'hôtel-de-ville, portant quatre pour cent d'intérêt, ne valoient que soixante pour cent : ainsi les capitalistes pouvoient placer leur argent à un intérêt de six pour cent, & de deux tiers en rentes perpétuelles : au contraire, au commencement de la précédente guerre, l'on avoit peine à trouver des placements à quatre & demi pour cent ; & les contrats sur les postes, qui ne perdoient que trois pour cent d'intérêt, étoient montés jusqu'à quatre-vingts.

11°. Dans ce moment-ci les rescriptions ne perdent que sept & demi pour cent, & les actions des Indes sont à 1,940 livres. Il a emprunté à un prix plus modéré que dans les autres guerres. La loterie ouverte il y a deux ans, étoit calculée sur le pied de cinq pour cent d'intérêt en 1777. On a négocié des rentes viageres jusques à 13 pour cent d'intérêt sur une tête, & S. M. n'a encore emprunté qu'à neuf, & à un intérêt proportionné sur plusieurs têtes. La loterie derniere remboursable en neuf années, n'est qu'un emprunt à six pour cent.

12°. Il s'est soustrait à la domination d'un seul banquier de la cour pour les anticipations, il en a pris plusieurs : il a cependant été forcé d'avoir plus d'anticipations qu'il n'auroit voulu, par l'abus des billets des trésoriers ; & cependant ces emprunts, qu'il auroit maintenus à cinq & demi pour cent, sans cette infidélité, ne sont qu'à six, en y comprenant tous les frais.

13°. M. Necker a proposé au roi de faire viser, par le premier commis des finances, les billets des trésoriers, dont il promettoit la négociation.

14°. Il a ramené au roi le bénéfice sur la fabrication des monnoies, laquelle s'élevant de 40 à 50 millions en temps de paix, ce bénéfice ne doit point s'abandonner aux particuliers.

15°. Il a établi un comité contentieux, nécessaire pour une perception de près de cinq cents millions, en ajoutant à celle qui se fait pour le roi, le compte des villes, des hôpitaux & des communautés. Il y a eu depuis cet établissement plus de 2,000 arrêts rendus, sans compter un très-grand nombre de difficultés particulieres, sur lesquelles il a donné son avis à M. le directeur.

16°. Il voudroit bien supprimer les gabelles ; mais comment se priver d'un impôt qui rapporte 54 millions net, c'est-à-dire, autant que celui sur toutes les propriétés foncieres du royaume, représenté par les deux vingtiemes & les quatre sous pour livre du premier. Il prétend cependant qu'en établissant le prix de cette denrée de cinq à six sous la livre dans le pays exempt ou non exempt, la somme en résultante seroit à peu près la même.

17°. M. Necker estime qu'en temps de paix les dépenses occasionées par nos arts de luxe, occasionent en France un versement de l'étranger de plus de 30 millions par an. Il se félicite aussi de l'institution d'un prix annuel en faveur de l'invention la plus utile au commerce & aux manufactures.

18°. Il s'est occupé des moyens à employer pour rendre les poids & les mesures uniformes dans tout le royaume, & il a vu avec satisfaction que l'assemblée de la haute Guyenne l'avoit prise en considération.

19°. Il approuve l'établissement du Mont de piété, & voudroit qu'on y joignît l'argent des consignations, pour qu'il ne restât pas mort.

20°. Enfin, il n'a rien accordé au crédit, à la puissance, à l'amitié; si quelqu'un doit à sa simple faveur une pension, une place, un emploi, qu'on le nomme.

24 Février 1781. Extrait d'une lettre de Bruxelles, du 18 février. « On n'a rien vendu des
„ meubles de M. Linguet; sa maison est toujours
„ dans l'état où il l'occupoit, & son homme d'af-
„ faires continue d'en avoir soin. Madame Bulté,
„ sa maîtresse, appellée vulgairement madame Lin-
„ guet, qui étoit restée ici jusqu'à ce moment,
„ désespérant sans doute de le revoir de si-tôt
„ craignant de n'être pas en sûreté dans cette
„ ville, où son mari auroit pu la faire enlever,
„ vient de partir pour Londres, où vraisembla-
„ blement elle jettera un triste coton. Il est bien
„ à craindre, si la détention de M. Linguet dure,
„ qu'elle n'y meure de faim, ses charmes ne pou-
„ vant plus lui être d'un grand secours.

„ Quant à M. Linguet & ses annales, on n'y
„ pense plus ici. Cet ouvrage périodique par son
„ égoïsme & son acharnement contre les per-
„ sonnages obscurs de votre littérature, étoit de-
„ venu fastidieux, & ne pouvoit avoir vogue que
„ chez vous. „

24 Février. Extrait d'une lettre de Bordeaux,

du 20 février. « Voici des circonstances plus dé-
» taillées de la mort de M. Fabre & de sa cause.
» Ces particularités méritent d'être connues, &
» lui procureront sans doute les regrets des
» ames sensibles. Depuis la prise des *états d'Artois*,
» n'ignorant pas les propos injurieux auxquels cet
» événement donnoit lieu, il revint dans sa pa-
» trie, & crut y trouver des consolations chez ses
» amis : il ignoroit son plus grand malheur ; il
» ne lui restoit plus un seul ami à Bordeaux. Ceux
» qu'il saluoit, ne lui rendoient point le salut ; ceux
» qu'il vouloit aborder, se détournoient & le
» fuyoient : possesseur autrefois de l'estime pu-
» blique, il prouva qu'il n'en étoit pas encore
» indigne par sa sensibilité extrême à tant d'hu-
» miliation. Son esprit sembla s'affoiblir d'abord.
» Il chercha ensuite dans la religion des consola-
» tions qu'il ne pouvoit plus trouver, ni dans lui-
» même, ni dans les hommes. On ne le rencon-
» troit plus que dans les églises, & toujours pros-
» terné sur la pierre : enfin ne pouvant soutenir
» son malheur, il s'est jeté, il y a environ un
» mois, en plein jour, par sa fenêtre, ainsi que
» je vous l'ai marqué. »

24 *Février* 1781. L'académie françoise, dans
son assemblée du huit de ce mois, avoit adjugé
pour cette année le legs de 1,200 livres du comte
de Walbelle à M. Garat : celui-ci n'ayant point
jugé à propos de l'accepter, a prié l'académie de
vouloir bien lui permettre de le rendre, par une
lettre, dont voici l'extrait.

« L'académie (écrit-il sur ce sujet à M. d'A-
» lembert) m'honore infiniment dans le choix
» qu'elle a fait de moi pour m'adjuger le legs

» institué par M. de Walbelle. Un secours qu'un
» homme de lettres sans forme reçoit des mains
» de l'académie, n'est pas seulement un secours,
» c'est encore une distinction & un honneur. C'est
» ainsi que j'envisage l'établissement de M. de Wal-
» belle; mais je n'ai point voulu, Monsieur,
» entrer en concours avec les hommes de lettres
» qui ont pu desirer ce legs. Je ne l'ai demandé à
» aucun des académiciens qui m'honorent de
» leur amitié; je me serois sur-tout reproché de
» le disputer à monsieur Cour de Gebelin, dont
» j'estime les ouvrages & dont je considere la
» personne. »

M. Gebelin qui, ainsi que M. Garat, n'avoit demandé ce legs ni l'année derniere, ni celle-ci, avoit partagé presque également les suffrages dans la séance du huit, la différence n'ayant été que d'une voix ; il a eu à peu près l'unanimité dans la séance du dix-sept, où l'on lui a adjugé ce legs pour la seconde fois.

25 *Février* 1781. Il y avoit au château de Ham en Picardie, un homme qui depuis vingt-sept ans étoit confiné dans un cachot de huit pieds en quarré : là, couché sur la paille, environné d'insectes, de reptiles & d'animaux dégoûtants, sans feu, sans lumiere, sans vêtements, il maudissoit son existence. Deux prisonniers & une personne de l'état-major, instruits du sort de ce malheureux, qu'on savoit être un homme de qualité, ont écrit à madame Necker. Le courier suivant a apporté un ordre de rendre ce malheureux à la lumiere. Il a été mis dans une chambre, rasé, pourvu de vêtements, & l'on va examiner quel est le crime qui a pu lui attirer une punition si cruelle & en même temps si peu

exemplaire par sa clandestinité. On sait que ce prisonnier porte un nom illustré autrefois par la premiere dignité militaire; qu'il étoit capitaine, & âgé de vingt-quatre ans lorsqu'il fut renfermé.

25 *Février* 1781. M. Duvignau, après avoir commandé pendant plus de dix ans sur des vaisseaux marchands, s'y être distingué par son intelligence & son activité, avoit partagé avec M. Dion, député des états d'Artois, tous les soins de la construction de la frégate portant leur nom, & en avoit reçu le présent d'une boîte d'or, avec une lettre honorable. Il étoit lieutenant en second dans cette frégate commandée par Fabre; & après le combat, dans un accès de fievre chaude, il se brûla la cervelle, dont est résultée la fausse rumeur, que par son insubordination il avoit été la cause de la révolte de l'équipage, & de la prise des *états d'Artois*; ce qui l'avoit provoqué à se donner la mort par désespoir. Son pere revient aujourd'hui contre cette calomnie consignée dans plusieurs papiers publics, & en prouve la fausseté par une attestation même de monsieur Fabre. Cette anecdote, ainsi que mille autres, prouve que nous ne nous repaissons que de fables, & que les historiens les plus véridiques sont souvent, sans le vouloir, les organes du mensonge & de l'imposture.

26 *Février*. On parle beaucoup des menaces que madame de Cassini, sœur du marquis de Pezai, a faites à M. Necker, de publier la correspondance de celui-ci avec son frere, & de dévoiler les manœuvres & les intrigues qu'il a mises en œuvre pour parvenir au ministere par le canal de ce protecteur, s'il ne lui accor-

doit une pension considérable, qu'on fait monter jusques à 30,000 livres, pour racheter cette correspondance. On assure que M. Necker a eu la hauteur de refuser de lui accorder cette grace, & ne craint point le défi. Cette anecdote donne lieu à éclaircir la maniere dont le marquis de Pezai étoit parvenu à la haute faveur dont il a joui pendant un certain temps.

Le roi actuel étant dauphin, pria M. de Monteynard de lui procurer un officier de mérite, qui ne marquât point, & qui le mît au fait de l'art de la guerre, mais d'une maniere secrete, & sans que son grand-papa le sût. M. de Monteynard, effarouché de la proposition, se consulta avec M. de Maillebois, qui saisit l'occasion avec empressement, rassura le ministre, & lui dit avoir un homme excellent pour cela : c'étoit le marquis de Pezai, qui, introduit ainsi auprès du dauphin, lui plut, gagna sa confiance, & la conserva même après son avénement à la couronne : de-là son grand crédit & les égards du comte & de la comtesse de Maurepas pour lui.

Un jour qu'il y avoit beaucoup de grands seigneurs à l'audience de M. de Saint-Germain, celui-ci ayant fait entrer par préférence M. de Pezai, tout le monde en fut scandalisé, & M. le baron de Wimpffen, maréchal-de-camp, & l'ami du ministre, crut devoir lui en témoigner sa surprise : le comte lui rit au nez, & lui dit qu'il savoit bien ce qu'il faisoit; que M. de Pezai étoit l'homme ayant le plus de crédit, & qui iroit le plus loin.

27 *Février* 1781. Le *compte rendu* de M. Necker, aujourd'hui que les gens les plus en état d'en juger l'ont lu, produit une sensation dif-

férente suivant le caractere & la façon de voir de ceux qui en parlent. Les uns ne trouvent rien de plus touchant & de plus flatteur pour la nation que cet exemple, donné pour la premiere fois par un ministre des finances. Ils regardent l'ouvrage comme également admirable, & dans le fond & dans la forme ; ils le jugent intéressant par sa nature, son importance, recommandable par l'élévation des idées, l'élégance & la noblesse du style ; ils prétendent qu'il fera une époque à jamais mémorable & glorieuse dans les fastes de la monarchie. Les autres n'y voient qu'un charlatan qui pare sa marchandise & la vante pour attirer les chalands : ils critiquent un égoïsme puant, une forfanterie révoltante, une insolence impardonnable dans tout ministre, & sur-tout dans un parvenu comme M. Necker ; ils veulent que sa recette en soit enflée, la dépense diminuée, que tous les calculs en soient faux ; & ils observent que c'est d'autant plus mal-adroit, qu'il y a des erreurs sensibles, & pouvant sauter aux yeux des plus ineptes. C'est au temps seul à éclaircir ce problème essentiel, & que personne ne peut résoudre au moment actuel.

27 *Février* 1781. On ne publie point encore le réglement du parlement concernant les jeux publics, parce que le premier président ayant été porter au roi l'arrêté de la cour des pairs à ce sujet, S. M. s'est réservée d'y statuer, & de faire connoître ses volontés. On croit qu'en confirmant les sages dispositions de cette cour, elle en affoiblira quelques articles comme trop rigoureux.

28 *Février* 1781. Dans la nuit il y a eu une tempête si affreuse dans Paris & les environs, que la

nombre de cheminées & de toits enlevés n'eſt pas peu conſidérable; que dans les jardins des Tuileries & du Luxembourg pluſieurs arbres de la premiere grandeur ont été déracinés ou coupés par le milieu, & que le vent à jeté bas la belle grille du château de Verſailles.

28 *Février* 1781. Tout l'opéra eſt en rumeur à l'occaſion des nouvelles qu'on reçoit de Londres. On ſait que les deux Veſtris y ſont : on prétend qu'ils ont été mal accueillis du public un certain jour, & que, ſans reſpect pour le *diou de la danſe* (1) & pour ſon fils, on les a hués, on leur a jeté à la tête des pommes & des pelures d'orange ſur le théatre.

1 *Mars* 1781. Une aventure aſſez plaiſante, arrivée ce carnaval, fait en ce moment la matiere des converſations. M. de la Frenaye ancien notaire, voit dans la rue un petit poliſſon fort occupé à ramaſſer à terre une ſacoche qu'il ne pouvoit ſeul enlever; & ſe plaignant beaucoup de ſon embarras, M. de la Frenaye, très-compatiſſant, met ſa canne & ſon chapeau ſur une borne, & aide l'enfant à ſoulever le fardeau, & à le mettre ſur ſes épaules : comme il lui rendoit ce ſervice, l'enfant ouvre la ſacoche, & il en découle une grêle de cailloux, qui innondent le trop obligeant notaire : aſſailli des huées du temps.... *il a chié au lit !...* furieux, il reprend ſa canne & ſon chapeau, court après le Savoyard qui ſe réfugie chez un parfumeur : il ne reſpecte point cet aſyle, entre dans la boutique, & veut frapper le petit

---

(1) Expreſſion dont ſe ſert un frere Veſtris aîné, en parlant de ſon frere le danſeur.

ingrat. Un Suisse qui pilot, trouve cela mauvais, & lui applique une paire de soufflets; puis recommence son rôle. Cependant la foule s'amasse; le maître & ses gens entourent le notaire; on lui demande ce qu'il veut: on crie *à la garde*, qui arrive... M. de la Frenaye, ne pouvant remplir sa vengeance, veut qu'il vienne un commissaire. Survient l'officier de police, qui, après s'être fait expliquer le cas, dit à M. de la Frenaye qu'il a tort; qu'il ne devoit point chercher à se faire justice lui-même; qu'il falloit qu'il eût recours à la voie légale.... En conséquence, accablé de cailloux, hué, bafoué, soufleté, il est encore obligé de donner 15 livres au commissaire pour sa vacation; le parfumeur ayant bien voulu n'exiger aucune indemnité.

1 *Mars* 1781. Un particulier qui ne s'est point fait connoître, a déposé 1,200 livres chez un notaire, pour un *traité élémentaire de morale, qui expliquât & prouvât les devoirs de l'homme & du citoyen*. Ce prix sera adjugé par des personnes instruites, éclairées & connues, que l'auteur du programme à distribuer, doit prier d'être juges du concours.

2 *Mars* 1781. L'auteur anonyme du prix dont on vient de parler, est un particulier zélé pour le bien public, pensant qu'une bonne éducation y peut beaucoup contribuer. En conséquence il desireroit que le traité demandé fût composé d'après les principes du droit naturel; qu'il fût clair, méthodique, & propre à toutes les nations.

Comme il est destiné aux écoles, il voudroit qu'il fût court, écrit dans un style simple, & n'excédant pas cent ou cent vingt pages d'une impression in-12, caractere ordinaire, afin que servant aux enfants qui apprennent à lire, il pût être lu & retenu dans le cours de l'éducation, & acheté à bas prix.

Il faut que l'ouvrage soit imprimé & approuvé, ou, si l'on ne veut pas risquer les frais de l'impression, il faut que le manuscrit soit revêtu d'une approbation ou permission d'imprimer.

3 *Mars* 1771. M. Carter, célebre graveur Anglois, a composé une très-belle estampe représentant la fin du combat entre *le Surveillant* & *le Québec*, dans le moment où Fermer reste seul avec son lieutenant Roberts, & où le chevalier du Couëdic donne des ordres, afin qu'on sauve tous les malheureux qui se sont jetés à la mer pour éviter d'être dévorés par les flammes. Il l'a fait passer par M. le marquis de Castries à madame du Couëdic, avec cette lettre :

" Madame.... Souffrez qu'en vous rappellant
„ le souvenir douloureux d'un époux illustre &
„ dignement chéri, je vous le représente dans
„ le plus bel instant de sa vie. Si d'un côté je
„ renouvelle votre douleur, je crois de l'autre
„ vous en offrir la plus douce consolation, en
„ cherchant à éterniser une action qui seule doit
„ rendre son nom immortel : c'est un hommage
„ qui vous est justement dû ; & quand la posté-
„ rité saura que ce tribut fut payé par un étranger
„ & par un ennemi, la gloire du vaillant Couëdic
„ n'en paroîtra que plus complete. Telle fut mon
„ intention ; & je croirai avoir tout fait pour
„ moi-même, si vous daignez accepter cette foible
„ esquisse du grand & noble tableau que ce héros
„ a donné à l'Europe entiere, en combattant un
„ ennemi digne de lui.

3 *Mars*. Hier le parlement s'est assemblé

pour entendre les volontés du roi au sujet de l'arrêté de la cour des pairs, porté à sa majesté par le premier président. *Monsieur*, le comte d'Artois, & les princes & pairs s'y sont trouvés. *Monsieur* a remis une déclaration de S. M. en date de la veille, qui a été enrégistrée sur le champ. Elle confirme ce qu'on a dit, avec des additions; car le roi y annulle tous contrats, obligations, promesses, billets, ventes, cessions, transports, & tous actes de quelque nature qu'ils soient, ayant pour cause une dette de jeu, soit qu'ils aient été faits par des majeurs ou des mineurs, &c.

3 *Mars* 1781. On voit ici une médaille frappée à Amsterdam, en mémoire de la confédération pour la neutralité armée entre la Russie, le Danemarck, la Suede & les Provinces-Unies.

D'un côté, elle offre le buste de l'impératrice de Russie, couronnée de lauriers, avec cette inscription: *Catharina magna, Dei gratiâ, Imperatrix: Autocratria Ruſſorum.* Au revers, on voit un matelot consterné; son bonnet, qui est celui de la liberté, est jeté à terre: un gouvernail & un pavillon sont à ses pieds. Mercure, dans le dernier abattement, est assis sur une corne d'abondance qui est vuide: d'une main il porte son caducée devant sa poitrine, de l'autre il montre les privileges violés de la liberté de la navigation. Neptune est d'un autre côté dans son char marin, tenant son trident élevé, & promet, ainsi que Mercure, de partager le droit des mers. Pour peindre en même temps la fraude & la violence, on voit un vaisseau de la Baltique sans défense, contraint par un corsaire armé, qui fait une décharge sur lui, de se livrer à la merci des barbares avides & sans frein. Sur le char de Neptune, sont les armes des confédérés, qui n'ont d'autres but que de rendre la mer libre. On voit dans le ciel une étoile brillante, pour montrer que cette alliance est un nouveau météore politique dû au génie de l'immortelle Catherine. On est fâché qu'il ne soit point question de monsieur de Vergennes dans toute cette allégorie, de ce ministre qui n'a pas peu contribué à exciter la confédération, & peut-être à la faire naître.

4 *Mars* 1781. Extrait d'une lettre de Bordeaux, du 27 février. Voici ce qu'écrit le maréchal duc de Richelieu au sujet de la députation de notre parlement.

« La députation du parlement de Bordeaux a eu
„ audience du roi le 20 février, à cinq heures
„ & demie du soir. Le premier président avoit
„ l'air sot comme un coupable qui vient d'en-
„ tendre son arrêt. Monsieur Linche, son gendre,
„ ressembloit au Lazare ressuscité ; (ce magistrat
„ est pâle, maigre, sec, étique.) Monsieur de
„ Conteneuil, malgré les paroles mortifiantes du
„ monarque, n'avoit pas moins l'air de Bacchus
„ dans les orgies ; (ce conseiller est gros, ver-
„ meil, a la figure d'un Roger bontemps.) Pour
„ MM. de la Salle & abbé Feugeres, on les
„ auroit pris moins pour des magistrats, que
„ pour de pauvres diables de procureurs qui
„ venoient de perdre leur cause. Du reste, le
„ roi a défendu qu'on donnât aucune suite à
„ toutes les procédures & mauvais procédés
„ contre monsieur Dupaty. Il a déclaré au premier
„ président, qu'il l'en rendoit personnellement
„ responsable, qu'il le chargeoit de veiller sur

,, la compagnie, d'y entretenir la paix, & de
,, maintenir l'exécution de fes ordres. ,,

4 Mars 1781. Monfieur de la Curne de Sainte-Palaye vient de mourir dans un âge fort avancé; il laiffe deux places vacantes, l'une à l'académie des belles-lettres, & l'autre à l'académie françoife. C'étoit un littérateur érudit, eftimable, & d'une grande douceur de caractere; il avoit beaucoup vécu dans la fociété de madame Doublet, & l'on ne doute pas que dans les *Mémoires fecrets de Bachaumont*, il n'y ait plufieurs articles de lui; il payoit certainement fon tribut à cette fociété dans les matieres qui le concernoient.

5 Mars 1781. Monfieur Junker, cenfeur royal, compofant parfaitement bien en allemand, eft chargé par un des principaux libraires d'Allemagne, de traduire le *Compte rendu* de M. Necker dans la langue de ces contrées. On le traduit actuellement en anglois.

5 Mars. Les comédiens Italiens donnent aujourd'hui la premiere repréfentation de *Blanche & vermeille*, comédie nouvelle en trois actes, mêlée d'ariettes. Elle eft d'un monfieur de Florian, l'auteur des *deux Billets*; ce qui eft déja d'un bon augure. La mufique a été compofée par monfieur Rigel, connu fur le même théatre par des fuccès mérités: on fait que cet artifte a du nerf, un caractere à lui, & eft vraiment original.

6 Mars 1781. La fociété royale de médecine doit tenir aujourd'hui fa féance publique. On fait d'avance que le prix deftiné à celui qui auroit le mieux réfolu la queftion fuivante: *déterminer qui eft le meilleur traitement pour la rage*, ne fera pas décerné. Il avoit été annoncé dès

la première séance publique de cette compagnie en 1778. Trois ans n'avoient pas paru un terme trop long pour le concours. Le prix, d'abord de 600 livres, a été porté à 1,200 livres, & il est connu aujourd'hui qu'il est dû à la bienfaisance de monsieur le Noir, lieutenant-général de police, dont la modestie avoit désiré garder l'anonyme.

7 *Mars* 1781. Le premier acte de *Blanche & Vermeille* a été jugé très-agréable ; le second a moins plu, & le troisieme a singuliérement bien réussi. On retrouve dans cette comédie tout l'esprit, toute la grace qui ont fait accueillir les autres ouvrages de l'auteur ; mais le public ayant desiré des changements, il faut les attendre pour en raisonner pertinemment. Quant à la musique, elle n'a pas eu un succès complet, on y a rencontré des morceaux peu saillants & des motifs qui n'ont pas paru neufs ; on y a critiqué sur-tout des airs de bravoure déplacés, en ce qu'ils arrêtent le cours de l'action.

8 *Mars* 1781. Il falloit pour avoir des droits au prix de la société royale de médecine annoncé, ajouter quelques connoissances nouvelles à celles que l'on avoit déja acquises sur le traitement de la rage : répandre par des observations exactes & authentiques, un nouveau jour sur la question ; en un mot, rendre le traitement de cette maladie plus sûr qu'il n'étoit auparavant.

Aucun auteur n'ayant répondu à la question d'une maniere complétement satisfaisante ; le prix a été remis : mais elle en a distingué plusieurs, aux travers desquels elle a donné des éloges.

M. le Noir, membre honoraire de la compagnie, mais non préfent, informé de ces détails, n'a point voulu que ces athletes reftaffent fans récompenfe. En conféquence il a fait frapper à fes frais trois médailles d'or, chacune de la valeur de cent livres, ayant la même empreinte que le jeton de la fociété, pour leur être diftribuées.

9 Mars 1781. Rien de plus plaifant que ce qui fe paffe à Londres au fujet de *Veftr'Allard.* On ne croiroit pas que les féances du parlement ont été fufpendues dans cette crife, la plus importante où le peuple Anglois fe foit trouvé depuis plufieurs fiecles pour le voir danfer. Le Sr Veftris, qui s'affimiloit déja aux plus grands hommes de l'Europe, & ne trouvoit au deffus de lui que le roi de Pruffe & Voltaire, va revenir bien bouffi de cette nouvelle gloire, de fe voir furvivre dans un rejeton, déja fi précieux à l'Europe entiere.

10 *Mars*. L'anecdote du jeune Veftr'Allard étant des plus curieufes, & très-vraie, on ne fauroit la configner ici avec trop de détail. Le jeudi 22 février, il devoit y avoir une repréfentation de bénéfice au profit de ce danfeur. Le fameux orateur Burke, le Démofthene de Londres, avoit propofé pour ce jour-là au parlement la lecture de fon fameux bill économique. Le lord Nugent, fou de la mufique, & fur-tout de l'opéra, propofa de remettre la féance; & pour ne pas donner un motif auffi futile que celui qu'il avoit, repréfenta que c'étoit un jour de jeûne pour le royaume. M. Burke ne fut pas dupe de fon excufe, & en dévoila l'objet; malgré cela, la remife que defiroit le lord paffa à la pluralité de trente-trois voix.

Le jour indiqué étant venu, il y eut beaucoup de tumulte à l'occasion d'une innovation faite dans l'annonce, où l'on mettoit les secondes places au même prix que les premieres. Le tapage fut si grand, que Vestr'Allard voulut venir haranguer le public avec un interprete, & fut sifflé, hué & renvoyé deux fois à coups de pommes & d'oranges : la troisieme, un membre du parlement l'amena lui-même, & par sa présence d'esprit calma les mécontents. Le jeune homme en fut quitte pour des excuses, des révérences, pour rester prosterné devant le parterre, durant la valeur d'environ cinq minutes : enfin on lui cria BRAVO; & les deux Vestris triompherent en remportant tous les suffrages.

Cette représentation de bénéfice a dû rapporter à Vstr'Allard 1,200 guinées.

Une anecdote singuliere pour les Vestris, c'est que le jour de l'anniversaire de la naissance de la reine, ils avoient paru au bal de la cour ; ce qui avoit occasioné des brocards dans tous les papiers publics ; on disoit qu'ils ne devoient paroître aux bals de la cour, que lorsque ce seroit celui de *Ninette à la cour*; & c'est celui qui fut exécuté le jour de son humiliation & de sa gloire.

10 *Mars* 1781. Un M. Zacarie & compagnie on projeté un canal, qui doit joindre le Rhône & la Loire, & former la communication des deux mers au travers de la France. Ce projet vaste porte avec lui une utilité si marquée, que le gouvernement l'a accueilli. Ce canal est avancé, & peut déja, dans l'état où il est, procurer de grands avantages.

11 *Mars.* La déclaration du roi donnée à Versailles le premier mars, concernant les jeux

défendus, modifie un peu les dispositions de la cour des pairs, & les adoucit.

Elle renouvelle les édits, ordonnances, arrêts & réglements sur cette matiere.

On répute jeux prohibés tous ceux à chances inégales, & présentant des avantages certains à l'une des parties au préjudice des autres.

On fait défenses à toutes personnes, de quelque qualité & condition qu'elles soient, de s'assembler en aucuns lieux privilégiés ou non privilégiés, pour jouer auxdits jeux prohibés.

Les commissaires au châtelet & les officiers de police, sont tenus de veiller à ce qu'on ne contrevienne point à ces défenses dans la capitale & dans tout le royaume.

La premiere fois, les banquiers contrevenants seront condamnés en 3,000 liv. d'amende, & les joueurs en 1,000 livres, payables par corps.

En cas de récidive, amende du double, & ensuite les convaincus punis suivant la rigueur des ordonnances, & de peines afflictives ou infamantes.

Ceux qui auront prêté ou loué sciemment leur maison aux joueurs, condamnés en 10,000 liv. d'amende.

12 *Mars* 1781. Le sieur Creites, inventeur d'une machine pour dételer, enrayer & désenrayer à volonté les roues d'une voiture, dans la course la plus rapide, en a fait voir hier l'expérience dans un enclos près le colisée, & doit la continuer pendant quelque temps aux yeux du public, à des jours déterminés.

13 *Mars* 1781. Dans la séance publique de la société royale de médecine, tenue le six, outre

le détail relatif au prix dont on a parlé, 1°. le secrétaire a fait mention d'un avis qui doit être publié par cette compagnie dans les provinces, dont le but est d'exposer le plan de la correspondance entretenue par elle avec les médecins & physiciens, regnicoles & étrangers. Il a ensuite donné une autre courte notice d'un mémoire sur la meilleure maniere de faire les observations météorologiques, lequel doit être distribué aux correspondants de la société. Il a lu un extrait d'un rapport sur plusieurs questions relatives aux sépultures de l'isle de Malte, lesquelles ont été proposées à cette compagnie de la part de monseigneur le grand-maître, par M. l'ambassadeur de la religion. Ce rapport a été imprimé d'après le vœu & aux dépens de l'ordre de Malte.

2°. Monsieur Lorry a lu ensuite un mémoire sur les odeurs des médicaments divisés en cinq classes naturelles.

3°. Monsieur Carrere a lu le plan d'un catalogue raisonné sur tous les ouvrages qui ont été publiés sur les eaux minérales du royaume. Ce travail a pour but de faciliter les expériences à faire sur l'analyse & les propriétés de ces différentes eaux.

4°. M. de Fourcroy a lu un mémoire sur une nouvelle maniere d'employer certains réactifs dans l'analyse des eaux minérales.

5°. M. Vicq-d'Azir, secrétaire de la société, a lu l'éloge de feu M. Navier, associé, regnicole, médecin & chimiste célebre à Châlons-sur-Marne.

6°. M. Caille a lu des recherches chimiques sur les différents procédés employés jusqu'ici par les pharmaciens pour la préparation du tartre stibié.

7°. M. l'abbé Tessier a fait la lecture d'un mémoire sur une maladie très-meurtriere, appellée *maladie rouge*, qui enleve chaque année une grande partie des moutons de la Sologne, & au traitement de laquelle il a été employé par le gouvernement.

8°. La séance a été terminée par la lecture d'un mémoire de M. Manduyt, sur les effets de l'électricité, appliquée à l'incubation & à la végétation.

14 *Mars* 1781. M. l'abbé Mauri, ecclésiastique hardi, intrigant, avide de parvenir à quelque prix que ce soit, profite de l'honneur qu'il a de prêcher devant le roi pour se signaler: il n'est point rebuté des dégoûts qu'il a reçus en diverses occasions pour avoir voulu faire parler de lui ; & l'on cite déja plusieurs de ses sermons qui font bruit à Versailles. Il a pris la méthode, pour se distinguer, de les semer de traits historiques analogues à ce qui se passe aujourd'hui, ou même de les enrichir tout simplement des anecdotes du jour. Cette méthode peu évangélique, d'autant qu'elle est le plus souvent satirique, est très-propre à rendre ses discours piquants, mais aussi à lui procurer des ennemis, & à lui faire des affaires. On assure que roi est peu content de cet orateur pour cette raison.

15 *Mars* 1781. On lit dans le *Mercure de France* du 10 mars, ces *vers à M. Necker*, par les ouvriers de l'imprimerie royale :

Pour Dieu, Monsieur, cessez d'écrire,
Nous payons trop cher vos honneurs ;
On n'est point lassé de vous lire ;
Mais à la foule des lecteurs
Notre zele ne peut suffire :
Si vous n'avez pitié de notre sort,
Votre immortalité nous donnera la mort.

Il y a grande apparence que l'anonyme auteur étoit un plaisant, dont le rédacteur du *Mercure* a été dupe. On a fait sentir sans doute au directeur général des finances le ridicule de ce prétendu madrigal, & l'on a excité les ouvriers de l'imprimerie royale à le désavouer par l'organe du sieur le Roi, l'un d'eux, qui a fait insérer à ce sujet un petit bout de lettre en date du 11 mars, dans le *Journal de Paris* d'aujourd'hui.

15 *Mars* 1781. On parle beaucoup d'un écrit de M. Bourboulon, contre *le Compte rendu* de monsieur Necker. On assure que celui-ci, aux affûts de tout ce qui peut attaquer son ouvrage, a été instruit à temps que cette critique étoit à l'impression, & à eu l'art de faire enlever le manuscrit.

16 *Mars* 1781. M. Bourboulon est aujourd'hui intendant des finances de M. le comte d'Artois ; il avoit été premier commis des finances sous l'abbé Terrai, & renvoyé par M. Turgot, redoutant un homme qui avoit travaillé sous un prédécesseur aussi décrié. Quoi qu'il en soit, ce Bourboulon s'est associé avec M. Radix de Saint-Foix, avec M. le Clerc & autres détracteurs de M. Necker, pour composer sa critique, fon-

dée sur les connoissances qu'il croyoit avoir de la matiere. Comme son ouvrage tend à inculper de fausseté, de charlatanerie & de mauvaise foi décidée, le directeur des finances, celui-ci a été alarmé, & a cru devoir arrêter l'essor d'une brochure capable d'affoiblir le crédit public dans un temps où il en a si grand besoin. On prétend qu'il exige même que le sieur Bourboulon soit puni.

On a composé à Paris un ouvrage intitulé : *Etat Militaire, Naval, Nobiliaire, Ecclésiastique, Civil & Municipal de la Grande-Bretagne*. Ce recueil, vraisemblablement formé sur d'autres écrits en Anglois & composés à Londres, fournit ce résultat de la marine Angloise.

Vaisseaux ou Bâtiments en commission.

Du premier rang. . . 3. . . . de 100 canons.
Du second, idem. . . 13. . . . de 98 à 90, idem.
Du troisieme, idem. . 84. . . . de 80 à 90, idem.
Du quatrieme, idem. . 20. . . . de 60 à 50, idem.
120.

Frégates ou Corvettes.

Du cinquieme rang. . 56. . . . de 44 à 32 canons.
Du sixieme, idem. . 59. . . . de 28 à 20, idem.
115

On compte en outre 75 sloops de 8 à 18 canons, 22 bâtiments de 8 à 10 canons, 24 cutters, 12 brûlots, 5 galiotes à bombes, 4 yachts,

Le résumé général est de

Bâtiments non en service . . . , . . . 20
En commission. . . . . . . , . . 377
En construction. , ... 74

Total 471.

18 *Mars* 1781. Vaudeville chanté dans une Société, où étoient M. & madame la Ruette, Mlle. d'Oligny & M. la Rive.

Air : *du vaudeville de la Rosiere.*

Quel plus beau champ pour nos chansons ,
Que l'heureux instant qui nous lie,
Avec les plus chers nourrissons
De Melpomene & de Thalie !
Honneur aux talents précieux
Qui sont réunis en ces lieux.

A celle (1) qui fut à la fois
Nous charmer d'un double délire ,
Enchanter nos sens par sa voix
Et nous attendrir pour *Zémire* :
Honneur aux talents précieux
Qui sont réunis en ces lieux.

A celle (2) qui dans chaque trait,
De la vertu tableau fidele,

―――――――――――――

(1) Madame la Ruette,
(2) Mlle. d'Oligny.

Sur la scène en est le portrait,
Dans le monde en est le modele :
Honneur aux talents précieux
Qui sont réunis en ces lieux.

A ce peintre de l'enjouement (1),
Qui toujours vrai, toujours aimable,
Peignit *Caffandre* si plaisant,
Et *Mathurin* si respectable :
Honneur aux talents précieux
Qui sont réunis en ces lieux.

A celui (1), qui de tous les cœurs,
A su rassembler le suffrage,
Et trouvant Melpomene en pleurs,
Lui fit oublier son veuvage :
Honneur aux talents précieux
Qui sont réunis en ces lieux.

On a vanté dans tous les temps,
Le fameux festin des sept sages ;
Près de nos convives charmants
Que seroient ces froids personnages :
Honneur aux talents précieux
Qui sont réunis en ces lieux.

Heureux qui peut dans un banquet,
Assis auprès de *Colombine*,

---

(1) Le sieur la Ruette.

(2) Le sieur la Rive, qui a remplacé le Kain au théatre.

Tome XVII. E

En trinquant avec *Mahomet*,
Boire à la santé de *Nanine* :
Honneur aux talents précieux
Qui font réunis en ces lieux.

Lorsque le cœur est de moitié,
Il n'est point de plus doux éloges :
Et le tribut de l'amitié,
Vaut ceux du parterre & des loges :
Honneur aux talents précieux
Qui font réunis en ces lieux.

19 *Mars* 1781. Depuis la premiere représentation de la *Fête de Mirza*, si mal accueillie du public, on parloit de remettre cette pantomime avec des changements considérables & essentiels ; mais il y a apparence que ce n'étoit qu'une tournure pour ménager l'amour-propre de l'auteur. Comment corriger ce spectacle incorrigible ? comment en bannir toutes les situations faites pour affliger l'ame, tous ces massacres, ces supplices, objets aussi déplacés que repoussants dans une fête.

20 *Mars* 1781. Extrait d'une lettre de Turin, du 28 février. « Amateur de l'art du chant comme
» vous l'êtes, enthousiasmé de la voix tou-
» chante, flexible & juste que madame Todi
» vous a fait entendre dans les concerts de Paris,
» vous apprendrez sans doute avec plaisir que
» cette cantatrice est devenue actrice à Turin,
» & a eu le plus grand succès sur notre théatre
» dans le premier rôle de l'opéra d'*Andromaque*,
» poëme de Métastase, musique du sieur Vincent

» Martoni, maître de chapelle de son altesse
» royale le prince des Asturies.

21 *Mars* 1781. Les changements faits à *Blanche & Vermeille*, nous mettent dans le cas d'en rendre compte aujourd'hui.

Blanche & Vermeille sont deux jeunes filles, qui ont été élevées à la campagne par une fée qui veut faire leur bonheur. Elles ont chacune un galant. *Vermeille* n'est sensible qu'à l'amour: *Blanche* devient infidelle, & se laisse gagner par l'ambition. Aussi quand leur protectrice leur permet de former chacun un souhait, *Vermeille* demande à épouser son amant villageois, & *Blanche* souhaite épouser le prince qui lui a proposé sa main. La fée exauce le premier vœu: quant à Blanche, elle lui permet d'aller passer un jour à la cour, avec promesse de l'y faire régner, si elle s'en trouve bien. Elle y est conduite; & tandis qu'on le revêt des habits convenables à son nouvel état, *Colin* qu'a délaissé *Blanche*, vient implorer la pitié du prince, & lui raconte la perfidie de sa maîtresse. Cette ouverture engage celui-ci à éprouver par lui-même la tendresse de *Blanche*; il feint que pour la séduire il a pris un nom & un rang qui ne lui appartiennent point, que le prince qui l'a apperçue s'est enflammé pour elle d'une passion très-violente: il lui demande si l'amour qu'il lui a inspiré lui fera obtenir la préférence sur un rival redoutable. L'embarras, la surprise de *Blanche* indignent le prince, qui se dévoile & l'abandonne à l'instant même où les courtisans viennent chanter son bonheur & sa gloire. Elle est obligée de retourner au village; elle y arrive au moment où sa sœur vient d'épouser son amant. Ce spectacle fait renaître le remords dans son cœur ; *Colin* lui pardonne & l'épouse.

Ce sujet offroit beaucoup de difficultés à l'auteur, par la ressemblance qu'il a avec quantité d'autres, & notamment avec *le Prince noir & blanc*, pièce des boulevards très-courue, qu'on jouoit à la même époque : mais la sagesse du plan, l'esprit & la délicatesse du style, quoiqu'ayant besoin d'être plus soigné en quelques endroits, ont fait oublier ces divers parallèles, pour ne s'occuper que de la pièce, dont l'auteur est d'ailleurs fort aimé du public.

21 *Mars* 1781. Les fondemens de la nouvelle salle pour la comédie Italienne vont se jeter. C'est décidément sur le terrein du duc de Choiseul ; mais il paroît que c'est une spéculation lucrative de sa part qu'il forme, & suit l'entreprise à ses frais.

22 *Mars* 1781. M. Turgot, ministre d'état, est mort le 18 d'une goutte remontée, avec toute la présence d'esprit & toute la philosophie qu'il a toujours montrée. Sans l'examiner du côté de ses qualités ministérielles, devenues très-problématiques, on ne peut lui enlever la gloire de s'être distingué dans son intendance de Limoges, de façon à y laisser encore des regrets ; on ne peut lui ôter une probité intacte, une humanité, une popularité, une philanthropie ; qualités qui rendront sa mémoire d'autant plus précieuse, qu'elles sont de plus en plus rares dans les gens en place.

22 *Mars*. Extrait d'une lettre de Toulon, du 12 mars 1781. « La ville de Marseille vient d'acheter l'arsenal que le roi avoit dans cette ville ; elle en donne dix millions. L'état

trouve par cet arrangement, une reſſource dans le moment préſent, & gagne pour l'avenir les dépenſes conſidérables qu'il falloit faire pour l'entretien des bâtiments, & pour les appointements des perſonnes employées dans ce département de marine.

C'eſt M. Malouet qui, comme commiſſaire du roi, a conſommé cette vente, en train depuis long-temps, mais dont on n'offroit que ſept à huit millions.

23 Mars 1781. M. le maréchal duc de Clermont-Tonnerre vient de mourir, âgé de 93 ans.

Pour qui compte les jours d'une vie inutile,
L'âge du vieux Priam paſſe celui d'Hector;
Pour qui compte les faits, les ans du jeune Achille,
  L'égalent à Neſtor.

24 Mars 1781. M. le marquis de la Salle, auteur de la comédie de l'Officieux, encouragé par ce ſuccès, vient de faire jouer aux Italiens, mardi dernier 20 de ce mois, une autre piece intitulée: Chacun a ſa folie, en deux actes & en vers. Elle répond à ſon titre, qui n'annonce pas une piece d'intrigue. L'action eſt compoſée principalement de trois perſonnages, dont l'un eſt entêté des mœurs & des uſages anciens, l'autre n'aime que ce qui eſt moderne, & le troiſieme a la fureur de jouer la comédie. On voit que ces caracteres peu ſaillants & peu neufs, qui plutôt ne ſont pas des caracteres, mais des ridicules, fourniſſent peu de fonds, & ne pouvoient ſe ſoutenir que par les détails. Il faut attendre une ſeconde repréſentation pour prononcer.

25 Mars 1781. Madame la ducheſſe de Mazarin

vient de mourir. Elle avoit été une des plus belles femmes de la cour, & son amour pour le plaisir n'a pas peu contribué à accélérer sa fin dans un âge encore florissant. Son mari sorti de captivité depuis peu, a pu profiter de la leçon d'un pareil spectacle ; car ils se sont rapprochés, & la religion a déterminé la duchesse à recevoir en grace le coupable de tant d'infidélités & de perfidies, qu'elle lui avoit bien rendues, il est vrai.

25 *Mars* 1781. La comédie Françoise est dans un tel délabrement, qu'il en est résulté jeudi dernier une singularité piquante. La dame Préville, après avoir joué dans *Nanine* le rôle de la *Baronne*, avec cette supériorité de talents qu'on lui connoît, a rempli dans le *Médecin malgré lui*, celui de la femme de *Sganarelle*. Une chose plus extraordinaire encore, c'est que la demoiselle Raucoux s'est piquée de se rendre utile ; elle a fait dans l'une la vieille comtesse, & dans l'autre la nourrice. Elle s'en est très-bien tirée, du moins le public a beaucoup rit. On a paru lui savoir gré de sa complaisance, car sans elle des maladies & le service de la cour auroient fait fermer le spectacle.

26 *Mars* 1781. M. Necker a sans doute été très-vivement affecté de la critique de M. Bourboulon, puisqu'il en a porté des plaintes à M. de Maurepas, en demandant que l'auteur fût exemplairement puni, non relativement à lui, mais pour avoir tenté d'ébranler le crédit public dans un instant de guerre, où il est essentiel de le conserver. Il paroît que ces plaintes avoient été si efficaces, qu'on étoit sur le point de décerner une lettre de cachet pour l'envoyer à la bastille, lorsque le

comte d'Artois a mandé le directeur général des finances, & lui a reproché de se plaindre à d'autres qu'à lui d'un homme qui lui appartenoit, & dont c'étoit à lui à faire justice. Cet incident a obligé M. Necker de se relâcher de beaucoup, sur-tout quand le prince lui a objecté que son trésorier n'avoit fait que ramasser le gant, que lui auteur du *Compte rendu* avoit jeté dans l'arene, en provoquant & défiant tout critique qui auroit des objections à lui faire. Son altesse royale a ajouté: que disposée à punir le sieur Bourboulon dans le cas où son ouvrage le mériteroit par des erreurs volontaires, par une mauvaise foi décidée, ou par des personnalités calomnieuses, elle vouloit qu'on nommât des commissaires pour examiner le mémoire en question. On ne croit pas que le roi le permette, & vraisemblablement l'affaire en restera là.

27 *Mars* 1781. Le lundi 2 avril prochain commenceront dans le parc du château de Vincennes les courses des jumens françoises & des jumens étrangeres, pour lesquelles il a plu au roi d'établir des prix. C'est ainsi que sa majesté fera tourner un établissement utile, un jeu d'abord futile, & tendant uniquement à occuper le loisir de nos princes & grands seigneurs.

Ces courses auront lieu les 2, 6, 10 & 14 avril, & en tout on décernera huit prix.

Les jumens françoises qui se présenteront pour concourir aux prix, seront montées par des François; les étrangeres par les monteurs qui conviendront aux propriétaires.

Tout propriétaire de jumens françoises ou étrangeres, sera admis à faire courir sa jument, en se conformant au réglement pour la police

E 4

des courses, que S. M. fera connoître incessamment.

28 Mars 1781. *La Matinée & la Soirée villageoise* ou *le Sabot perdu*, nouveau divertissement en deux actes, en vaudevilles, de MM. Auguste de Piis & Barré, a sur-tout réussi hier par les jolis tableaux qu'il présente. *Babet*, pour aller voir *Colin* qui l'attend à la porte, est obligé de prendre de vieux sabots de sa mere. La terre est couverte de neige. *Babet*, surprise pendant son rendez-vous, prend la fuite, & laisse un de ses sabots. Le bailli qui survient, le ramasse, soupçonne qu'il appartient à *Babet* dont il est amoureux; & d'après des traces d'homme qu'il voit aboutir à la maison de *Colin*, son rival, il conclut qu'ils se sont vu furtivement. Pour tâcher de confondre *Babet*, il va déclarer à toutes les femmes du village qu'il a trouvé un sabot, qui prouve qu'une de leurs filles est coupable. On se décide à l'essayer à chacune des filles en particulier; comme il ne va à aucune, l'un des maris veut qu'on l'essaie aussi aux meres elles-mêmes, & l'on reconnoît que le sabot appartient à la mere de *Babet* : mais celle-ci, pour ne pas la laisser calomnier, avoue l'histoire du rendez-vous; & par ses prieres & celles de son amant, obtient enfin l'aveu de ses parents pour épouser *Colin*.

On a trouvé quelques moments de langueur dans l'action, & du *décousu* dans l'intrigue; mais on a applaudi de charmants couplets & traits d'esprit, tels qu'on en trouve dans toutes les pieces des deux auteurs, de celle-ci. Ce dernier ouvrage ne déparera point leur agréable collection.

28. *Mars*. 1781. On travaille à la nouvelle

salle pour les comédiens Italiens, en vertu de lettres-patentes enrégistrées en parlement le 14 octobre 1780, qui ordonnent la translation de la comédie dite *Italienne*, dans le jardin de l'hôtel de *Choiseul*, sur l'offre faite par M. le duc & madame la duchesse de consentir à l'abandon gratuit d'environ 1,800 toises de superficie de leur terrein, pour y construire ladite salle, & y former une place au-devant, & les rues nécessaire à son débouché.

La salle de spectacle sera isolée : elle aura une place au-devant; & la ville consent que la partie de derriere sur le boulevard soit élaguée, nettoyée & pavée, pour en faciliter les abords. On a vaincu là-dessus la fausse délicatesse de messieurs les comédiens; en sorte que la salle sera entre deux places & deux rues.

Dans les deux rues latérales, à qui l'on donne les noms de *Favart* & de *Marivaux*, on pratiquera pour les gens de pied un trottoir, formé par des bornes placées à cinq ou six pieds de distance des murs. En tout cinq rues y aboutiront, sans compter un passage qui sera ménagé pour les gens de pied, en face même de la comédie.

29 *Mars* 1781. Extrait d'une lettre de Bordeaux, du 24 mars. « M. Dupaty, quoique jouissant de la place de président, n'en est pas moins en bute à des persécutions indirectes. Le parlement a pris occasion de pamphlets imprimés & répandus sur son affaire, pour instruire une procédure & faire une information, comme si on l'en soupçonnoit l'auteur, le coopérateur ou l'instigateur. On a entendu en déposition presque toute la ville; on a sur-tout interrogé trois avocats extrêmement liés avec ce magistrat, mes-

sieurs Seize, Bousquet & Garat; tous trois lui ont rendu justice, & l'ont déclaré incapable d'une vengeance pareille. Il pourroit se faire que des ennemis de M. Dupaty auroient poussé la scélératesse jusqu'à fabriquer ces pamphlets, & à s'injurier eux-mêmes pour l'en faire soupçonner complice. Quoi qu'il en soit, la cour, pour arrêter cette affaire, qui continue à mettre la ville en discorde & en feu, ne veut pas que le parlement la suive.

30 Mars 1781. On prétend que ce qui a sur-tout envenimé M. de Saintfoix contre M. Necker, c'est que celui-ci a découvert qu'il avoit été remboursé d'une pension viagere qu'il continuoit à toucher; & qu'encouragé par la sécurité où l'on le laissoit, il en sollicitoit le remboursement une seconde fois. Le directeur général lui en a fait les reproches les plus amers, & exige qu'il regorge les intérêts qu'il a reçus mal-à-propos. Cet officier du comte d'Artois profite de la confiance du prince pour lui faire partager son ressentiment, & lui donner des insinuations fâcheuses contre M. Necker; ce qui éleve un orage considérable sur la tête du directeur des finances.

31 Mars 1781. Extrait d'une lettre de Limoges, du 27 mars. « Nous sommes affligés jusqu'aux larmes de la mort de M. Turgot. Il a gouverné cette province pendant douze ans, dans un esprit d'équité, de popularité, de bienfaisance, avec une application constante à lui procurer toutes sortes d'avantages. On n'y oubliera jamais les dons généreux qu'il répandit dans le sein des pauvres, lors de la cruelle disette qui nous accabla pendant plusieurs années; les soins infatigables qu'il se donna pour nous procurer des subsistances de premiere nécessité dont nous manquions, le zele actif & presque importun avec lequel il parvint à éclairer le ministere sur la surcharge énorme qu'éprouvoit la généralité dans ses impositions, d'après une erreur de calcul, malheureusement consacrée par un long usage. C'est à sa bienfaisance autant qu'à ses lumieres, que le journalier, le malheureux habitant de la campagne, doivent l'exemption de la cruelle servitude qui les forçoit à travailler sans salaire sur les chemins, & à voiturer gratuitement les équipages des troupes.

» La conversion de la corvée personnelle en argent, dont il donna l'exemple aux autres provinces, porte avec elle cet esprit d'équité si conforme au caractere de M. Turgot, qui dirigeoit toutes ses opérations. Dans l'ancien système, le propriétaire, l'homme riche, qui doivent tirer le plus grand avantage de la confection des chemins, ne contribuoient cependant presque pour rien à la dépense; le pauvre seul étoit accablé. Dans le nouvel ordre, les proportions naturelles furent établies; & ce qui doit être regardé comme un bienfait inestimable, la province commença à espérer d'avoir enfin des routes praticables.

» Depuis cinquante ans notre culture souffroit, les gens de l'art s'agitoient, les administrateurs s'excédoient de soins & de peines, & nous n'avions pas encore deux lieues de route qui ne présentassent aux voyageurs les obstacles les plus dangereux & les plus rebutants; & cela doit être ainsi dans un pays où le physique présente tant d'obstacles à vaincre, des montagnes, des rochers, des ruisseaux, des rivieres, des sources, qu'on trouve à chaque pas, des marais dans quelques parties ; tout cela nécessite des travaux au dessus de la portée des manouvriers. A peine l'art le mieux dirigé peut-il y suffire.

» Graces à cette heureuse révolution qu'a procurée M. Turgot, & qu'il n'a pas perdue de vue pendant son ministere, son successeur a pu continuer & réaliser ces entreprises d'utilité publique. Au moyen des fonds accordés pour des ateliers de charité, le Limousin présente aujourd'hui au voyageur étonné les routes les plus superbes de l'Europe ; & indépendamment des grandes communications avec Paris, avec l'Espagne, avec Bordeaux, on en voit s'établir d'année en année de particulieres, qui sont de la plus grande utilité ; & les abords des villes se faciliter & s'embellir. »

31 *Mars* 1781. Aujourd'hui que cessent les spectacles, il n'est pas hors de propos de donner un résumé du travail extraordinaire, fait à chacun des théatres royaux, depuis le 4 avril 1780 jusqu'à cette clôture.

On a remis à l'opéra six grands ouvrages : *Castor & pollux*, *Roland*, *Alceste*, *l'Iphigénie en Tauride* du chevalier Gluck, son *Iphigénie en Aulide*, *Echo & Narcisse*, & six petits actes : *Bathile & Cloë*, *Philémon & Baucis*, *la cour d'Amour*, *Vertumne & Pomone*, le *Devin du Village* & *Pygmalion*. Ces pieces nouvelles sont au nombre de sept : trois grandes tragédies, *Andromaque*, *Persée* & *l'Iphigénie en Tauride* de M.! Piccini : un opéra ballet en trois actes, le *Seigneur Bienfaisant* : & trois intermedes en un acte, *Laure & Pétrarque*, *D. mete & Zulmis*, & *Erixene*. Il faut ajouter à ce travail, la remise des *Caprices de Gala*-

thée, de la *Chercheuse d'esprit* & la *Fête de Mirza*. Ce dont il résulté un tableau de vingt-deux ouvrages, tant mis que remis, travail prodigieux à ce spectacle. Il est des amateurs qui observent même le danger d'une trop grande variété, soit par la crainte d'user promptement un répertoire encore peu nombreux, à cause des révolutions de la musique en France depuis quelques années ; soit par celle d'une dépense trop excessive en décorations & habits, qui doivent se souiller, se briser, se déchirer dans des transports aussi fréquents ; soit enfin par les répétitions trop multipliées, capables de fatiguer les sujets d'obliger à des efforts, d'altérer leurs organes, & de nuire à l'intérêt général.

Quant à la comédie Françoise, elle n'a donné en tout que sept nouveautés : une tragédie, *Thamas Kouli-kan* ; deux pieces héroïques, le *Siege de Saint-Jean-de-Losne*, & la *réduction de Paris* ; une comédie en cinq actes, le *Jaloux sans amour* ; deux petites pieces, l'*Antipathie pour l'Amour* en deux actes, & le *Bon-ami* en un ; enfin un drame en cinq actes, *Clémentine & Desorme*, L'indisposition de Mlle. Sainval a empêché de jouer la tragédie de *Richard III*, tragédie de M. Durosoy, à l'étude depuis longtemps. Ils ont remis six tragédies : la *Veuve du Malabar*, la *mort de Pompée*, *Orphanès*, *Pierre le Cruel*, *Œdipe chez Admete* & *Pyrrhus*. Le *retour des Officiers*, les *Carrosses d'Orléans* & le *Roi de cocagne*, sont les seules comédies remises.

Jamais ce spectacle n'avoit été d'un travail si stérile. On attribue cette pénurie à la querelle des comédiens avec les auteurs, qui a aliéné ceux-ci, & a empêché les autres de donner à l'étude un temps dissipé en intrigues & en cabales. Cette revue de la comédie Françoise ne peut que faire desirer plus ardemment une seconde troupe, le seul remede à la décadence du théatre national.

Jamais les comédiens Italiens, au contraire, n'ont fait des efforts aussi considérables; ils ont exécuté: 1°. cinq comédies de l'ancien répertoire; *le Mari garçon*, *le Tour de Carnaval*, *la Fausse Suivante*, *le Sylphe* & *le Déguisement*. 2°. Onze comédies nouvelles, *la Demande imprévue*, *le Déguisement forcé*, *l'Officieux*, *Jeannot & Colin*, *le Dormeur éveillé*, *Jenneval*, *la Comédie à l'impromptu*, *les deux Oncles*, *le Somnambule*, *l'Amour conjugal*, *Chacun a sa folie*. 3°. Six drames lyriques, *les Torts du sentiment*, *Florine*, *Rosanie*, *Pygmalion*, *la Mélomanie*, *Blanche & Vermeille*. 4°. Enfin neuf opéra-comiques, *Cassandre oculiste*, *Aristote amoureux*, *la Veuve de Cancale*, *les Vendangeurs*, *Cassandre astrologue*, *les Etrennes de Mercure*, *l'Amant statue*, *les deux Morts*, *la Matinée* & *la Veillée villageoise*. Ce qui donne un total de trente-trois ouvrages, dont le répertoire des Italiens a été augmenté cette année.

1 *Avril* 1781. Le fils de M. de Rochambeau, qui a dû repartir pour l'Amérique septentrionale sur la même frégate où s'est embarqué M. de Barras, qui va succéder à M. de Ternai, avant de quitter Versailles est allé prendre les ordres de la reine. Sa majesté l'a chargé de témoigner sa bienveillance à son pere, & a ajouté avec gaieté: « faites-lui part de mon bonheur. » Ce qui ne laisse plus aucun doute sur sa grossesse desirée.

2 *Avril*. Les comédiens François ont donné

hier pour leur clôture, JODELET MAITRE & VALET, comédie en cinq actes & en vers, de Scarron. Cette farce ayant près d'un siecle & demi, puisqu'elle est de 1645, prouve dans quelle pénurie d'acteurs est ce théatre pour exécuter le tragique. C'est peut-être la premiere fois qu'on joue une pareille piece en carême, & à la fin de l'année dramatique. Il faut attribuer aussi la bizarrerie de cet événement à la trop grande indulgence du supérieur, qui a laissé les meilleurs acteurs prendre leurs vacances avant le temps, & partir pour la province, où ils gagnent en huit jours plus que ne leur vaut ici part entiere.

2 *Avril* 1781. C'est aujourd'hui que doivent commencer à Vincennes les courses pour les prix fondés par le roi. Il y en aura trois de cent louis chacun, conformément au réglement rendu pour la police de cet exercice. C'est monsieur le marquis de Conflans que sa majesté a nommé, afin de présider aux courses & à la distribution des prix.

2 *Avril*. Il paroît que M. le duc de Chartres, malgré la réclamation des propriétaires réunis des maisons donnant sur le Palais-Royal, persiste dans le projet lucratif qu'on lui a suggéré, de convertir son jardin en une espece de foire ou d'enclos privilégié. Ils ont déja présenté plusieurs mémoires à son altesse infructueusement; ils ont même eu recours à madame la duchesse toute débonnaire, mais qui a employé sa médiation sans succès; enfin, il doit y avoir vendredi une députation composée des principaux d'entr'eux, pour tenter un dernier effort auprès de ce prince.

3 *Avril* 1781. MM. Auguste de Piis & Barré, auteurs de *la Soirée villageoise*, ont cousu à la

fin de leur pièce, exécutée pour la troisième fois, à la clôture des couplets en forme de compliment: cette tournure plus piquante que la formule ordinaire, a très-bien pris: on a sur-tout fait répéter le couplet suivant, chanté par la Dlle. Carline sous le nom de *Therese*; il faut se rappeller que ce sont des paysans qui chantent:

Air: *Robin turelure*.

Rien qu'un seul mot en passant:
Marquais lui, j'vous en conjure,
Qu'son r'tour pour mon p'tit talent
S'ra, j'l'assure,
C' qu'est l'printemps à la verdure;
J'bornons là nôt' écriture.

3 *Avril* 1771. M. Bouquet, avocat au parlement, commissaire du trésor des chartres, bibliothécaire & historiographe de la ville de Paris, vient de mourir. C'étoit un savant homme, dont on a eu occasion de parler plusieurs fois, ainsi que de ses ouvrages: il avoit écrit du temps de la révolution en faveur du système du chancelier; il est à présumer, au reste, qu'il étoit de bonne foi; il n'étoit point du tout intrigant; il avoit même de la bonhommie & de la simplicité: il étoit devenu fort lourd, fort épais, dormant toujours; & l'on ne pouvoit concevoir comment il avoit acquis toutes les connoissances qu'il possédoit.

3 *Avril*. Les ennemis de Monsieur Necker continuent à répandre des pamphlets contre lui, & son *Compte rendu* leur donne beau jeu; il paroît une

Lettre d'un ami à M. Necker, sans date, & de 16 pages seulement.

4 *Avril* 1781. M. le Gros, directeur du concert spirituel, qui a singulièrement amélioré ce spectacle, ainsi qu'on l'a observé plusieurs fois, va le perfectionner encore dans ce temps-ci, où ce sera bientôt le seul dont jouira le public. Non-seulement il a fait venir différents virtuoses dignes d'être entendus des connoisseurs, mais il a encore cherché les morceaux de musique les plus intéressants, les plus rares, les plus propres à exciter la curiosité. Il se propose entr'autres nouveautés de faire exécuter un *Stabat Mater* de Heydem, & un autre du père Vito. Il donnera ensuite celui de Pergoleze, toujours en possession de ravir l'auditoire : les amateurs seront ainsi en état de comparer les différentes manieres de ces trois grands maîtres, & de les juger.

4 *Avril*. C'est demain que l'académie Françoise doit procéder définitivement à l'élection du successeur de M. de la Curne de Sainte-Palaye. Il paroît qu'elle n'est partagée qu'entre deux concurrents, M. Bailly & M. de Champfort.

5 *Avril* 1781. La *Lettre d'un ami à M. Necker* tend à établir qu'il y a beaucoup d'inexactitude & d'illusion dans son *Compte rendu*. C'est un écrit rempli de calculs, où l'on prétend relever ses erreurs. Il faudroit être bien au fait de la matiere pour en juger. On compare à sa méthode celle de Demarets & de l'abbé Terrai, & l'on trouve que ceux-ci avoient beaucoup plus de clarté & de franchise. Du reste, l'ironie est la figure favorite de l'auteur; il accable de louanges monsieur le directeur général, & il les tire des propres expressions & phrases de son ouvrage. Il s'excuse de garder

l'incognito & de rester dans l'obscurité, sur l'éloignement qu'a M. Necker de tout éclaircissement, de toute discussion honnête, quoiqu'en publiant son travail il paroisse le soumettre à l'examen de quiconque voudra le critiquer. Ce pamphlet seroit précieux par le rapprochement des calculs, s'ils étoient exacts.

5 *Avril* 1781. Extrait d'une lettre de la Guadeloupe, du 15 janvier. « Nous avons vu avec
„ plaisir revenir ici pour intendant M. de Mont-
„ denoix ; mais nous sommes fâchés que le motif
„ en ait été aussi désagréable pour lui. C'est une
„ suite de la division avec M. de... le gouverneur
„ de la Martinique. C'est d'autant plus funeste,
„ que cet administrateur a des ressources que n'aura
„ pas son successeur. Dans les temps les plus diffi-
„ ciles du séjour du comte d'Estaing & de son
„ escadre, il a trouvé jusqu'à 500,000 liv. de
„ crédit pour le roi, & nous doutons que mon-
„ sieur Peynier puisse en faire autant.

„ M. de Montdenoix est environ depuis le
„ commencement d'octobre dans cette colonie ;
„ mais nous craignons qu'il ne nous reste pas
„ long-temps, soit à raison de ses mécontentements
„ personnels, soit par les intrigues de monsieur
„ de .... qui le trouvera encore trop près de lui.
„ Ce gouverneur qui, sur la fin du ministere de
„ monsieur de Sartines, étoit fort mal en cour,
„ & devoit s'attendre à son rappel, se flatte d'avoir
„ repris consistance sous le marquis de Castries.
„ Il a du courage & de l'activité ; mais il est
„ bouillant, entêté, brouillon, & ne peut que nuire
„ aux intérêts du roi, par sa mésintelligence
„ avec tous les chefs qui viendront successivement

„ aux isles du vent commander les armées na-
„ vales, & qui exciteront nécessairement sa ja-
„ lousie, plus ils seront recommandables par leurs
„ talents.

„ Au surplus, il est très-mal avec les habitants.
„ Nous entendons parler d'un mémoire envoyé
„ contre lui en cour, où il est fort mal-traité :
„ heureusement pour lui madame Blot, du Palais-
„ Royal, qui a l'oreille du ministre actuel,
„ raccommodera tout cela.

„ Je ne vous parle point des Anglois qui
„ tiennent la mer actuellement dans nos parages,
„ & font tout ce qu'ils veulent, jusqu'à ce
„ que nous ayons une escadre qui leur en impose. „

5 *Avril* 1781. C'est M. de Champfort, qui l'a emporté cette après-midi ; il a eu seize voix contre douze.

6 *Avril* 1781. On parle depuis quelques jours d'une autre brochure fort courte aussi, où l'on attaque le *Compte rendu* de M. Necker. Elle est intitulée *les Comment*. On veut qu'elle soit vive & pressante.

6 *Avril.* Le prédicateur le plus renommé cette année, au gré de ceux qui suivent les sermons, c'est un abbé Masle, qui monte depuis peu en chaire à Paris. Il prêche à Notre-Dame, & c'est un concours prodigieux ; on le trouve déja supérieur à tout ce que nous avons de plus brillant actuellement.

7 *Avril* 1781. On parle beaucoup de la séance qui a eu lieu hier matin au Palais-Royal. Monsieur de Vaudreuil, conseiller d'état ; M. le comte de Talaru, & monsieur le marquis de Voyer, s'étant rendu à l'heure indiquée par monsieur le duc de

Chartres, pour écouter les représentations qu'ils avoient à lui faire au nom des propriétaires des maisons sur le jardin; le prince, après s'être fait attendre long-temps, a paru en robe de chambre, sans bas & sans culotte. La discussion a été vive; & son altesse sérénissime, se retranchant constamment sur le besoin qu'elle avoit d'argent, monsieur de Voyer outré, a fini par lui dire, *Monseigneur, nous en avons, non pas pour vous le donner, mais pour nous défendre.* La conversation en est restée-là, & l'on s'est retiré. Ces messieurs semblent décidés à recourir au roi.

7 Avril 1781. Une dame, amatrice d'Horace, promet pour prix à celui qui lui traduira quelques odes de ce poëte, une veste rose & argent, qui est sur son tambour. C'est dans le numéro 93 du *Journal de Paris*, qu'on lit cette annonce singuliere.

7 Avril. Les *Comment* font une grande fortune. On trouve dans cette brochure, à ce que publient les détracteurs de monsieur Necker, le ton de l'honnêteté & de la vérité, la touche fine & délicate de l'homme de goût; ils veulent que la cour & la ville l'aient lue avec avidité. On en parlera plus pertinemment quand on l'aura discutée.

7 Avril. Le sieur Lavenant, agent de change, a été conduit aujourd'hui à la bastille. On l'accuse d'infidélité dans sa charge, & de s'être approprié un récépissé des nouvelles rentes viageres, qu'un particulier lui avoit donné à négocier.

8 Avril 1781. On ne fait que parler de la séance du Palais-Royal; il paroît que le public voit de mauvais œil M. le duc de Chartres, depuis que les détails en ont transpirés : on assure même que son altesse sérénissime a été huée hier chez Nicolet. On ne peut voir sans une sorte de mépris un grand prince, fort riche, afficher une cupidité aussi sordide, & se refuser à tout sentiment de justice & commisération.

8 *Avril*.1781. M. le lieutenant-général de police, accompagné des officiers de sa jurisdiction, a fait jeudi l'ouverture d'un nouveau marché, arrangé au fauxbourg Saint-Antoine. Le clergé de Sainte-Marguerite s'y est rendu pour en faire la bénédiction : cérémonial assez surprenant en pareil lieu.

8 *Avril*. C'est aux auteurs du *Journal de Paris*, que la dame anonyme s'en rapporte pour décerner le prix qu'elle destine au meilleur traducteur d'Horace.

9 *Avril* 1781. Monsieur le duc de Chartres a fait afficher dans le jardin du Palais-Royal une ordonnance où il renouvelle le réglement pour la police de ce lieu ; on y a remarqué cette phrase : *les propriétaires des maisons autour du jardin, qui tiennent de la bienveillance de monseigneur des jours & des issues sur ledit jardin*, &c. On la regarde comme insérée à dessein pour attaquer leur propriété, & l'on croit qu'ils se disposent à faire expliquer le prince, dont la religion a été surprise.

9 *Avril*. Encore une brochure contre le *Compte rendu* de monsieur Necker. Elle est intitulée : *Troisieme suite des Observations du Citoyen*. On y a joint le *Compte rendu au roi par l'abbé Terrai en 1774*, & cette piece rend l'ouvrage très-curieux.

10 *Avril* 1781. Un certain abbé de Marjinville,

fort renommé dans le parti janséniste, s'est trouvé légataire d'une grosse succession qu'on a jugée être un *fidéicommis* entre ses mains pour la fameuse *boîte à Perrette*, très-vuide depuis quelque temps, que le zele des fideles se rallentit & s'éteint. Monsieur le président Roland, à qui devoit revenir une grande portion de cet héritage, quoique lui-même entiché de jansénisme, n'a point trouvé bon de s'en voir frustré: il s'est cru tout aussi propre pour faire des œuvres pies que le légataire, & a intenté un procès à l'abbé de Marjinville; mais il a succombé, & vient de le perdre en entier ces jours-ci.

10 *Avril* 1781. Tous nos princes semblent vouloir se ménager aujourd'hui par eux-mêmes des ressources utiles, qui les mettent en état de faire face aux dépenses énormes qu'ils font d'ailleurs. C'est ainsi que *monsieur*, pour être en état de rétablir son palais du Luxembourg, sans se déranger, se propose de vendre une partie du jardin, composant environ un tiers; & déja la muraille de séparation s'éleve.

10 *Avril*. Une anecdote singuliere, rapportée dans la *troisieme suite des Observations du citoyen*, éclaircit merveilleusement tout ce qui a été dit à l'occasion de monsieur Bourboulon. « Cet ancien
„ premier commis des finances, persuadé que mon-
„ sieur Necker cherchoit sincérement la vérité,
„ a fait des observations honnêtes & raisonna-
„ bles sur le *Compte rendu*: l'argent & l'intrigue
„ ont fait tomber le manuscrit dans les mains
„ du directeur général des finances, qui a couru
„ sur le champ demander avec violence qu'on
„ mît les auteurs à bicêtre.... Déja monsieur
„ Bourboulon alloit être immolé, quand un

„ prince, aussi juste que grand & généreux, a
„ réclamé contre la surprise, & demandé qu'avant
„ tout on nommât des commissaires pour juger
„ duquel il falloit faire justice, ou de l'accusa-
„ teur ou de l'accusé. »

11 *Avril* 1781. On se rappelle que dans les *factums* contre le sieur Marin, le sieur Beaumarchais se plaignoit de n'avoir pu profiter des avantages de son premier contrat de mariage par défaut d'insinuation ; mais il avoit l'impudence d'invoquer la famille de sa femme, & de prétendre qu'il étoit très-bien avec elle. Et cependant c'étoit cette même famille à laquelle il refusoit de restituer la dot de la défunte, & qu'il a accablée de chicanes depuis plus de trois ans qu'il est condamné à la payer, sans satisfaire aux arrêts de toute espece, rendus en faveur des parents. Enfin, ce couteleux personnage s'est tellement retourné, que lundi dernier il a été non-seulement dispensé d'acquitter ce qu'il devoit, mais qu'il se trouve avoir, compensation faite, des répétitions à exercer contr'eux.

Dans le mémoire que les héritiers Aubertin ont répandu contre lui, on trouve une lettre curieuse & qui développe à merveille son caractere de séduction, son ame corrompue, & les vues criminelles qu'il avoit déja sur la malheureuse victime d'une passion aveugle, dont il l'avoit enivrée. Il faut observer que le sieur Franquet, le mari de sa premiere femme, vivoit encore ; ce qui rend l'épître plus remarquable. Il lui dit:

« Croyez-vous qu'il soit bien permis de disposer
» des jours que vous m'avez destinés ? Ne vous
» ressouvenez-vous plus que vous devez regarder

» l'épreuve passagere où vous êtes soumise,
» comme un moyen qui vous est offert d'adorer
» la main qui conduit tous les événements, qui ne
» vous afflige actuellement que pour vous faire
» goûter avec plus de douceur le plaisir de la
» comparaison, lorsque vous aurez changé d'état.
» Si j'écoutois les sentiments de compassion que
» vos chagrins m'inspirent, j'en détesterois l'au-
» teur ; mais lorsque je pense qu'il est votre mari,
» qu'il vous appartient, je ne puis que soupirer en
» silence, & attendre du temps & de la volonté
» de Dieu qu'il me mette en état de vous faire
» éprouver le bonheur pour lequel vous semblez
» destinée. ,,

11 *Avril* 1781. Il n'est point encore décidé si les comédiens François iront à la salle qu'on leur fait construire ; ils y répugnent toujours, & *monsieur* ne seroit pas fâché d'y avoir une troupe à lui ; ce dont il résulteroit une concurrence qui seroit encore plus désagréable pour eux, & fait le vœu des auteurs qui voient la chose le plus avantageusement pour les progrès de l'art.

12 *Avril* 1781. Dans la *Troisieme suite des Observations du Citoyen*, on fait des reproches graves à M. Necker, tendant à infirmer la véracité de son *Compte rendu*. On établit d'abord que bien loin qu'il y eût un déficit de 24 millions dans les finances, lorsqu'il est parvenu à les diriger, la recette étoit au pair de la dépense. On l'accuse ensuite de beaucoup d'autres erreurs volontaires ; & c'est aux pieds du trône, au tribunal de la nation, à la face de l'Europe qu'on porte cette accusation, & qu'on le somme de répondre. Du reste, cet écrit de pure discussion, n'a rien d'agréable ni de piquant, comme littéraire ;

littéraire; il paroît sortir de la même plume que les autres, & se distribue toujours *gratis*.

12 *Avril* 1781. On s'occupe très-sérieusement de la nouvelle salle de la comédie Italienne, & les travaux se poussent avec vigueur: on prétend même qu'on a enlevé les ouvriers occupés à la construction de l'église de la Magdelaine, pour les transporter à cet édifice profane; ce qui scandalise fort les dévots.

13 *Avril.* On a déja vu par la premiere lettre rapportée du sieur de Beaumarchais, combien ce *Lovelace* trop réel, étoit dangereux pour une femme crédule & amoureuse; on va juger par une autre, rapportée dans le même mémoire, jusqu'à quel point il est capable de pousser la perfidie, en cherchant à entretenir l'illusion de cette malheureuse dont il troubloit le repos, tandis qu'il en excitoit trop justement la jalousie.

" Ne savez-vous pas, à n'en pouvoir douter, que je vous aime de tout mon cœur; & quand je voudrois le taire, quand même on pourroit me soupçonner extérieurement, n'ai-je aucune défense à espérer dans votre cœur? Ah, Julie! vous le dites trop justement: que les temps sont changés! Tout nous interdisoit autrefois l'amour que nous avions l'un pour l'autre; qu'il étoit vif alors, & que mon état étoit bien préférable à celui dont je jouis actuellement! Ce que vous appelez ma froideur, n'est souvent qu'une retenue de sentiments dont je cache la trace, crainte de donner trop de prise sur moi à une femme qui a changé son amour en domination impérieuse. Cependant, ma Julie m'épouse; mais

,, cette Julie, qu'un tendre regard faisoit expirer
,, de plaisir dans les temps d'ivresse & d'illusion,
,, n'est plus qu'une femme ordinaire, à qui des
,, difficultés d'arrangement font à la fin penser
,, qu'elle pourroit bien vivre sans l'homme que
,, son cœur avoit préféré à toute la terre. ,,

13 *Avril* 1781. M. de Brunoy vient de mourir à Villers en Normandie, âgé de trente-trois ans. Ce personnage sera cité dans la postérité comme un des êtres des plus singuliers de la nature. *Monsieur*, qui avoit acheté Brunoy en viager, aura par ce moyen eu cette terre à très-bon compte.

14 *Avril*. Longchamps n'a pas été brillant cette année en équipages ; mais on y a vu *Monsieur*, monsieur le comte d'Artois & madame la comtesse d'Artois, M. le duc de Bourbon, madame la duchesse de Bourbon, qui s'y sont trouvés le même jour. Le duc de Chartres y étoit aussi à cheval, & s'y est fait remarquer causant long-temps à la portiere du carrosse d'une fille, mademoiselle Beaupré. Ce qui n'a pas augmenté pour lui la vénération publique.

14 *Avril* 1781. On a exécuté successivement cette semaine sainte, au concert spirituel, les trois *Stabat*, qu'on se proposoit d'offrir aux amateurs pour exercer leur goût, & leur fournir matiere à comparaison. Le résultat des jugements a été, que celui del Signor *Padre Vito*, Portugais, n'étoit qu'une imitation de Pergoleze, foible & servile. Le *Stabat* d'Heyden a eu, au contraire, le plus grand succès. On y a trouvé des morceaux sublimes & pleins d'énergie. Cependant, rien n'approche de la belle unité de l'auteur

Italien, qui, avec des moyens simples, produit les plus superbes effets.

15 *Avril* 1781. Les *Comment* ne cessent d'être courus avec la plus grande avidité; il n'est pas jusqu'aux partisans de M. Necker qui ne les recherchent ; car la critique se fait toujours lire avec plaisir, même de ceux qui la désapprouvent & n'y croient pas. Dans celle-ci, l'objet du dissertateur est de détruire l'illusion dangereuse, suivant lui produite par le *Compte rendu*, que les rieurs appellent plaisamment, le *conte bleu*, parce qu'il est relié en papier bleu. Leur procédé est d'opposer M. Necker à lui-même ; ce qu'il a dit en 1776, à ce qu'il dit aujourd'hui ; ce qu'il dit dans un endroit, à ce qu'il dit dans un autre ; & ce qui est su de tout le monde, à ce qui n'est su que de lui. Ils se servent sur-tout du mémoire donné par ce directeur des finances au comte de Maurepas, au mois de juillet 1776, lorsqu'il s'efforçoit de parvenir au ministere : alors il présentoit tout comme possible, & faisoit envisager des ressources évanouies depuis.

Après douze questions ou *Comment*, tous plus embarrassants les uns que les autres, l'auteur devient plus consolant, en assurant qu'il se fait d'autant moins de scrupule d'exposer le véritable état des choses, qu'intrinsèquement il est tel que nos ennemis ne sauroient s'en prévaloir, ni la nation s'en alarmer. Il n'est pas besoin, suivant lui, d'avoir recours au mensonge pour persuader ce qu'on peut prouver géométriquement, que les moyens de la France sont à ceux de l'Angleterre, comme l'opulence est à l'épuisement : une population triple, un numéraire plus que double, un meilleur sol, un climat plus heureux, & tout ce que l'amour du souverain ajoute au patriotisme; voilà nos vrais avantages sur nos ennemis.

Cet écrit clair & méthodique, est en outre d'un style noble & vigoureux, & ne peut qu'affliger beaucoup M. Necker.

16 *Avril* 1781. M. l'abbé Maple est un homme de cinquante-cinq ans, ayant une figure noble, & approchant beaucoup de celle de Bossuet. Il compose longuement, mais il est fort de preuves & de raisonnements ; on trouve que c'est le sermonaire qui, depuis Bourdaloue, ait eu une logique plus pressante ; il est en outre plus orné que celui-ci, a un très-beau style, &, quoique son élocution ne soit pas sans défaut, elle ajoute encore au fond des choses excellentes qu'il débite.

Le chapitre de Notre-Dame a été si content de cet orateur, qu'il a fait une exception pour lui, & a porté à 900 livres les honoraires de la station qui, jusqu'à lui, n'étoient que de 650 liv. Il est malheureusement tombé malade dans la semaine-sainte, & les fideles qui s'étoient rendus en foule le jour du vendredi-saint pour entendre sa passion, vantée comme un chef-d'œuvre, ont été bien étonnés de voir monter en chaire un capucin. Madame la duchesse de Duras vouloit s'en aller ; mais le maréchal de Broglio l'a retenue, & lui a demandé si c'étoit la parole Maple ou la parole de Dieu qu'elle venoit entendre ; que si c'étoit celle-ci, elle étoit bonne dans toutes les bouches, & qu'il ne falloit point que gens de leur espece donnassent un pareil scandale.

16 *Avril. Esquisse des travaux d'adoption dirigés par les officiers de la loge de la Candeur, depuis son établissement à l'orient de Paris.* Tel est le

titre d'une brochure qui, quoique ancienne, puisqu'elle eſt datée de 1778, ne commence qu'à percer depuis peu parmi les profanes, & ne laiſſe pas que de leur dévoiler des choſes curieuſes & intéreſſantes.

D'abord on entend par *Loge d'adoption* une loge de francs-maçons, où les femmes ſont admiſes pour participer à ceux de leurs myſteres qu'elles ſont ſuſceptibles de connoître. On ſe doute bien que c'eſt aux François qu'eſt due cette heureuſe innovation, & que dans le pays de la galanterie, il n'auroit pu ſubſiſter long-temps dans tout ſon luſtre une ſociété dont le ſexe auroit été totalement exclu. Du reſte, on lit à la fin un tableau des sœurs, compoſé des femmes de la plus haute qualité : à la tête deſquelles eſt madame la ducheſſe de Bourbon, grande-maîtreſſe des loges d'adoption. Nous reviendrons ſur cette ſinguliere production.

17 *Avril* 1791. Sous le feu roi on avoit commandé à un jouaillier une riviere de diamants pour la comteſſe Dubarri, montant à 750,000 liv. Le poſſeſſeur en étoit fort embarraſſé : enfin ayant ſu que la reine ſe propoſoit de ramener la parure des diamants, pour favoriſer ce genre de commerce extrêmement tombé, il l'a fait voir à ſa majeſté. Le roi inſtruit qu'elle la deſiroit, en a fait faire l'acquiſition depuis ſa groſſeſſe, à ſon inſu ; & par une galanterie qui n'a pu qu'être très-agréable à ſon auguſte compagne, il l'a fait trouver ſur ſa toilette, au moment où elle s'y attendoit le moins : attention qui a flatté extrêmement la reine.

17 *Avril*. Suivant une cérémonie ridicule &

même indécence, mais qu'on confervoit à caufe de fon ancienneté ; la nuit du jeudi au vendredi-faint, on exorcifoit à la Sainte-Chapelle de prétendus poffédés. Ce fpectacle dégoûtant & horrible, par l'efpece d'individus qui s'y préfentoient, attiroit beaucoup de curieux. La philofophie & l'honnêteté publique gémiffoient depuis long-temps, des indécences qui fe commettoient dans cette églife à cette occafion. Enfin cette année on a fupprimé la cérémonie. Le peuple, qui n'étoit pas inftruit des nouveaux ordres, s'eft préfenté en foule, à l'ordinaire ; il a vu des gardes qui l'ont repouffé : dans le nombre il y a eu des mutins qui n'ont pas trouvé cela bon ; il y a eu des épées tirées, & un foldat a été bleffé : ce qui a donné lieu d'arrêter deux quidams, qu'on a conduits au corps-de-garde : il s'eft trouvé que c'étoient le comte Du*** & le duc de Bour***, deux freres, fils du maréchal de Du***, déja très-tarés & regardés comme de fort mauvais fujets ; ce qui ne contribuera pas à rétablir leur réputation.

18 *Avril* 1781. Ce qui rend précieufe *l'Efquiffe des travaux d'adoption &c.* qu'on a annoncée, c'eft un détail hiftorique des perfécutions fufcitées à Naples contre les francs-maçons, dont les papiers publics ont beaucoup parlé, mais très-imparfaitement & avec une réferve qui ne leur permettoit pas de dévoiler tout ce myftere d'iniquité. Il fe trouve dans un difcours du frere de la Chevalerie, un des orateurs du Grand-Orient, prononcé le 17 mars 1777. Les faits en avoient été fournis par le frere *Lioy*, un des plus fameux avocats de Naples, qui en cette qualité, & maçon zélé &

distingué par les dignités les plus éminentes de l'ordre, avoit établi l'injustice du décret porté contre ses freres, & de la détention de quelques-uns. Lui-même, victime de son zele, sur la déposition de trois copistes de ses mémoires, il avoit été proscrit des deux royaumes comme criminel de lese-majesté : retiré à Venise, il ne s'y étoit pas trouvé en sûreté, & étoit passé en France & venu à Paris. Voici le résumé de ce qu'on a su par lui.

Tanucci, maître tout-puissant à la cour des Deux-Siciles, détestoit depuis long-temps les francs-maçons. Une femme de qualité admise à une loge d'adoption à Naples, fut surprise quelque temps après d'une maladie violente : elle tenoit de très-près au premier ministre d'une cour voisine, prépondérante dans celle de Naples ; on lui persuada que cette maladie imprévue prenoit sa source dans les épreuves auxquelles elle avoit été livrée : en conséquence il porta, tant en son nom qu'au nom de son maître, les plaintes les plus vives à la cour de Naples.

Tanucci paroissant ainsi, en satisfaisant sa propre haine, remplir seulement les vues d'une cour étrangere, & avoir égard à sa requisition, surprit à son maître la signature d'un décret, proscrivant non-seulement toute assemblée maçonnique dans l'étendue du royaume des Deux-Siciles, mais même qui déclaroit ceux qui y assisteroient, criminels de lese-majesté.

Par une noirceur plus grande, ayant corrompu un frere, Tanucci parvint à faire convoquer une loge depuis le décret rendu, & le 2 mars 1775, les travaux commencés, il fit investir la loge,

F 4

arrêter ceux qui la tenoient, & on inſtruiſit leur procès.

Ils auroient infailliblement ſuccombé ſous l'accuſation, ſi la reine ne s'étoit attendrie ſur leur ſort, & n'avoit obtenu la délivrance des priſonniers. Cet acte de juſtice avoit été ſuivi de la démiſſion de Tanucci, & de la diſgrace des coopérateurs de ſa haine.

Cependant les ennemis de l'ordre ſe prévalant des bulles de proſcription, que l'ignorance avoit fulminées contre lui ſous les pontificats de Benoît XIII & de Benoît XIV, les attelliers maçonniques étoient encore fermés à Naples, & le frere *Lioy* éloigné de ſes foyers.

D'après ce récit, la loge de la Candeur arrêta : 1°. que le frere *Lioy* lui ſeroit agrégé en qualité d'aſſocié étranger : 2°. que la ſanté de l'auguſte reine de Naples ſeroit à perpétuité célébrée au rang & avec celles de la maiſon royale de France : 3°. que la loge adreſſeroit à cette reine bienfaiſante un juſte tribut de ſa reconnoiſſance : 4°. que le grand orient de Naples recevroit une lettre de félicitation de la part de la loge.

18 *Avril* 1781. Extrait d'une lettre d'Angers, du 30 mars. « Le nombre des naiſſances en 1780, » dans le reſſort de cette ſénéchauſſée, a été « de 10,336, & celui des morts de 10,578 ; » nombre bien inférieur à celui de 1779, qui » étoit de 13,993 : ſuite de la dyſſenterie qui dé- » ſola la province, l'été & l'automne de cette » année là. Le nombre des mariages a été de » 3,023. »

18 *Avril*. Extrait d'une lettre de Montpellier du 23 mars. « Il eſt né dans cette ville

„ en 1780, 1,129 enfants ; il eſt mort 1,253 per-
„ ſonnes , & il n'y a eu que 243 mariages. On
„ remarque une diminution ſenſible dans ces der-
„ niers depuis quelques années. „

19 *Avril.* On parle beaucoup d'une dénonciation qui doit ſe faire au parlement, des aſſemblées provinciales. On ne croiroit pas qu'une inſtitution auſſi ſage, auſſi patriotique en apparence, fût ſuſceptible de critique & d'inconvéniens aſſez dangereux pour exciter la réclamation des cours, dont certaines les avoient demandé avec inſtance. Voici les principales objections, ſur leſquelles l'on aſſure que doit rouler le mémoire.

1°. L'on trouve que les membres du clergé ſont trop nombreux dans la plupart de ces inſtitutions.

2°. Que cet ordre, comme le premier, préſidant néceſſairement dans ces diverſes aſſemblées, c'eſt lui donner trop de prépondérance, c'eſt faire courir au royaume & à nos rois le riſque de retomber ſous le joug des prêtres, dont on s'étoit affranchi.

3°. Comme ce n'eſt point la nobleſſe qui élit les membres qui font partie de ce bureau d'adminiſtration, ce n'eſt pas l'ordre qui eſt cenſé y concourir, & ce ne ſont pour l'ordinaire que les gentilshommes les plus ſouples, les plus ignorants, les plus dévoués au miniſtere.

4°. Dans le tiers on trouve mauvais qu'il n'y ſoit admis aucun magiſtrat ; ce qui eſt en exclure la portion la plus ſaine, la plus propre à ce genre de travail.

5°. Enfin, le but des cours a toujours été de reſtreindre le pouvoir des commiſſaires départis ; elles se sont constamment élevées avec force contre ces magistrats amphibies, qui par leur nature se trouvent presque toujours opposés aux véritables intérêts de la province confiée à leurs soins : comment souffriront-elles qu'ils acquierent plus de consistance que jamais par ces assemblées provinciales, dont ils font nommer en quelque sorte les divers membres qui ne se tiennent que sous leur influence, & dont, par la formation de ces assemblées, par la liberté qu'ils ont de les réunir, de les diriger, de les séparer, ils sont les chefs & l'ame ?

19 *Avril* 1781. On parle beaucoup d'un mandement rendu dans la quinzaine par l'évêque d'Amiens (Machault). Ce prélat très-fanatique s'y éleve avec un zele amer contre la nouvelle édition de Voltaire, dont on a répandu le *Prospectus* avec la plus grande profusion, & défend à ses ouailles de souscrire pour cet ouvrage de ténebres.

20 *Avril* 1781. Entre les virtuoses qui ont brillés au concert spirituels, il faut sur-tout distinguer Mlle. Renaut, jeune sujet âgé de onze ans, & qui, dans cette extrême jeunesse, a déja la fermeté de gosier, le goût & l'expression des cantatrices les plus consommées : c'est dans l'Italien qu'elle excelle principalement. Seulement il est à craindre que le travail excessif dont on l'a surchargée, ne lui devienne nuisible, & que son talent naissant ne puisse parvenir jusqu'au degré de perfection & de maturité dont il est encore susceptible, ne dégénere même par un usage immodéré de l'organe.

21 *Avril*. On reprochoit à M. le président

Rolland d'avoir inséré au mémoire pour les héritiers du Sr. Rouillé des Filletieres, deux pieces fort indécentes; l'une, *copie figurée du registre verd* du défunt, contenant la recette & la dépense de ses revenus depuis janvier 1772, où se trouve la liste de tous ceux auxquels il faisoit des aumônes, ou du bien; ce qui ne pouvoit qu'humilier de très-honnêtes gens y dénommés: l'autre, une *Lettre* de lui président, où l'on lit cette phrase: " L'affaire seule des jésuites & des colleges me
,, coûtoit de mon argent plus de 60,000 livres; &
,, en vérité les travaux que j'ai faits & sur-tout
,, relativement aux jésuites, qui n'auroient pas
,, été éteints si je n'avois consacré à cette œuvre
,, mon temps, ma santé & mon argent, ne
,, devoient pas m'attirer une exhérédation de
,, mon oncle. ,, Phrase très-propre à jeter sur lui de l'odieux, ou au moins du ridicule: depuis qu'il a perdu son procès, il a senti la justesse de ces reproches, & il retire autant qu'il peut les exemplaires de son mémoire; ce qui ne le rend que plus curieux pour les amateurs, qui le gardent précieusement.

22 *Avril* 1781. L'enthousiasme occasioné dans le public crédule relativement au *Compte rendu* de monsieur Necker, s'est manifesté par tous les témoignages de différentes especes qu'il peut enfanter: il dure encore, & l'on distingue surtout une estampe en maniere noire du sieur Borel, où l'on trouve cependant plus de zèle que de vrai talent. Elle a pour titre *la Vertu récompensée*. Elle représente la France qui tient le *Compte rendu*, & qui indique à la nation une pyramide, portant le nom du directeur général des finances; au bas de laquelle sont l'équité,

la charité, l'humanité, & l'abondance. L'économie ordonne à la muse de l'histoire d'effacer de nos fastes le mot *impôt*, & la renommée publie les effets de sa sage administration, dont elle étend la gloire dans les quatre parties du monde.

23 *Avril* 1781. Depuis long-temps on parloit d'un nouveau genre de spectacle que des gens avides d'argent avoient imaginé d'offrir à Paris; celui d'une *course de taureaux à l'Espagnole, & d'un taureau mis à mort par les tauréodores*; c'est-à-dire, par des hommes combattant contre cet animal. Ce combat a eu lieu le 16 de ce mois, malgré la police qui avoit précédemment fait défenses aux entrepreneurs de donner pareil spectacle, où la vie des hommes pourroit être exposée en combattant le taureau; quoique, pour éviter tout accident, on eût pris la précaution de saigner copieusement le taureau, & de l'avoir présenté dans l'arene presque inanimé. Les annonces & imprimés s'en étoient distribués sans permission: du moins tel est l'avis assez incroyable qu'on publie à cette occasion.

23 *Avril*. La rentrée des Italiens avant-hier a eu beaucoup de succès par le compliment du sieur Favart, en forme de divertissement. Il fait suite à la petite piece qu'ils avoient jouée à la clôture. Le village avoit gémi sur le départ du seigneur: ici *Lucas*, M. *Richard*, *Henriette* & *Babet*, se félicitent de son retour, & se proposent de ne rien négliger pour le fixer au milieu d'eux. Tout respire la gaieté; le pere *la Joie* la ranime encore en accompagnant les vaudevilles avec son tambourin.

RICHARD.

Air : *le petit mot pour rire.*

Le fentiment par fa douceur
En tout temps parvient jufqu'au cœur :
  Son charme doit féduire ;
Mais Monfeigneur eft mieux fêté,
Quand on y joint par la gaité,
Le petit mot, le joli mot,
  Le petit mot pour rire.

HENRIETTE.

Ne perdons pas un feul inftant,
Vers Monfeigneur, qui nous attend,
  Notre cœur nous attire.
Pour reconnoître fes bienfaits,
Mêlons pour lui, dans nos bouquets,
Le petit mot, le joli mot,
  Le petit mot pour rire.

LE PERE LA JOIE.

Que la gaieté, que les amours
Veillent fans ceffe fur fes jours,
  C'eft ce que je defire.
Pour conferver fa belle humeur,
Je dirai toujours de bon cœur,
Le petit mot, le joli mot,
  Le petit mot pour rire.

24 *Avril* 1781. On ne peut plus douter aujourd'hui qu'il n'y ait eu une très-grande fermentation dans le parlement contre M. Necker, à l'occasion des assemblées provinciales, mais on n'est pas bien d'accord sur la maniere dont elle s'est élevée, & sur l'espece de suite qu'elle y doit avoir.

24 *Avril. Invitation aux amateurs des abeilles, par l'orateur improvisté des boulevards, auteur de différents petits ouvrages qu'il vend lui-même.*

Tel est le titre d'une feuille imprimée, quoi-non revêtue de permission, que distribue sur les boulevards un quidam aux passants, dont il cherche à exciter la curiosité.

L'avis trop long est sur le même ton de folie, & finit ainsi : " humanisez-vous donc en pas-
,, sant près de ce fou d'Outre-mont ; abjurez
,, pour un instant les airs, la dignité, le ton ;
,, peut-être ne vous repentirez-vous point de
,, cette faveur, & que, pour prix de cette grace,
,, vous recevrez de lui des fleurs, non de celles
,, dont l'odeur fait mal à la tête, mais fleu-
,, rettes des champs, où les abeilles vont faire
,, leurs emplettes, excellentes pour tout le mon-
,, de, excepté pour ceux qui ne sont pas mal
,, bêtes. ,,

En voilà plus qu'il n'en faut pour apprécier l'auteur. Il faut lire un tel avis pour juger à quel degré de demence se peut porter l'esprit humain dans un prétendu homme de lettres ; spectacle bien propre à faire gémir le philosophe sur notre triste humanité.

24 *Avril* 1781. Deux morceaux qui doivent

être lus aujourd'hui à l'assemblée de l'académie des belles-lettres, pourront y attirer plus de monde que de coutume. C'est d'abord *l'Eloge de M. l'abbé Batteux*, attaqué depuis sa mort dans différents écrits; M. Dupaty, le secrétaire, doit venger la mémoire de ce confrere cher aux lettres: ensuite un mémoire que doit lire M. Brotier, nouvellement reçu, *sur les jeux du cirque, considérés dans les vues politiques des Romains, & sur le nombre des jours dans l'année qui étoient consacrés à ces jeux*. On voit que l'ouvrage est intéressant, sur-tout de la part d'un homme aussi versé dans l'antiquité, aussi profond littérateur. Sa qualité de *ci-devant soit-disant jésuite* n'est pas peu propre encore à exciter la curiosité.

Les autres mémoires qui doivent occuper la séance, sont un second mémoire de M. de Keralio, sur les connoissances que les anciens ont eues des pays du nord: un de M. Larcher, sur Phydon, roi d'Argos, où le but de l'auteur est de concilier la chronique de Paros avec la chronique d'Eusèbe.

Une préface que doit mettre M. de Rochefort à la tête d'une tragédie de sa composition, intitulée *Electre*, n'est pas ce qui piquera le moins l'attention des auditeurs.

25 *Avril* 1781. L'annonce que doit publier aujourd'hui à sa rentrée publique l'académie des sciences, par l'organe de son secrétaire, M. le marquis de Condorcet, ne pourra qu'en augmenter la foule, toujours immense. Il s'agit d'une nouvelle fondation consacrée à l'avancement des sciences. Il lira aussi l'éloge de M. Lieutaud.

Le titre des autres mémoires n'annonce que des choses très-scientifiques & très-seches.

1°. Un de M. Bertolot, sur l'acide arsénical.

2°. L'annonce d'une nouvelle comete observée par M. Messier.

3°. Un mémoire de M. Desmarets, sur la formation des glaces dans la riviere.

4°. Un de M. l'abbé Rochon, sur la vision.

5°. Un de M. le comte de Milly, sur l'analyse végétale.

6°. Un de M. de Fouchy, sur un moyen d'employer un quart de cercle à pied aux mêmes usages qu'un instrument azimutal.

25 *Avril* 1781. Mlle. Luzzi, dont on annonçoit depuis plusieurs années la retraite, quitte le théatre au moment où l'on s'y attendoit le moins; une maladie cruelle l'avoit déja mise dans le cas d'y renoncer, & de se jeter dans la dévotion; elle étoit retournée à son ancien péché : on verra si cette fois elle sera plus ferme dans sa résolution.

25 *Avril*. Le sieur Riguet, qui lundi dernier, 23 avril, devoit exécuter dans sa chaloupe insubmersible, son fameux voyage de Paris à Auxerre, & d'Auxerre à Paris en douze heures, non-seulement ne l'a pas fait, ne l'a pas même tenté; mais des curieux qui se sont informés de lui à l'hôtel indiqué, ont appris qu'il étoit en effet arrivé une infinité de lettres à l'adresse de ce quidam, qu'on ne connoissoit point, & qui n'avoit point paru ni écrit lui-même.

25 *Avril* On veut aujourd'hui que M. Necker, étendant le projet des assemblées provinciales, ait donné sur cela au roi un mémoire secret, dont l'objet soit de rendre les parlements absolu-

ment inutiles à l'administration (ce que le gouvernement defiroit depuis long-temps), & de les réduire à la fimple fonction de juger. Le roi a communiqué le projet à M. de Maurepas, qui a cru en devoir faire part au premier préfident ; ce qui a jeté l'alarme dans la magiftrature. Telle eft l'origine qu'on donne de la querelle, que les ennemis du directeur des finances, fes jaloux, fes envieux, fes concurrents, cherchent à rendre plus grave ; ce qui fait courir le bruit de fa difgrace prochaine.

26 *Avril* 1781. On eft abfolument incertain de la maniere dont le mémoire qui alarme fi fort le parlement & le confeil, (car les intendants y font auffi très-mal traités) eft tombé aux mains du premier préfident. On veut aujourd'hui qu'il lui foit venu anonymement avec une lettre, où l'on lui marquoit que M. de Gafcq (préfident à mortier du parlement de Bordeaux, & premier préfident de cette compagnie durant la révolution, partifan du maréchal de Richelieu & logeant chez lui) avoit remis ce manufcrit entre les mains d'un ami, en le priant de ne le faire connoître qu'après fa mort. On ajoutoit que cet événement rendant le dépofitaire libre, il croyoit ne pouvoir en faire un meilleur ufage que de l'adreffer au chef d'une compagnie refpectable, qu'il intéreffe auffi effentiellement. On prioit en même temps M. d'Aligre de brûler & la lettre & le manufcrit, quand il auroit tiré une copie de celui-ci.

Les partifans de M. Necker imaginent que cette tournure a été concertée entre M. de Maurepas & le premier préfident, pour couvrir aux yeux du roi & du public l'indifcrétion de ceux qui l'ont fait connoître ; le président de Gaſcq ne pouvant revenir de l'autre monde pour démentir cette aſſertion. Elle ſemble d'autant plus invraiſemblable, que le plus cher & le plus intime confident du magiſtrat Bordelois, étoit monſieur Valdec de Leſſart, dont il paſſoit pour le véritable pere, & qu'il a fait ſon légataire univerſel. Or, M. de Leſſart, étant le bras droit de M. Necker, eſt-il croyable qu'il eût eu la perfidie de publier un écrit capable de chagriner cruellement le directeur général des finances, & de lui attirer des ennemis ſi redoutables & ſi puiſſants ? Quoiqu'il en ſoit, afin de tourmenter mieux celui-ci, on a fait imprimer le mémoire. On en a envoyé des exemplaires à différents membres du parlement, & M. d'Epremeſnil le doit dénoncer aux chambres aſſemblées ; il a déja même preſſenti le premier préſident, en l'invitant de faire part à la compagnie de l'anecdote & du contenu du mémoire ; ce que monſieur d'Aligre a évité adroitement, en répondant qu'il avoit en effet reçu un manuſcrit anonymement ; ce qui le lui avoit rendu d'abord très-ſuſpect ; qu'il l'avoit parcouru ; & jugeant que c'étoit un libelle indigne d'attention, l'avoit jeté au feu.

On ne doute pas que M. d'Aligre ne reçoive des ordres d'empêcher qu'il ſoit queſtion au parlement de ce mémoire ; on veut même qu'il ait été mandé aujourd'hui à Marly pour cela.

26 Avril. Extrait d'une lettre de Marſeille, du 19 avril. " M. Malouet, le commiſſaire du
„ roi, qui a fait un marché ſi avantageux
„ pour S. M. de la vente de l'arſenal, vient de
„ répandre un *Proſpectus* en date du 11 de ce

,, mois, par lequel il s'agit d'en tirer le meilleur
,, parti possible pour la ville, en trouvant un pro-
,, duit net de huit millions dans les emplacements
,, à vendre, distraction faite des rues, quais &
,, place projetés ; car vous savez qu'il s'agit
,, d'élever au milieu de cette derniere une statue
,, pour Louis XVI.

,, Tous les plans & mémoires de distribution
,, doivent être remis dans l'espace d'un mois, à
,, compter du 15 avril. Ils seront adressés au con-
,, seil municipal, après qu'il aura été communi-
,, qué à tous les membres dudit conseil qui desi-
,, reront en prendre connoissance ; & le plan le
,, plus agréable au conseil, recevra un prix de
,, 600 livres de la part de S. M. qui se réserve
,, néanmoins d'ordonner l'exécution de celui qu'elle
,, aura agréé, encore qu'il n'eût point été pré-
,, senté au concours. ,,

26 *Avril* 1781. On a oublié de nommer les trois concurrents qui ont participé aux prix particuliers concédés par M. le Noir, dans la séance de la société royale de médecine, du 6 avril. Le premier est M. Mathieu, maître en chirurgie à Conze en Sarlandais, près de la Linde en Perigord : le second M. Bouteille, médecin à Manesga en Provence : le troisieme, M. Baudot, médecin à la charité sur Loire.

27 *Avril* 1781. Les *Petites Affiches* de Marseille, qui étoient déja les mieux faites de toutes celles de province, vont encore se perfectionner entre les mains d'un M. Beaugeard, sous le titre de *Journal de Provence*. Il sera composé de trois feuilles par semaine de huit pages d'impression in-8°. Dans chacune seront compris les avis, annonces, affiches de Marseille,

Aix, Arles, Toulon & du reste de la Provence. Mais la premiere sera destinée aux édits & déclarations, arrêts du conseil & de réglements des parlements & cours des comptes; ordonnances d'intendance & de police; aux précis des causes majeures que leur importance rendra plus intéressantes; à l'agriculture, aux arts méchaniques & libéraux, aux modes; à ce qui regardera les spectacles, la langue françoise, l'histoire, la géographie, les observations météorologiques, événements, catastrophes, naissances & morts remarquables, &c.

La seconde contiendra tout ce qui pourra avoir rapport au commerce de l'intérieur ou de l'étranger, la notice des marchandises qui, d'après les circonstance, seront permises, prohibées ou chargées de droits dans les différents états; la connoissance des révolutions, innovations, accidents, &c. qui auront trait au commerce; le détail des prises actives ou passives; l'arrivée, les chargements, patrons, &c. des navires dans les ports; le prix courant des effets de commerce; le cours des changes, effets royaux, & généralement tout ce qui aura trait aux manufactures, &c.

La troisieme sera principalement destinée à la littérature. On y trouvera la notice des ouvrages & livres nouveaux, les pieces de vers qui auront toujours le mérite de la nouveauté, l'annonce des séances académiques, avec le précis des ouvrages couronnés & des discours, sans oublier les chansons nouvelles, souvent les airs notés, quelquefois avec accompagnement.

27 *Avril* 1781. M. l'évêque d'Amiens avoit adressé son mandement aux auteurs du *Journal*

de monsieur, qui se sont déja signalés par une dénonciation vigoureuse au parlement, de la nouvelle édition de Voltaire ; & ceux-ci étoient sur le point d'en donner l'extrait, lorsque le prélat leur a écrit, pour suspendre cette levée de bouclier. Il paroît qu'on a engagé M. de Machault à modérer son zele anti-philosophique, & il retire le plus qu'il peut les exemplaires de sa diatribe courte, fougueuse, mais mal écrite. Elle devient rare de plus en plus.

L'esprit minutieux de ce prélat l'avoit déja porté à menacer son imprimeur à Amiens de le destituer, parce qu'il avoit fait courir des avis où il annonçoit qu'on trouveroit chez lui des exemplaires des nouvelles éditions de Voltaire & de Rousseau. Il a fallu que cet imprimeur renonçât au commerce de ces ouvrages, ou ne le fît que clandestinement.

27 Avril. M. Necker a été très-piqué de la publicité du mémoire en question ; & il paroît constant que craignant le crédit des instigateurs de sa nouvelle persécution, à laquelle il alloit se trouver en bute, il avoit donné sa démission au roi ; c'est la reine qui le protege aujourd'hui, & a engagé S. M. à se conserver cet excellent serviteur. Le duc de Choiseul s'est rangé absolument du parti de celui-ci, & lui a concilié les bonnes graces de la souveraine.

Derniérement la reine, en entrant dans le sallon de Marly, vit quelques seigneurs occupés à lire, & cachant brusquement la brochure à l'approche de S. M. Elle voulut savoir ce que c'étoit. Instruite que c'étoit le mémoire de monsieur Necker : « c'est, dit-elle, l'ouvrage d'un
» homme bien zélé pour la gloire du roi &

« le bonheur de ses peuples. » Un propos aussi flatteur ne peut que consoler bien agréablement M. Necker, qui désavoue l'ouvrage, au surplus & prétend qu'il a été falsifié, afin d'en rendre l'auteur plus odieux au parlement & au conseil.

28 *Avril* 1781. Le *Compte rendu* de M. Necker est actuellement imprimé presque dans toutes les langues connues, & ne cesse de recevoir des éloges. Les partisans de l'auteur, homme d'état, regardent cet empressement des différentes nations à se procurer la lecture de cette piece importante, comme la réponse la plus victorieuse aux écrivains obscurs, qui ont essayé de ternir une gloire si légitimement, si noblement & si désintéressement acquise; d'altérer par leur opinion solitaire, l'opinion générale; enfin de sacrifier, autant qu'il est en eux, à une animosité personnelle, les plus grands intérêts de l'état. Un graveur, par une idée simple & ingénieuse, a cru exprimer énergiquement le vœu public : il a, dans un dessin, posé le buste de M. Necker sur le corps de l'envie; ce poids qui accable le monstre, lui fait vomir de sa gueule affreuse des pamphlets satiriques, caractérisés par le titre. On regrette d'ailleurs la mauvaise exécution de ce trophée, où le directeur général des finances n'est point du tout ressemblant.

28 *Avril* 1781. Extrait d'une lettre de Metz, du 24 avril. « Hier 23, M. Bertrand de Bou-
» cheporn, intendant de Corse, a été reçu con-
» seiller d'honneur en notre parlement, & cet
» événement est mémorable dans la magistra-
» ture, par la sensation qu'il a causée dans
» le public.

» M. de Boucheporn s'étoit d'abord distingué

,, dans notre barreau comme avocat, & paſſa
,, bientôt à la place d'avocat-général, & y brilla
,, ſpécialement dans l'affaire célebre de M. le
,, Bœuf de Valdahon, contre M. le marquis
,, de Monnier. On ſut gré à ce jeune orateur
,, de la chaleur intéreſſante avec laquelle il fit
,, ſentir la plus barbare des erreurs, celle qui
,, fait réjaillir ſur une famille innocente l'op-
,, probre d'un parent flétri ; les ſalles du palais
,, retentirent des applaudiſſements qu'on lui pro-
,, diguoit, & les acclamations recommencerent
,, avec la même efferveſcence lorſqu'il parut au
,, ſpectacle.

,, Les révolutions de la magiſtrature ne lui
,, permettant pas de continuer ſes fonctions, il
,, paſſa au conſeil, d'où il fut nommé intendant
,, de Corſe : il y a encouragé l'agriculture, le
,, commerce, la population, fait ceſſer l'arbi-
,, traire dans les impoſitions, procuré des ſe-
,, cours néceſſaires dans un pays dévaſté par
,, trente années de guerre, par des troubles inteſ-
,, tins, par pluſieurs années de famine : il y a
,, fait connoître le meilleur emploi des forêts,
,, & les a rendus utiles ſur-tout au port de
,, Toulon, pour les conſtructions durant la
,, guerre actuelle. Tels ſont les principaux motifs
,, qui ont déterminé le roi à accorder à M. de
,, Boucheporn la diſtinction flatteuſe dont il
,, jouit aujourd'hui. ,,

29 *Avril*. Extrait d'une lettre de Marſeille,
du 19 avril. " Le premier numéro de nos *af-*
,, *fiches, anonces & avis divers*, ou *jour-*
,, *nal de Provence, premiere feuille de com-*
,, *merce*, paroît aujourd'hui, précédé d'un diſ-
,, cours préliminaire ſur le commerce, très-bien

,, composé, & dans un style pur & noble. ,,

29 *Avril.* De Sens, le 23 avril. " Beaucoup
,, de gens s'étoient rassemblés ce matin pour
,, voir passer des bords de l'Yonne, la chaloupe
,, insubmersible du sieur Riguet ; mais rien n'a
,, paru. Les partisans de cet imposteur soutiennent
,, qu'effectivement il est parti de Paris, mais
,, qu'étant arrivé à Montereau, au lieu d'enfiler
,, le pont de l'Yonne, il a remonté la Seine jus-
,, qu'à Nogent; d'autres, après avoir très-sérieu-
,, sement réfléchi sur les moyens de procurer une
,, vîtesse assez considérable pour faire dix lieues par
,, heure, concluoient pour la négative ; d'autres
,, enfin, fâchés apparemment d'avoir été dupes
,, de leur curiosité, tâchent de persuader à tous
,, ceux qu'ils rencontrent, qu'ils l'ont vu réelle-
,, ment passer à Sens, & font de la chaloupe une
,, description magnifique ; de maniere qu'il y
,, aura ce soir peut-être autant de monde que ce
,, matin.

,, Tout cela prouve combien l'homme avide du
,, merveilleux est crédule, facile à tromper, &
,, court lui-même au-devant de l'erreur qu'il aime,
,, quelque absurdité qu'on lui annonce. ,,

30 *Avril* 1781. On assure que M. l'abbé Maury a fini sa station à la cour, sans recevoir aucune marque de satisfaction de la part du monarque. On croit qu'il n'aura pas d'abbaye, comme il s'en flattoit. Voici ce qu'on en raconte.

Dans un sermon sur *l'aumône* il a parlé des hôpitaux, &, suivant sa coutume, nourrissant son discours d'anecdotes, il a observé que la multitude des enfants-trouvés augmentoit tous les jours à Paris ; qu'en 1780 il y en avoit eu 13,000, dont 7,000 étoient morts faute de soins

& de bonnes nourrices. Le roi, mécontent de cette observation, en a parlé au grand-aumônier, qui a envoyé chercher le prédicateur, & lui a dit : " Monsieur l'abbé, songez que vous prêchez „ devant le roi, & non pas le roi. Evitez de faire „ venir dans vos discours des choses étrangeres & „ relatives à l'administration, que vous devez „ ignorer ainsi que le public; & sur-tout prenez „ garde au moins de débiter de fausses anecdotes. „ Il lui cita ensuite celle des enfants-trouvés comme peu exacte.

Malgré cet avertissement, M. l'abbé Maury, quoique plus réservé, n'a pu se retenir ; & dans un sermon sur *la calomnie*, a cité des exemples profanes de ministres en bute aux méchants, a rappellé Sully, Colbert, & sans le nommer, il a désigné M. Necker si sensiblemeet, qu'on n'a pas douté de l'objet du discours & du but du prédicateur. Ce qui a déplu beaucoup aux courtisans, presque tous coupables du crime contre lequel s'élevoit l'orateur.

30 *Avril* 1781. Depuis long-temps on parloit d'une maison bizarre, élevée en forme de temple ou de palais, au bout de la rue d'Artois. Quoiqu'on eût d'abord fait mystere de la divinité qui devoit l'habiter, le bruit général s'est enfin accrédité que c'étoit pour madame Telusson, la veuve d'un banquier ; & l'on n'en peut douter aujourd'hui. Cette maison presque finie, est maintenant l'objet de la curiosité des Parisiens, & c'est un empressement général pour l'aller voir ; ce qui ne s'accorde que par une grace spéciale : il faut des billets pour y entrer. C'est le sieur le Doux qui en est l'architecte. On y retrouve les talents & les

écarts de cet artiste plein de grandes idées, d'un goût exquis dans les détails ; mais n'ayant pas assez de tête pour combiner l'ensemble de ses ouvrages, leur donner de justes proportions, & sur-tout les mesurer au rang & aux facultés de ceux pour lesquels il bâtit. Madame Telusson vouloit mettre 400,000 livres à sa maison, & elle lui coûtera peut-être deux millions. C'est une particuliere riche, qui desiroit ses aises, ses commodités, un luxe bourgeois ; & il a fait un hôtel qui exigeroit la présence, le train & le nombreux domestique d'un prince. Ce sont partout des colonnes, des statues ; c'est un escalier d'ambassadeurs ; en un mot, une extravagance complete.

30 *Avril* 1781. Mlle. Luzzi étoit entretenue par un monsieur Landry, receveur-général des finances, qui lui prodiguoit l'argent avec un luxe digne de sa qualité. Elle pouvoit par ce moyen mettre de côté tout ce qu'elle gagnoit à la comédie & d'ailleurs ; en sorte qu'elle a environ 17 à 18,000 livres de rentes de son chef. M. Landry l'a quittée depuis quelque temps ; & quoiqu'il eût des enfants de la comédienne, a épousé une autre maîtresse ne valant, dit-on, pas mieux. C'est ce qui a donné de l'humeur à Mlle. Luzzi, au point de quitter le théâtre, & de se retirer du monde.

30 *Avril* 1781. Madame la duchesse de Polignac étant grosse, pour être plus à portée de faire sa cour à la reine cet été, avoit prié madame de Boufflers de vouloir bien lui louer sa maison d'Auteuil, renommée pour ses jardins à l'angloise du meilleur goût, & qu'on va voir par curiosité. Cette dame extrêmement attachée à

cette possession, sans cependant vouloir désobliger la duchesse, lui répondit par les vers suivants:

Tout ce que vous voyez, conspire à vos desirs,
Vos jours toujours sereins coulent dans les plaisirs
L'empire en est pour vous l'inépuisable source ;
Ou si quelque chagrin en interrompt la course,
Le courtisan, soigneux à les entretenir,
S'empresse à l'effacer de votre souvenir.
Moi je suis seule ici, quelque ennui qui me presse,
Je n'en vois dans mon sort aucun qui s'intéresse,
Et n'ai pour tout plaisir, Madame, que ces fleurs,
Dont le parfum exquis vient charmer mes douleurs.

Madame de Polignac ayant montré les vers, tournure obligeante de la refuser, ses flatteurs les trouverent mauvais, croyant qu'ils étoient de madame de Boufflers: on ne manqua pas de rendre à celle-ci le jugement qui en avoit été porté dans le cercle de la duchesse. « J'en suis ,, fâchée, répondit-elle, pour le pauvre Racine; ,, car ils sont de lui. ,, En effet, on les lit dans *Britannicus*, acte II, scene III.

1 *Mai* 1781. C'est en 1778 qu'il paroît que monsieur Necker a présenté au roi son mémoire contre les parlements, en faveur des administrations provinciales ; c'est-à-dire, dans un temps où ces compagnies, & sur-tout le parlement de Rouen, le tracassoient beaucoup au sujet des vingtiemes. De-là l'humeur violente qu'il y témoigne contre les magistrats, & peut-être même n'est-ce qu'à cette humeur qu'on doit l'établissement desdites assemblées, imaginées long-temps

avant lui, par l'idée qu'il avoit dès-lors de le substituer insensiblement aux cours.

Pour commencer à donner consistance aux administrations provinciales, à la rentrée du parlement, M. Necker y a fait porter un édit créateur de ces assemblées; il auroit ainsi fait concourir les magistrats à l'érection d'établissement qu'il prétendoit un jour leur opposer. C'est le moment qu'on a cru devoir choisir pour donner de la publicité au fameux mémoire; & faire connoître aux cours les intentions de son auteur.

On a déja fait l'extrait des propositions repréhensibles dans cet écrit, & de la façon dont elles sont présentées, il y a très-fort matiere à décréter le ministre des finances.

Comme messieurs n'ont pas encore statué sur le fameux édit, & que, suivant la formule, ils ont nommé des commissaires qui traînent en longueur depuis plusieurs mois, malgré les ordres du roi, il est difficile qu'il ne soit pas question, du moins indirectement du mémoire, avant de procéder à l'enrégistrement: ce qui, sans doute, cause les délais dont on use.

1 *Mai* 1781. On parle beaucoup de la luxure effrénée d'un militaire, qui, devenu amoureux d'une jeune personne ayant fait sa premiere communion à Saint-Germain-l'Auxerrois avec les autres de la paroisse, le jeudi 19 avril, n'a pu résister à sa passion: & l'après-midi, après les vêpres, l'a entraînée à l'écart, & s'est permis les actes les plus obscenes, au point qu'elle a crié: on ajoute que, pour se débarrasser de la foule survenue, il a tiré l'épée, s'est ouvert un passage, & s'est enfui. On dit pourtant qu'il a

été arrêté. On ignore ce que cela deviendra. On présume que, pour le souftraire au supplice, on le fera passer pour fou.

2 Mai 1781. M. Necker, en prétendant que la caisse d'escompte n'entre pour rien dans son plan d'administration, n'est qu'un établissement du commerce & une ressource pour les particuliers, cherche à la propager le plus qu'il est possible, avec un zele qui dément trop bien ce qu'il ose avancer là-dessus dans son *Compte rendu*. Ce n'est sans doute que par son impulsion qu'on agite à Rouen d'y établir une succursale de cette caisse, semblable à celle de Paris. Cette caisse, dit-on, sera appuyée des fonds & crédits des meilleures maisons de Paris & de la capitale de la Normandie.

2 Mai. La direction de l'opéra, en attendant qu'elle puisse donner quelque nouveauté plus intéressante, annonce pour demain l'acte d'*Apollon & Coronis*, tiré des *Amours des Dieux*, remis en musique par MM. Rey, l'un maître de musique de la chambre de sa majesté, de l'opéra; l'autre musicien ordinaire de la chapelle du roi. Cet acte assez bien fait, dont les paroles sont de Fuzelier, prête aux compositeurs, & ils ont pu y déployer leur talent.

2 Mai. C'est au 29 de ce mois qu'est fixée la cérémonie du service ordonné par la cour pour l'impératrice-reine, & c'est à Notre-Dame que sera élevé le catafalque, suivant l'usage; ce qui va singuliérement gâter cette basilique réparée à neuf. Un amateur, afin d'éviter l'inconvénient de ces monuments passagers qu'il faut sans cesse élever & détruire à grands frais, avoit proposé de consacrer à jamais à ces fêtes funéraires

l'eglife de faint Louis, ci-devant celle de la maifon profeffe des jéfuites, très-convenable en effet, mais meffieurs de Notre-Dame, jaloux d'une poffeffion ancienne, craindroient de fe la voir enlever, malgré tout le foin que l'auteur du projet avoit pris de leur conferver leur privilege & leur droit.

C'eft M. l'évêque de Blois (Themines en fon nom) qui doit prononcer l'oraifon funebre.

2 *Mai* 1781. Les ennemis de M. Necker ne ceffent de gliffer des pamphlets contre lui. On voit aujourd'hui une petite feuille intitulée, *Extrait des papiers*, fignée *Anti-Charlatan*, & datée du bureau de l'amirauté le 31 mars. Il y a cent contre un à parier que cet écrit eft factice. Cependant, pour faire une forte d'allufion, on on a mis l'Anglois à côté; mais ce qui décele la fraude, c'eft qu'il eft rempli de gallicifmes, tandis que, pour rendre la traduction plus vraifemblable, on a affecté d'y répandre des anglicifmes en grand nombre. Quoi qu'il en foit, l'objet du prétendu auteur Anglois, eft de répondre aux éloges outrés & abfurdes que le parti de l'oppofition prodigue au directeur général des finances. On y réfume en peu de mots tous les reproches qu'on lui a déja faits féparément.

1°. D'avoir fupprimé un grand nombre d'offices, avec promeffe de rembourfement immédiat en argent comptant, & de n'avoir rembourfé rien.

2°. D'avoir forcé les différents autres financiers confervés, fous peine de renvoi, de prêter environ 25 millions à l'état, à cinq pour cent d'intérêt.

3°. D'avoir forcé les hôpitaux de vendre leurs immeubles, pour en remettre les fonds entre les mains du roi.

4°. D'avoir mis une imposition annuelle & vexatoire sur tous les tenanciers des domaines & bois du roi.

5°. D'avoir augmenté la taille & la taxe des terres, sans la sanction de la loi.

6°. D'avoir vendu certaine branche de revenu pendant huit ans pour celui de six ans.

7°. D'avoir anticipé le libre revenu de l'état pour plus de dix mois.

8°. D'avoir encouragé & amélioré la plus infâme des loteries (sous le titre de loterie royale de France), dans laquelle le roi paie 100 livres, avec 2 livres 10 sous: c'est-à-dire, sur laquelle il gagne $\frac{30}{40}$

9°. De faire monter, suivant même son *Compte rendu*, à 33,740,000 livres le département de la maison du roi, qui, en 1775, suivant celui de l'abbé Terrai, ne coûtoit que 33 millons.

On revient ensuite sur les insinuations, déja malicieusement données de ses liaisons avec le ministere Anglois, sur sa parcimonie à fournir des fonds d'avance pour approvisionner nos arsenaux, pour envoyer des subsides aux Américains, &c. Enfin, on rappelle la maniere malhonnête & perfide dont il a fait sa fortune aux dépens de ses bienfaiteurs, & par la prévarication de ses fonctions, lorsqu'il trahissoit les intérêts de cette même compagnie des Indes, qu'il étoit chargé de défendre.

Cette feuille est d'autant plus fâcheuse, qu'elle quintessencie en bref toutes les autres, & grossit d'une façon monstrueuse les iniquités ministérielles de M. Necker.

3 *Mai* 1781. On a trouvé dans la nouvelle musique d'*Apollon & Coronis* beaucoup de réminiscences, des endroits foibles, froids, mais de la vigueur & du génie dans le morceau qui termine l'acte où *Apollon* exprime ses regrets d'avoir tué les deux amants; on y a reconnu la maniere du chevalier Gluck, que les nouveaux compositeurs se sont efforcés d'imiter.

Ce rôle de *Mercure*, quoique le plus court, a plu généralement, moins à raison de la musique que des beaux sons que le sieur Cheron a tirés de sa voix.

3 *Mai.* L'édit porté au parlement concernoit l'administration provinciale de Moulins; enfin, il en a été rendu compte à l'assemblée des chambres mardi dernier, & il a été décidé que la compagnie ne pouvoit l'enrégistrer; que S. M. seroit suppliée de le retirer, & de ne point donner consistance à ces assemblées, par les raisons qu'on indique, devant être au surplus mieux développées dans les remontrances que la compagnie se propose de présenter au roi. C'est dans ces remontrances qu'on doit insérer tout ce que le parlement a à répondre au mémoire de M. Necker.

Il paroît que le roi en effet a déclaré au premier président, que ce mémoire n'étant fait que pour lui, n'ayant été divulgué que par une trahison, il attendoit de la sagesse de son parlement qu'il ne statueroit rien dessus, & ne s'en occuperoit pas. Ce à quoi il se conforme, en s'abstenant de décréter l'auteur, comme il l'auroit fait; mais il ne compte pas moins en réfuter les assertions répréhensibles, & c'est ce dont sont spécialement chargés les commissaires nommés pour la rédaction des remontrances.

3 *Mai* 1781. On a déjà épluché le mémoire donné au roi par M. Necker en 1770, & il paroît la *Lettre d'un bon François*, brochure de 22 pages, où l'on en extrait les propofitions les plus répréhenfibles, afin d'exciter la vigilance des magiftrats, & de foutenir leur courage ébranlé par le crédit de leur ennemi.

4 *Mai* 1781. Les divers changements annoncés concernant l'adminiftration de l'opéra, n'ont pas eu lieu ; le comité eft compofé d'un plus grand nombre de perfonnes ; voilà toute la différence : il paroît que les chofes refteront en cet état encore pendant un an.

La feule retraite qui faffe fenfation jufqu'à préfent au théatre lyrique, eft celle de Mlle. Beaumefnil, danfeufe agréable, excellente muficienne, actrice non moins bonne. Elle réuniffoit beaucoup de talents. Elle avoit débuté le 27 novembre 1766 dans le rôle de *Sylvie*, de l'opéra de ce nom, & avoit dès-lors été jugée très-favorablement : elle a foutenu fa réputation ; & quoique plus propre aux rôles de la paftorale qu'à ceux de la tragédie, elle a eu du fuccès même dans celle-ci. La foibleffe de fon organe, & une certaine aigreur dans les fons de fa voix, font les feuls défauts qu'on lui ait reprochés.

Le fieur Durand s'eft auffi retiré : fa voix avoit fouvent mérité les applaudiffements du public, fur-tout avant l'introduction du nouveau fyftême de mufique à l'opéra. Son organe ne pouvoit plus fe déployer aux étranges modulations, ou plutôt aux criailleries des novateurs.

4 *Mai*. Avant d'extraire les propofitions du mémoire de monfieur Necker, préfentées au parlement par *le bon François*, comme dignes de fon animadverfion, il fait quelques réflexions fur

la manière dont cet écrit a percé dans le public; il trace au ministre des finances l'esquisse du discours qu'il auroit pu tenir au roi, si, au lieu de se rendre auprès de S. M., le délateur amer & secret de l'administration & de la magistrature, il eût uniquement voulu éclairer sa justice, émouvoir sa bienfaisance, défendre les droits de la nation, & engager le monarque à l'en faire jouir: i-en discute ensuite le plan & les principes; il prouve qu'ils tendent, au contraire à ébranler la constitution de la monarchie, & à la renverser jusque dans ses fondements. Tel est l'esprit de ce pamphlet vigoureux & patriotique.

5 *Mai* 1781. On commence à se louer beaucoup de M. de Ségur, qui affecte un zèle vif pour sa discipline militaire, & exige que les colonels aillent passer exactement les quatre mois de règle à leurs corps.

On ne vante pas moins l'excessive économie qu'il commence à introduire dans les diverses parties de son département: il est sur-tout décidé que les troupes ne voyageront pas aussi facilement qu'elles le faisoient.

Quoique toutes ces améliorations roulent sur le compte du ministre, on les attribue cependant au comité, à la veille de perdre le marquis de Poyanne, qu'on regarde comme ne pouvant aller loin, à raison d'une hydropisie de poitrine dont il est attaqué.

6 *Mai* 1781. Si M. Necker a des censeurs qui l'épluchent, sur-tout le contrarient & le traitent souvent très-durement, il a aussi des prôneurs, qui ne se lassent point de l'encenser. Voici de nouveaux vers à sa louange:

Disciple d'une loi qu'à Geneve on professe;
Insigne réformé, que l'église proscrit,
Que l'Europe révere & qu'un grand roi chérit;
On te voit à la fois servir par ta sagesse
Tes freres, le François, l'honneur & Jesus-Christ!
Et lorsque dans tout lieu la gloire te proclame,
Quand tes hautes vertus par leur célébrité
T'appellent dès ce monde à l'immortalité,
Qui peut douter encor du salut de ton ame?

6 Mai 1781. Le pere Vitot, augustin, Portugais de nation, dont on a exécuté le *Stabat* dans la semaine sainte, se proposoit de donner aux augustins du grand couvent, un concert spirituel de divers ouvrages latins de sa composition, les dimanche 29 & lundi 30 avril; il devoit ensuite toucher de l'orgue : on a trouvé peu convenable à la modestie d'un religieux de s'offrir ainsi en spectacle; il a été arrêté dans son projet par monsieur l'archevêque.

6 Mai. Dès 1720 le quartier de Gaillon, au-delà du rempart de la ville de Paris, depuis le fauxbourg Saint-Honoré jusqu'au fauxbourg Saint-Denis, a fixé l'attention du gouvernement, qui, à cette époque, projeta l'établissement d'un grand égout, & le percement de différentes rues; ce quartier a pris depuis 1760 un accroissement si considérable, que le roi a ordonné l'établissement d'une chapelle, succursale de la paroisse Saint Eustache, dont la construction a été autorisée par lettres-patentes du mois de septembre 1779, enregistrées au parlement. Il a aussi arrêté d'y transférer les capucins du fauxbourg Saint-Jacques.

C'est le sieur Bronguiart, architecte, qui a fourni les plans & dessins de l'église, approuvés & signés par le roi, & confirmés par lettres-patentes du 9 juin 1780, registrées en parlement le 29 août suivant. L'église & les bâtiments se construisent avec activité; on espere que le tout sera couvert à la fin de l'hiver prochain, & qu'aux fêtes de la pentecôte en 1782, la maison conventuelle sera habitée, & qu'on y célébrera la messe. Cet édifice sera d'un genre très-simple, mais noble, & sa position d'un accès facile & commode, par les rues anciennement ouvertes & celles qu'on doit ouvrir incessamment.

7 *Mai* 1781. Extrait d'une lettre de l'Isle-de-France, le 30 septembre 1780. « M. Maillart
„ Dumesle, notre ancien intendant, a imaginé
„ de faire construire dans cette isle & dans celle de
„ Bourbon des étuves à grains, pour conserver
„ ceux qu'elles produisent, sans être obligé de les
„ remuer, & en garder une grande quantité
„ dans un petit espace : double avantage très
„ économique.

„ Après les procédés nécessaires pour étuver
„ le grain, on le verse dans une caisse fabriquée
„ exprès : celles de l'Isle-de-France contiennent
„ trente-cinq milliers pesant de bled; il y en a
„ même deux qui contiennent chacune cinquante-
„ quatre milliers. Dans trois heures de temps
„ elles sont remplies, & se vuident de même
„ avec la plus grande facilité. Le grain une fois
„ renfermé dans ces caisses, on n'y touche plus,
„ & il n'exige aucun frais de main-d'œuvre pour
„ sa conservation.

« Nous savons que cet intendant à son retour en France, ayant voulu connoître ce qui résulteroit de l'embarquement des farines provenant de bled étuvé, a été très-satisfait de ses expériences. Il paroît qu'on a reconnu d'après ses observations, qu'il étoit préférable d'étuver les farines qu'on envoie dans les colonies, & que c'est l'objet des étuves établies dans le département de Bordeaux.

« Quoi qu'il en soit, nous consommons actuellement les bleds que M. Maillart a fait étuver en 1774 & 1775, & le pain qui en provient est excellent. Ainsi l'on doit lui avoir une très-grande obligation de sa découverte, d'autant plus essentielle dans ce pays, que des ouragants terribles viennent ravager nos moissons au moment où elles sont dans leur plus grande beauté. »

7 *Mai* 1781. On annonce encore un pamphlet contre M. Necker, intitulé : *Dialogue entre madame Necker, M. de Lessart & M. le marquis de Pezai.*

7 *Mai*. M. le Tellier, avocat de Chartres, conservoit depuis plus de vingt ans le manuscrit de *Zulime*, tragédie de M. de Voltaire, qui lui étoit tombé entre les mains, on ne sait comment. Les corrections nombreuses qu'il contient sont de la main même de l'auteur ; elles sont littéralement conformes à toutes les éditions qui ont précédé celle de 1772, dans laquelle on sait que Voltaire, âgé pour lors de 78 ans, a fait des changements à quelques-unes de ses pieces de théatre.

Les corrections de ce manuscrit doivent être regardées comme d'autant plus curieuses, qu'elles sont faites en interlignes ou sur cartons,

Ainsi, en même temps qu'elles donnent la liberté de lire les vers raturés, dont les vers corrigés ont pris la place, elles laissent appercevoir la merveilleuse facilité avec laquelle l'homme de génie, devenant en quelque sorte supérieur à lui-même, fait rompre & renouer rapidement le fil de ses idées, changer à son gré les nuances d'une passion, marquer la gradation de ses mouvements, & par-là découvrir & développer toute la magie de son art.

M. le Tellier, instruit que la bibliothèque de M. de Voltaire devoit passer du château de Ferney au palais de Pétersbourg, par les soins du baron de Grimm, ministre plénipotentiaire de la cour de Saxe-Gotha, & chargé de la confiance de l'impératrice de Russie en cette partie, lui a adressé ce manuscrit pour l'envoyer à cette souveraine, qui en reconnoissance vient de faire don à l'avocat d'une médaille d'or. C'est celle qu'elle a fait frapper en 1777, à l'occasion de la naissance du grand duc Alexandre Pawlowirsch. La face représente Catherine II, & le revers l'hommage qu'elle fait de son petit-fils à la divinité. La perfection de l'ouvrage annonce combien les arts deviennent florissants dans cet empire, tout-à-fait barbare avant le commencement du siecle, graces à la protection de l'auguste impératrice.

8 *Mai* 1781. *Madrigal.*

Pourquoi l'amour est-il donc le poison,
Et l'amitié le charme de la vie ?
C'est que l'amour est fils de la folie,
Et l'amitié fille de la raison.

9 *Mai*, C'est la famille de M. de Machault,

qui a jusqu'ici empêché l'évêque d'Amiens de donner à son zele tout l'essor qu'il vouloit prendre contre Voltaire & ses œuvres; enfin le prélat l'a emporté, & l'abbé de Fontenay, le rédacteur des feuilles des affiches de province, doit insérer en entier le mandement du prélat dans celle de demain. On craignoit que le censeur ne fît le difficile ; Mais c'est M. de Sancy, très-religieux, & qui n'a pas craint de se mettre à dos tout le parti encyclopédique.

C'est le jour de pâque que le mandement dont il s'agit a été lu au prône & aux prédications, dans les églises des villes du diocese d'Amiens; il n'y a que les curés d'Abbeville qui ont refusé de seconder les bonnes intentions du prélat : comme il est question dans ce mandement de la malheureuse catastrophe du chevalier de la Barre & de ses camarades, arrivée dans cette ville, ils ont craint d'exciter une trop grande fermentation : en sorte que l'évêque mécontent, leur intente un procès sur ce refus.

8 *Mai* 1781. Il y a quelques jours qu'au débotté à Marly, le roi se livrant à toute son indignation contre M. le marquis de Voyer, qui, par une cupidité indigne d'un homme de sa qualité & d'un lieutenant-général des armées du roi, fait un commerce très-lucratif de chevaux, tient la poste & l'auberge à sa terre des Ormes, lui reprocha toutes ces infamies en termes très-durs. On ne peut qu'applaudir au monarque, ami des mœurs & de l'honnêteté, quoique beaucoup de courtisans qui se trouvent dans le cas de reproches du même genre, se permettent de critiquer S. M. On présume que M. le duc de Chartres, auquel M. de Voyer a répondu avec beaucoup

de vivacité lors de l'assemblée au sujet des maisons du Palais-Royal, aura instruit le roi de toutes ces vilenies.

9 *Mai* 1781. C'est au sujet, en effet, de l'annonce dans les affiches de Picardie, imprimées à Amiens le 3 février, d'une édition nouvelle de toutes les œuvres de Voltaire, que le zele du prélat s'est échauffé. Il n'a pu tolérer les louanges honteusement prostituées à cette criminelle entreprise par le journaliste; & le faste philosophique du *Prospectus*, répandu avec la plus grande profusion, l'a indigné. Sa proscription est motivée, sur ce que ce coryphée des incrédules a opéré en France une affreuse corruption, & que ses œuvres tiennent le premier rang parmi les mauvais livres dont le royaume est inondé; sur ce, qu'il y en a eu dans le diocese même de l'évêque d'Amiens une preuve éclatante, lorsqu'une société de jeunes gens, abusée par le *Dictionnaire Philosophique*, afficha hautement l'irréligion & le scandale; ce qui conduisit l'un d'eux à l'échafaud & au bûcher. Vient ensuite une digression sur la maniere dont cet abominable auteur se formoit des disciples, & séduisoit son siecle sur ses écarts dans la religion, dans la philosophie, dans l'histoire, sur sa licence & son impiété dans ses poésies.

M. de Machault regarde le projet d'une collection complete des œuvres d'un pareil auteur, comme un attentat non-seulement contre la religion, mais contre la police civile, & le juge digne de la sévérité des loix, & de l'animadversion publique. Il s'éleve enfin contre l'annonce du prix proposé pour couronner les hommes studieux qui marcheront, dit-on, dans la noble carriere de Voltaire, d'un homme qui a abusé de tous ses talents pour se rendre le corrupteur de son siecle, & dont la mort, aussi détestable que la vie, l'a fait rejeter avec horreur de la sépulture chrétienne, qu'on n'a pu lui procurer que par subtilité dans un pays éloigné.

En conséquence, le fougueux évêque déclare à ses ouailles, qu'elles ne peuvent, sans se rendre coupables devant Dieu, ni souscrire, ni contribuer en aucune maniere pour l'édition du recueil abominable qu'on ose leur proposer : que les citoyens qui ont quelque autorité, ne seroient pas moins condamnables devant Dieu, en n'empêchant pas, autant qu'ils le pourroient, ce recueil de parvenir à ceux qui leur sont soumis.

Telle est l'analyse de ce mandement, où il y a plus de fanatisme que d'éloquence.

9 Mai 1781. Les amateurs de danse gaillarde sont fâchés de voir Mlle. Allard obligée de se retirer de l'opéra. Le comité n'a pu la tolérer plus long-temps. On avoit aussi congédié mademoiselle Peslin; mais celle-ci a trouvé grace. Il est certain que la premiere, grosse, courte & vieille, n'auroit pas dû attendre ce renvoi honteux; cependant après avoir fait long-temps les délices du public, & ne se montrant pas même encore sans exciter les applaudissements, elle méritoit d'être ménagée davantage. On a pris le prétexte qu'il falloit laisser prendre leur essor aux jeunes talents.

10 Mai 1781. Extrait d'une lettre de Bordeaux, du 5 mai. « Depuis que le parlement est obligé
» de laisser jouir M. Dupaty des honneurs,
» prérogatives & droits de sa charge, ne peut

» lui en contester les fonctions, il boude le
» public & ne juge point d'affaires, afin d'être
» dispensé de prendre sa voix. Les plaideurs
» gémissent, & toute la ville est indignée. La
» cour n'apporte aucun remede à ce désordre.
» *Senatus decipit, Consul videt & tacet.* J'ai
» oublié de vous marquer que le Grand Banc,
» à une procession d'usage, pour se dispenser de
» fraterniser avec M. Dupaty, s'est absenté de
» la cérémonie; en sorte qu'il y a présidé seul.
» Ses ennemis sont sur-tout furieux de se voir
» arrêtés par le roi, dans l'éclat qu'ils se pro-
» posoient de faire au sujet des pamphlets répan-
» dus à l'occasion de ce magistrat & de sa
» querelle. »

10 Mai 1781. L'abbé Maury, un peu humilié de son rôle à Versailles pendant sa station, affecte de dire aujourd'hui qu'il s'est justifié auprès du roi; que S. M. a reconnu qu'il ne lui en avoit point imposé au sujet de l'anec- dote des enfants - trouvés, & avoit bien voulu déclarer devant ses courtisans qu'elle s'étoit trompée. En conséquence il compte être dédom- magé de l'orage passager qu'il a essuyé, par une faveur insigne, & être fait évêque *in partibus*. Son ambition excessive de parvenir à la préla- ture, lui a fait suspendre ses démarches pour en- trer à l'académie. On lui a fait observer qu'on voyoit fréquemment des évêques devenir académiciens, mais qu'il n'y avoit point d'académicien devenu évêque. Ses rivaux sont indignés de voir le fils d'un savetier du Comtat, aspirer aux honneurs du corps épiscopal.

10 Mai. Il y a quelque temps qu'on a joué devant la reine, que sa grossesse empêche de venir

à Paris, *la Veillée Villageoise*: S. M. en a été si contente, qu'elle a fait donner aux auteurs 1,200 livres de gratification.

Ces jours derniers on a exécuté à Marly *les Vendangeurs*, où le pere *la Joie* chante les couplets suivants :

> Pour animer nos chansons,
>   La gaieté se passe
> De violons & de bassons,
>   Et de contre-basse.
> Mais l'ennui parmi les grands
>   Seche tant leurs ames,
> Qu'il faut beaucoup d'instruments
>   Pour ces grandes dames.

Ces couplets critiques & gaillards ont fort déplu à la cour, & il s'est élevé un murmure qui a fait remarquer la mal-adresse des auteurs de ne les pas avoir supprimés en pareille circonstance.

M. le comte de Maurepas, qui s'y est fait porter, & se faisoit répéter les paroles par madame de Flamarens à cause de sa surdité, a observé que c'étoit gai, mais polisson. On croit que si les auteurs n'avoient pas eu leur gratification, ils auroient couru risque de ne pas la toucher.

L'anecdote est d'autant plus singuliere, que la piece avoit déja été exécutée à Versailles le 10 novembre 1780, devant leurs majestés, sans qu'elle eût causé aucun scandale.

11 *Mai* 1781. Extrait d'une lettre de Marseille, du premier mai. « Ce qui a déterminé à préférer

« le corps municipal pour l'aliénation des ter-
» reins de l'arsenal de marine, ou plutôt ce
» qui a engagé celui-ci à en faire l'acquisition,
» c'est le projet d'y former une place pour
» élever au roi la premiere statue que l'amour
» des peuples lui ait décernée jusqu'ici. L'ins-
» cription doit être *à Louis - Auguste, Bien-
» faiteur de ses Sujets, Restaurateur de la Ma-
» rine, Protecteur du Commerce*. M. Malouet, le
» commissaire de sa majesté, n'a pas peu contri-
» bué à faire prendre consistance au projet, & en
» conséquence les députés du conseil munici-
» pal lui ont décerné le titre de *citoyen de Mar-
» seille*. »

11 *Mai* 1781. Extrait d'une lettre du Contrôle-Général, du 11 mai. « M. Necker n'a
» travaillé de la semaine avec personne, pas
» même avec son sergent d'affaires. (le sieur
» Hamelin, ainsi désigné dans les brochures.)
» On dit qu'il songe sérieusement à sa retraite,
» & que madame son épouse, malgré son ambi-
» tion, l'en presse vivement.

» On craint actuellement que ce ne soit pré-
» cipité, & que celui qu'on desireroit pour le
» remplacer, n'ait pas le temps de diriger toutes
» ses batteries. »

11 *Mai*. L'académie royale de sculpture &
de peinture, a perdu depuis quelque temps deux
sujets qu'elle regrette. L'un est M. Moitte,
graveur, qui, sans avoir rien d'original dans sa
maniere, n'étoit pas sans talents. Il est remarquable par quatre fils, tous entrés dans la carriere des
arts : l'un est peintre, l'autre sculpteur, le troisieme
s'est fait architecte, & le dernier succede au burin
de son pere.

Le second artiste mérite plus de détails. C'est M. Dumont le Romain, peintre d'histoire, reçu en 1728; il est mort octogénaire. La nature l'avoit doué d'un physique & d'un caractere plein de force & d'énergie. Il se jeta avec emportement vers la peinture; & curieux de se former sur les grands modeles de l'Italie, il entreprit le voyage à pied & sans argent. Son enthousiasme lui fit surmonter tous les obstacles, & ses talents, à son retour, lui valurent son admission à l'académie. C'est cette époque de sa vie qui lui a fait donner le surnom de *le Romain*. La vigueur de son ame passant dans son pinceau, le rendoit souvent dur; il étoit tranchant dans son coloris, qui manquoit de l'harmonie si admirable chez les grands maîtres. Il se plaisoit à présenter dans ses tableaux beaucoup de parties en raccourci, ce que l'on évite le plus possible, parce que ces tours de force sont rarement heureux, & nuisent toujours aux graces d'un ouvrage. Un des beaux de M. Dumont est dans les chartreux.

On reproche sur-tout à cet artiste de s'être arrêté trop tôt, d'avoir négligé de perfectionner de plus en plus son talent par une étude constante de la nature. Il paroît que son amour-propre l'a aveuglé, & le rendoit intraitable avec ses confreres; il repoussoit tout le monde; il portoit ce défaut jusque dans la société; en sorte que, malgré les qualités les plus essentielles, il étoit sans amis, & n'a pu se flatter de voir pleurer sa mort par personne.

11 *Mai* 1781. M. Poisson, frere de madame de Pompadour, successivement marquis de Vaudieres, de Marigny, & en dernier lieu de Menars, vient

de mourir des suites d'une goutte qui l'avoit tourmenté pendant long-temps ; & après lui avoir laissé quelques années d'intervalle, l'a enfin entraîné au tombeau.

12 Mai 1781. Extrait d'une lettre de Strasbourg, du 25 avril. « Vous êtes curieux de savoir au juste ce qui concerne le comte de Coliostro, dont depuis quelque temps les papiers publics parlent avec tant d'emphase. Il est arrivé ici au mois de septembre dernier ; il étoit sans suite & sans équipage : logé d'abord chez un simple bourgeois & fort simplement, l'on fit fort peu d'attention à lui. Ce ne fut que sur la fin d'octobre qu'il commença à avoir de la célébrité. On dit que c'étoit un homme de la premiere qualité, né en Arabie, lequel avoit des secrets merveilleux, & guérissoit toutes sortes de maladies sans aucune espece de rétribution, & que même il donnoit de l'argent aux pauvres qui en avoient besoin pour se médicamenter. C'est à cette époque que le public a couru en foule chez lui, & que, pour satisfaire à son empressement, il s'est monté avec magnificence dans un des quartiers les plus fréquentés de la ville, où il donne tous les jours des audiences publiques, depuis onze heures jusqu'à une heure.

« On ne peut nier qu'il n'ait fait de belles cures ; mais il a échoué dans d'autres, surtout à l'égard d'un sourd ; & il a fini par déclarer qu'il ne se soucioit plus d'entreprendre de surdité.

» Son remede favori consiste dans une liqueur qu'il donne par gouttes, & qui est à peu près le *Lilium* de Paracelse. Il a une

,, telle confiance en cet élixir, qu'obligé de
,, fortir de Ruffie, à ce qu'il dit, par l'effet
,, de la jaloufie du premier médecin de l'im-
,, pératrice, il lui propofa un duel d'un genre
,, nouveau ; c'étoit d'avaler réciproquement le
,, poifon le plus fubtil, compofé par l'adver-
,, faire, & de s'en préferver : le médecin Ruffe
,, n'ofa accepter.

,, Il eft vrai que M. le comte de Calioftro
,, diftribue gratuitement de fon élixir ; il eft vrai
,, qu'il n'a point reçu d'argent des malades qu'il
,, a traités : mais il a avec lui un chirurgien
,, Gafcon, qu'on paie ordinairement fort cher.

,, A l'égard de fa naiffance, il eft vifiblement
,, Sicilien, pour tous ceux qui ont voyagé en
,, Italie. Cet accent eft auffi aifé à reconnoître,
,, qu'en France l'accent Gafcon ou Normand.

,, On vient de dreffer un procès-verbal, con-
,, cernant un malade qu'il a traité depuis le 9
,, avril jufqu'au 1 mai, & il réfulte qu'il l'a ré-
,, duit à l'état le plus déplorable. ,,

13 *Mai* 1781. En attendant que le fallon qui doit s'ouvrir cette année ait lieu, on va voir à la bibliotheque du roi deux morceaux précieux, dont les connoiffeurs impartiaux parlent avec enthoufiafme. L'un eft une ftatue de M. Houdon : une *Diane* exécutée en marbre, dont on avoit déja admiré le modele ; elle s'éleve au milieu des rofeaux qui fléchiffent mollement fous fes formes arrondies. L'autre un tableau de M. Bonnieu, qui repréfente *Adam* & *Eve* bannis du paradis terreftre : la profonde douleur de l'homme, accablé fous le poids du repentir ; celle de la femme, qui n'eft que troublée & confufe, font parfaitement différenciés. L'artifte a eu le ta-

lent de rendre la nudité d'Eve si pure, qu'il y a tout lieu de croire que les envieux parmi ses confreres ne trouveront aucun prétexte pour l'exclure de l'expofition prochaine.

13 *Mai* 1781, Monfieur le curé de Saint Sulpice actuel, pourfuivant avec le même zele que fes prédéceffeurs la fuperbe bafilique commencée fous M. Languet, vient de l'orner d'un buffet d'orgues, le plus vafte & le plus riche en décorations qu'on ait encore vu ici. Les amateurs fe plaignent même, qu'ayant moins d'égard à l'oreille qu'à l'œil, on ait plus fongé à l'embelliffement de cet inftrument qu'à perfectionner fon harmonie. Quoi qu'il en foit, le mardi 15 meffieurs Couperin, Balbaftre, Sejeau & Charpentier en feront la réception : le temps n'étant point fuffifant pour faire toucher meffieurs les profeffeurs, meffieurs Luce, l'organifte de la paroiffe & Clicot, le facteur de l'orgue, les invitent pour le lendemain. Déja la foule des amateurs fe difpofe à fe rendre à un pareil fpectacle, & la piété du pafteur, l'a obligé de prendre toutes les précautions que lui a dictées fon zele pour empêcher le tumulte & les applaudiffements trop bruyants, qui troubleroient la majefté du lieu faint.

13 *Mai.* Cette nuit le feu a pris à une maifon fife rue des foffés Montmartre, près la place des Victoires, par l'imprudence d'un domeftique. Dans cette maifon logeoit M. Nogaret, receveur des domaines & bois de M. le comte d'Artois. C'étoit un curieux qui avoit un riche cabinet, & fur-tout des tableaux précieux. On craint bien qu'ils n'aient été la proie des flammes. M. Racine, intendant général des finances de *Monfieur*, habitoit la même maifon.

14 *Mai.* On parle toujours de la retraite de M. Necker, & l'on pense aujourd'hui que c'est lui-même qui profite de la fermentation élevée par ses ennemis pour la demander, & se retirer adroitement d'un poste qu'il a rempli jusqu'ici avec gloire. Il sent bien que l'illusion se dissiperoit si la guerre duroit, & si, obligé d'en venir à des moyens extrêmes, il ne pouvoit plus laisser les peuples dans la sécurité où ils sont. Afin de se faire encore mieux regretter, si cet événement a lieu, il vient de promulguer des lettres-patentes, données à Versailles le 22 avril, & enregistrées en parlement le 11 mai, concernant l'hôtel-dieu de Paris, & les changements avantageux qu'il y veut introduire. Cet acte de bienfaisance, sur-tout envers les classes inférieures de la nation, est bien propre à s'en faire regretter, & à causer une grande sensation auprès de ceux qui ne conoissent pas le faux de ses opérations, & leur danger pour l'avenir.

14 *Mai* 1781. M. Pitra, l'auteur des paroles d'*Andromaque*, opéra dont M. Gretry a fait la musique, avoit conservé le dénouement de Racine, autant que le comportoit le genre du spectacle pour lequel il avoit travaillé. Il a cru s'appercevoir qu'obligé d'étrangler les deux superbes scenes de la tragédie, il en résultoit de la langueur; ce qui avoit empêché le succès complet de l'ouvrage. En conséquence, il a imaginé que, par une innovation heureuse, s'il dérosoit *Pyrrhus* avec *Astianax* aux fureurs des Grecs, il produiroit un intérêt plus attendrissant & plus doux, & se ménageroit des fêtes & des danses plus favorables au théatre lyrique, & si désirées des amateurs. C'est ainsi qu'on va remettre

Tome XIII.   H

Andromaque, & les connoisseurs jugeront si le poëte a bien trouvé la cause véritable du peu de succès de cet opéra.

15 Mai 1781. L'objet des nouvelles lettres-patentes concernant l'hôtel-dieu, & sur-tout de remédier à l'inconvénient affreux dont on se plaint depuis si long-temps, de faire coucher jusqu'à sept & huit dans un lit des personnes attaquées d'infirmités différentes, & des malades avec des mourants & même des morts : en conséquence il doit être disposé de maniere qu'il puisse contenir au moins trois mille malades couchés seuls, & placés dans des salles séparées, suivant les principaux genres de maladies, & en observant encore que les hommes & les femmes soient mis dans des corps de logis distincts, & qu'il y ait des promenades & des salles particulieres pour les convalescents.

Ce nombre sera plus que suffisant, puisque celui commun des malades réunis annuellement à l'hôtel-dieu & à l'ôpital de Saint-Louis, est au plus de 2,400 à 2,500. Il peut augmenter, il est vrai, lorsque l'on n'en sera pas repoussé par la crainte de maux plus grands que ceux qu'on éprouve, ou de secours dégoûtants ; mais d'un autre côté, on l'a diminué, en préparant des infirmeries dans tous les hôpitaux destinés aux valides, & en formant quelques hospices assignés particuliérement aux paroisses : d'ailleurs le plus grand ordre à résulter des nouveaux plans, rendra les maladies moins longues ; & en procurant une plus grande circulation de malades, il s'en trouvera une moindre quantité à la fois. Enfin, les nouveaux réglements dont on s'occupe, remédieront aux abus & usurpations du vice ou de la paresse sur les véritables malades.

Cependant pour subvenir à la possibilité d'une trop grande foule excitée par le meilleur traitement, on ménagera un espace qui pourra contenir 1,000 malades de plus, mais placés comme ils le sont actuellement, jusqu'à ce qu'on puisse faire mieux. L'ôpital Saint-Louis sera toujours réservé pour les maladies susceptibles de contagion, ou pour servir de supplément dans des circonstances extraordinaires.

Quant aux arrangements pécuniaires, M. Necker évalue la dépense de chaque journée de malade à vingt sous, & sur ce pied a calculé que l'hôtel-dieu avoit des revenus suffisants pour subvenir à peu près à 3,600 journées de malades : il prétend que le surplus se paiera par l'augmentation des revenus de la maison, lorsqu'elle vendra ses immeubles, par le zele & le désintéressement des administrateurs, par les charités qu'excitera le spectacle d'une administration plus humaine & mieux entendue. Du reste, S. M. veut donner les secours qui lui paroîtront nécessaires.

La dépense extraordinaire & momentanée pour effectuer les nouveaux arrangements, soit à l'égard des constructions, soit des immeubles & ustensiles à acquérir, n'excédera pas 600,000 livres, suivant l'évaluation faite aussi par M. Necker. Le roi y pourvoira, ainsi qu'il l'a fait, à l'égard des nouvelles prisons, sans rien détourner de son trésor royal. Il y destine, 1°. un fonds qui lui est particulier & mystérieux, (puisqu'on ne l'assigne pas.) 2°. Les droits que l'archevêque de Paris avoit acquis sur cette capitale, mais qu'il a cédés en partie à S. M., & consacrés à un établissement d'utilité publique: 3°. le montant des offres que les fermiers généraux, les administrateurs des domaines & les régisseurs généraux ont reçu l'insinuation de faire à la signature de leur dernier traité, également dans la vue de quelque objet charitable.

Dans l'espoir d'exciter plus efficacement l'activité des chefs dans toutes les parties de cet hôpital, les états de situation de l'hôtel-dieu seront imprimés tous les ans à l'imprimerie royale, & aux frais du roi ; ils contiendront le nombre des journées des malades reçus & traités pendant l'année, ainsi que la quantité des personnes attachées & employées au service dudit hôpital; & les recettes & dépenses de toute nature, avec des observations sur tous les objets qui en seront susceptibles.

Lesdites lettres-patentes sont précédées d'un long préambule rempli de *pathos*, & qui excite l'attendrissement des lecteurs, plus occupés à sentir qu'à réfléchir.

15 *Mai* 1781. Il passe pour constant que M. Necker a déclaré au roi, dimanche à Marly, qu'il n'avoit aucun travail de prêt à apporter à S. M., & qu'en même temps il lui a présenté un mémoire relatif à sa position, où après s'être de nouveau justifié des reproches dont on le charge, il lui a fait sentir, pour le bien même du royaume, la nécessité d'accepter sa démission qu'il avoit l'honneur de lui présenter; ou, en le couvrant d'une protection éclatante, d'intimider ses ennemis de façon à ce qu'ils ne revinssent plus à la charge contre lui. On ajoute que le roi a pris le mémoire & la démission. Depuis M. Necker est resté dans la même inaction, &

tout le public est dans l'attente. La bourse s'en est ressentie hier par une baisse assez sensible. On le dit mandé aujourd'hui à la cour, & l'on espere sortir de cette incertitude, qui alarme les bons patriotes.

16 *Mai* 1781. M. Necker est revenu très-satisfait de Marly ; il a dit en riant à son ami Hamelin : » ah ça ! nous pouvons actuellement travailler » ensemble avec sécurité. » Le bruit est qu'il a déterminé le roi à le faire entrer au conseil : & par cette haute faveur, non-seulement d'en imposer à ses puissants ennemis, mais de le mettre en état d'y défendre ses projets.

16 *Mai*. M. Pitra, dans son nouveau dénouement de l'opéra d'*Andromaque*, ayant paru vouloir faire porter tout l'intérêt sur le fils de cette princesse, les connoisseurs s'accordent à convenir qu'il auroit fallu aussi changer le titre, & y substituer le nom d'*Astyanax*. En effet, il en résulte une autre tragédie, qui fait perdre de vue totalement Racine. De-là un effet très-imposant, tant par le spectacle que par plusieurs morceaux de musique fort applaudis : de-là aussi quantité d'invraisemblances qui détruisent la fable entiere : en un mot, beaucoup d'absurdités en faveur de la magnificence & du chant ; ce qui arrive souvent au théatre lyrique, & faisoit dire au sévere Despréaux, à l'officier qui donnoit les places : » *Mon-* » *sieur, mettez-moi dans un endroit où je n'entende* » *que la musique.* »

Quant à la musique, on trouve que M. Gretry a quitté son style & sa maniere ; qu'il a voulu se rapprocher alternativement & du chevalier Gluck, & de M. Piccini ; & qu'inférieur à tous deux, il n'a ni l'énergie du premier, ni le chant gracieux du second.

17 Mai 1781. Depuis long-temps une partie des physiciens regardoient l'électricité comme un remede puissant : une autre partie nioit qu'elle fût utile en médecine. Ce problême ne pouvant se résoudre que par des observations nombreuses, entreprises & suivies avec soin, sans partialité, sans prévention, le gouvernement desirant qu'un objet aussi important, intéressant autant le bien général de l'humanité, fixât l'atention de la société royale de médecine, nouvellement établie sous son influence, & destinée à être spécialement dirigée dans ses vues; cette compagnie nomma en 1778 le docteur Mauduyt, l'un de ses membres, comme le plus propre à se charger de cette partie de ses travaux, & de lui en rendre compte. Le roi approuva ce choix, & M. le directeur général des finances lui accorda par ses ordres une gratification annuelle & forte en proportion des frais indispensables attachés à son travail.

Au commencement de 1780, M. Mauduyt ayant lu dans les séances de la société un mémoire qui contenoit l'histoire du traitement électrique, administré depuis deux ans à 82 malades, la compagnie chargea les docteurs Geoffroy, Lorry & Andry de l'examiner en particulier, & de lui en rendre compte.

Le résultat fut que l'électricité est un moyen de soulager & de guérir la paralysie, qu'elle peut être employée avec avantage dans le traitement des différentes maladies de cette espece; mais qu'il étoit nécessaire de multiplier les faits propres à réaliser cet espoir, & sur-tout à déterminer la méthode d'employer avec toute l'efficacité possible un pareil agent. En conséquence M. Mauduyt fut chargé de poursuivre ses recherches & ses découvertes.

Au commencement de 1781, ce docteur a rendu un nouveau compte, & l'on en a été si content, que M. le directeur-général des finances lui a écrit une lettre pour lui apprendre que S. M. veut bien lui continuer, pendant quatre ans encore, le même traitement.

17 *Mai* 1781. M. Bonnieu soutient parfaitement dans son nouveau tableau d'*Adam & Eve*, la haute réputation que lui avoit déja faite sa *Betzabée*. Cette fois il s'est élevé jusqu'aux grandes & belles proportions de l'antique : la femme est superbe, elle est en marche & dans la nudité parfaite qui caractérise la mere du genre humain. Elle n'est couverte que de ses cheveux ; & l'artiste, pour éviter le moyen trivial d'une feuille sur les attraits secrets, les dérobe à l'œil par cet ornement, dont les boucles ondoyantes reviennent en avant, & lui servent de voile à cette partie de son corps ; ce qui dans le fait se rapproche ingénieusement de la vérité. Du reste cette figure, quoique droite, présente les contours les plus moëlleux, les formes les mieux arrondies : elle est pleine d'une grace ingénue : les chairs sont vivantes, & tout le physique du corps est supérieurement déssiné. L'expression de la tête seroit sans doute très-susceptible de critique ; elle n'est pas à beaucoup près d'une douleur proportionnée à la circonstance. Le peintre l'a voulu réserver toute entiere pour l'homme, qui de la main se couvre le visage, & marque ainsi sa confusion, ses remords & son désespoir ; il est assis ; & cette attitude, ainsi que le coloris

de sa carnation, contraste très-bien avec l'autre figure, & contribue à la faire sortir davantage.

On voit dans le lointain l'ange qui les a chassés du paradis terrestre, & en garde encore la porte, le glaive à la main. Cette figure, aussi petite, aussi dérobée que celle du David dans le tableau de Betzabée, est beaucoup plus pardonnable en ce qu'elle n'est qu'accessoire, pour indiquer le moment de la situation, que ce n'est pas un acteur principal, & que d'ailleurs la perspective permet de l'éloigner autant que l'on veut : ce qui ne pouvoit se supposer de la part du roi prophete, devant être assez près de Betzabée pour découvrir tous les charmes, & s'enflammer à leur vue.

17 *Mai*. Le grand-conseil jouissant assez paisiblement de sa jurisdiction depuis quelque temps, n'est plus tourmenté que par le parlement de Dijon, relativement à l'attribution qui lui a été faite des affaires de l'ordre de Malte. Elle cause tant de jalousie à cette cour, qu'elle a deux députés à Paris, chargés de suivre cette affaire avec chaleur.

Au surplus le grand-conseil voit avec une satisfaction secrete la fermentation élevée dans le sein du parlement de Paris au sujet de M. Necker, & il espere tirer avantage de l'humiliation ou de la résistance de cette cour.

18 *Mai 1781*. Contre l'usage de l'opéra on avoit annoncé hier le début de Mlle. Buret cadette, dans le *Devin de village* : ce qui a réveillé la curiosité des amateurs. On s'est informé qui elle étoit : on a su que c'étoit une des demoiselles Bubelin, jouant avec succès sur un théatre bourgeois de Paris très-bien monté, composé &

subsistant depuis plusieurs années. Son début en est devenu plus curieux & plus piquant. Elle a rempli le rôle de *Colette* assez mal, quant à la partie du chant, mais n'a point été embarrassée comme actrice ; malgré sa timidité elle n'a nullement eu l'air gauche. Sa voix naturellement foible, a acquis de la vigueur pour chanter l'ariette Italienne du seigneur Bertoni, substituée à celle de Jean-Jacques Rousseau. Elle a reçu beaucoup d'applaudissements dans cet air de bravoure, où son organe a paru très-flexible & plein d'agrément : ses sons sont brillants dans le haut ; il est fâcheux que le *medium* n'y réponde pas. L'opéra donne 4,000 livres à ce sujet, quoique assez mince à ce qu'on voit.

18 *Mai* 1781. M. l'abbé Raynal s'étoit long-temps défendu d'avouer comme sien le livre de *l'Histoire philosophique du commerce & des établissements Européens dans les deux Indes* : depuis quelque temps en le reconnoissant, il avoit du moins eu la précaution de ne pas mettre son nom à la tête : enfin l'amour-propre l'a emporté ; il a voulu jouir de toute sa gloire, & il en paroît une édition nouvelle, où l'on lit au bas, *par M. l'abbé Raynal*. On avoit dit que son intention étoit de purger cette édition de tous les morceaux de déclamation capables d'offenser le clergé & le gouvernement : point du tout. On prétend, au contraire, qu'il les a augmentés & renforcés ; en sorte que le bruit a couru qu'il étoit à la Bastille. Ce bruit s'est soutenu pendant quelque temps ; on a lieu de croire aujourd'hui qu'il est faux.

18 *Mai*. M. Mauduyt, pour une plus grande authenticité de son traitement des maladies dif-

férentes de la paralyſie par l'électricité, a lu dans la ſéance de la ſociété royale de médecine, tenue au Louvre le 20 avril dernier, un avis donné du public par ce médecin, où il déclare qu'il continuera pendant quatre ans à traiter gratuitement les malades qui ſe préſenteront dans des cas où l'électricité pourra leur être utile. Ces cas ſont en général le rhumatiſme, ſoit ſimple, ſoit goutteux ; le rachitiſme des enfants, le lait épanché, les ſcrophules ou écrouelles, la cataracte commençante, la goutte ſereine récente, la ſurdité, &c. Il ajoute que ce traitement à ſa connoiſſance, même en ne réuſſiſſant pas, n'a encore occaſioné aucun mal réel. Afin d'inſpirer plus de confiance aux malades, ce docteur apôtre de l'électricité médicale n'en admettra aucun ſans avis de ſon médecin ou de tout autre.

Le compte rendu par pluſieurs aſſociés & correſpondants de la ſociété, ſoit regnicoles, ſoit étrangers, d'eſſais dans le même genre, confirmant le ſyſtême & les ſuccès de M. Mauduyt, eſt un préjugé de plus en plus favorable.

M. Vicq d'Azyr, ſecretaire perpétuel de la ſociété de médecine, eſt intervenu le 22 avril, & a donné un certificat à M. Mauduyt, par lequel il atteſte que la compagnie a approuvé ſon avis, & a deſiré qu'il fût rendu public.

19 *Mai* 1781. On eſt plus inquiet que jamais au ſujet de M. Necker. Les conditions principales qu'il exigeoit pour reſter dans ſa place, étoient d'entrer en conſeil, & d'obtenir un lit de juſtice pour l'enrégiſtrement des lettres-patentes concernant l'aſſemblée provinciale de Moulins : il paroît que ſes ennemis l'ont emporté, &

comme le roi a mis néant à ses demandes, on ne doute pas qu'il ne donne aujourd'hui sa démission.

19 Mai. Un imprimeur de Toulouse, nommé Rayet, ayant contrefait les *Contes Moraux*, du vivant & sans le consentement de l'auteur, toute l'édition a été saisie & mise au pilon ; & par arrêt du conseil du 20 avril, il a été condamné à 6,000 livres d'amende, dont 2,000 livres au profit de l'auteur, M. Marmontel, & le surplus à tel usage qu'il plaira à S. M. ; M. de Neville a voulu par cet acte de vigueur, en maintenant ses arrêts nouveaux du conseil concernant la librairie, objets de tant de réclamations & de scandales, prouver combien il est zélé pour conserver aux auteurs leur propriété, bien loin de l'attaquer, ainsi qu'on l'en accuse.

20 Mai 1781. M. Houdon, pour s'écarter de ses confreres, qui depuis peu nous ont offert plusieurs Dianes, a représenté la sienne en chasseresse & en action. Le svelte est son attribut brillant. Elle marche. Elle est censée traverser un marais ; & pour mieux le franchir, s'appuie sur un buisson de roseaux qu'elle rencontre. Rien de plus charmant que cette figure, où les spectateurs trouvent réunies la légéreté, la noblesse, la pudicité, les graces & la beauté. Son arc, ses fleches sont d'un fini précieux ; mais la position hardie où l'artiste l'a placée, étonne sur-tout les connoisseurs. Le marbre d'ailleurs est d'une blancheur éblouissante, d'une pureté qui répond à merveille à celle de la déesse.

20 Mai. Rien de plus certain aujourd'hui que la démission de M. Necker, donnée hier & acceptée. On est persuadé que c'est madame la du-

cheffe de Polignac qui, trompée par les ennemis du directeur général, lui a porté les derniers coups, & qui, en lui ôtant la protection de la reine, l'a laissé sans appui auprès du roi. C'est M. de Fleury de la Valette qui le remplace. Tout le parti du comte de Maurepas s'en félicite, & reproche au directeur général expulsé son ingratitude envers son bienfaiteur. Les honnêtes gens, qui ne sont d'aucune cabale, gémissent, en ce qu'ils ne doutent pas que cet événement ne fasse tort au royaume, & ne réjouisse nos ennemis.

20 *Mai* 1781. Le mémoire présenté au roi par M. Necker en 1778, est toujours très-rare. On n'en a imprimé que douze exemplaires, pour être envoyés aux gens qui avoient intérêt de le connoître & de le réfuter. D'ailleurs, c'étoit une tournure pour prétexter & en favoriser la dénonciation. Aujourd'hui le parlement est le plus actif pour en empêcher la publicité & la réimpression : comme il n'est pas extrêmement long, & n'a guere qu'une feuille d'impression, beaucoup de gens l'ont copié. On ne peut nier qu'il n'y ait des choses excellentes, spécieuses, des morceaux écrits éloquemment : cependant on peut aussi lui reprocher du bavardage, de l'incohérence dans les idées, des contradictions, au point de fournir à quiconque voudroit le réfuter, des moyens, des raisonnements, des principes tirés même de l'ouvrage, & qu'on tourneroit contre l'auteur. Au surplus, ce qu'il contient de meilleur, c'est le portrait des intendants, la critique de leurs fonctions, du genre de leur administration dans l'assiette des impôts. Et tout cela est tiré des superbes remontrances de la cour des aides, en 1775.

21 *Mai* 1781. Extrait d'une lettre d'Amsterdam, du 17 mai. « Nous sommes ici enchantés de notre nouvelle liaison avec la France; nous exaltons le regne de Louis XVI, qui gouverne sans maîtresse; ce qui n'étoit pas encore arrivé chez vous depuis 140 ans. On boit dans nos compagnies publiques & particulieres à sa santé, & ensuite à celle de M. de la Motte-Piquet. On chante continuellement des chansons à la gloire des François; le bas-peuple, en langue flamande; les gens comme il faut, dans la vôtre. Voici une chanson faite récemment en l'honneur du chef-d'escadre dont je viens de vous parler, & au sujet de sa capture du 2 de ce mois. Elle est maligne & gaie; vous la trouverez digne de vos Collet & de vos Beaumarchais de Paris. »

Les Suites de la prise de Saint-Eustache.
Sur l'air : *il n'y a qu'un pas du mal au bien.*

Grande est la derniere victoire
Du fameux amiral Rodney;
L'univers en est étonné,
Saint-Eustache comble sa gloire :
Voyez quel bonheur est le sien,
Il a tout pris & ne tient rien.

Il étoit entré sans obstacle
Dans un fameux port Hollandois,
Où chacun croyoit être en paix.
Quel trait de valeur ! Quel miracle !
Voyez quel bonheur est le sien,
Il a tout pris & ne tient rien.

Pour montrer qu'en faisant la guerre,
L'Anglois agissoit galamment,
Il avoit généreusement
Tout embarqué pour l'Angleterre,
Voyez quel bonheur est le sien,
Il a tout pris & ne tient rien.

Tout le butin de Saint-Eustache
Que croyoient tenir les Anglois,
Repris par un brave François,
Leur a passé sous la moustache:
Piquet l'a pris, Piquet le tient,
Et ce qu'il tient, il le tient bien.

21 *Mai* 1781. Il paroît constant que les trois conditions mises par M. Necker pour reprendre sa démission étoient, 1°. son entrée au conseil, ou du moins aux comités secrets des affaires d'état : 2°. des lettres de jussion & un lit de justice, s'il le falloit, pour l'enrégistrement de l'édit de création des administrations provinciales : 3°. la punition de M. Gueaux de Reverseau, intendant de Moulins, qui avoit traversé les vues du directeur-général lors de l'établissement de l'assemblée de cette province, qui avoit cabalé pour la rendre inutile, & la faire dissoudre l'année derniere.

M. Necker, ayant remis mardi ces conditions, suites du mémoire qu'il avoit fourni au roi le dimanche, s'étoit flatté par l'accueil de S. M. qu'elles seroient acceptées. Les choses avoient changé de face dans l'intervalle. On a prétendu que les adversaires de M. Necker avoient cherché à lui aliéner la reine par l'entreprife de madame la duchesse de Polignac, en lui faisant sentir le danger de recevoir ainsi la loi d'un étranger parvenu, guidé moins par le bien public que par son ambition.

M. Necker étant revenu vendredi à Marly pour travailler avec le roi, ne put le voir. Il fut chez M. de Maurepas, qui ne l'admit point en sa préfence, & s'excufa fur une attaque de goutte: il passa chez la reine, où il resta quelques minutes. S. M. lui conseilla de revenir le lendemain chez le comte de Maurepas; ce qu'il fit. Ce ministre lui dit que le roi acceptoit sa démission: ce fut un coup de foudre pour le directeur-général, qui, atterré, tourna le dos & alla chez le marquis de Caftries, fon ami, pour y recevoir quelque confolation; delà il revint à Paris. Il eft réfugié à fa maifon de Saint-Ouen. *Sic tranfit gloria mundi!*

21 *Mai* 1781. Les comédiens Italiens donnent demain la premiere repréfentation du *Printemps*, divertiffement paftoral en un acte & en vaudevilles. C'eft encore une production de MM. Auguste de Piis & Barré, qui fe propofent fans doute de peindre ainfi fucceffivement les quatre faifons. Il ont commencé par l'Automne, dans les *Vendangeurs*; l'Hiver a fuivi dans *la Matinée & la Veillée Villageoife*: les voilà à la troifieme aujourd'hui. On ne parle pas, au furplus, de celle-ci auffi favorablement. La piece a été exécutée à Marly, & il paroît qu'elle n'y a pas été fort goûtée.

21 *Mai*. Le parlement avoit retardé le travail de ses remontrances, dans l'efpoir que le directeur-général des finances ne refteroit pas

long-temps en place : aujourd'hui qu'il est satisfait, il est à croire qu'il en demeurera-là. Voici, au surplus, les propositions sur lesquelles il devoit insister le plus, & l'esquisse du travail de M. Necker sous le point de vue attaquable.

« Les intendants abusent, les parlements gênent, les anciens corps offrent des obstacles & des résistances à l'autorité : réformer & restreindre les premiers ; réduire les seconds au seul métier de juges ; abroger toute forme, toute dénomination, toute trace d'anciens états & de leurs prétentions, en les remplaçant par des administrations locales & de choix, qui s'assembleroient rarement, qui n'offriroient jamais de résistance, qui ne pourroient que faire des observations rapides de trois ans en trois ans, qui seroient faciles à corrompre ; & qui au besoin deviendroient un moyen *de force*, pour convertir & corriger la constitution actuelle de la Bretagne, du Languedoc & de l'Artois.... » Voilà ce qu'on appelle dans le mémoire un premier pas à l'amélioration générale.

22 *Mai* 1781. De Londres, le 11 mai. « Sa majesté Britannique, toujours disposée à favoriser les progrès des lumieres, vient de donner les ordres les plus précis pour préserver des dangers de la guerre M. Foucherot architecte, & M. Fauvel peintre, que M. de Choiseul Gouffier, auteur du *Voyage pittoresque de la Grece*, a envoyés sur les lieux, afin d'ajouter de nouvelles recherches à celles qu'il a déja faites lui-même, & de contribuer par leurs talents à perfectionner de plus en plus ce bel ouvrage. »

22 *Mai* 1781. Le sujet du *Printemps* consiste dans l'indifférence de deux jeunes bergeres, qui ne pouvant résister à la constance de leurs amants, à l'exemple de leurs compagnes & à la fermentation que la saison occasione dans leur sang, finissent par reconnoître le pouvoir de l'amour. On voit que ce sujet est très-simple : aussi les moyens en sont petits & mesquins ; cependant la gaieté des tableaux, le spectacle, & l'habitude d'applaudir les auteurs, ont soutenu l'ouvrage, & on a fait répéter plusieurs couplets.

23 *Mai* 1781. Les amateurs, en général, ne sont point contents de l'orgue de Saint Sulpice : malgré le talent des grands maîtres qui l'ont touché, ils l'ont trouvé extrêmement dur, & ne produisant qu'une sensation désagréable à l'oreille.

23 *Mai*. L'engouement pour M. Necker s'est manifesté dans le public, dès le premier moment de sa disgrace. Le dimanche, où la nouvelle s'en répandit, on jouoit aux François *la Partie de Chasse de Henri IV*. On sait qu'il est beaucoup question de Sully ; qu'en un endroit, après lui avoir pardonné, le roi s'écrie : *les malheureux, ils m'ont trompé !* une voix du parterre a répondu : *oui, oui* ; & à l'instant mille voix l'ont répété. Ce même tumulte a recommencé à chaque phrase où il étoit question de Henri.

On a bientôt rendu compte à M. le lieutenant-général de police de ce brouhaha, & les comédiens, pour se justifier auprès de lui, ont été obligés de lui députer quelques-uns de leurs membres chargés du répertoire, par lequel ils ont prouvé que le hasard seul avoit causé cet à-propos, & que la piece étoit indiquée dès le commencement de la semaine pour ce jour-là.

A l'opéra, le même jour M. le bailli du Rollet étant dans le foyer, ne sembloit pas de l'avis de beaucoup d'autres, & traitoit assez mal M. Necker : un chevalier de Saint Louis présent, s'est écrié qu'il n'y avoit qu'un J.. F... capable de tenir un pareil propos : comme il n'étoit pas direct au bailli, il a jugé plus sage de faire une pirouette & de s'en aller. Le militaire est un sieur le Noir de Rouvray, frere du notaire de ce nom, grand intrigant, & qui avoit ses raisons sans doute pour parler ainsi.

Enfin le sieur Bourboulon ayant paru au Palais-Royal, s'est bientôt vu entouré, suivi, & a été hué au point qu'il a fallu qu'il sortît de la promenade.

24 *Mai* 1781. M. Joly de Fleury de la Valette a paru résister qulque temps aux volontés du roi ; enfin il s'est rendu & a pris le portefeuille ; mais *par interim* seulement. Il n'a aucun titre : il n'a point prêté de serment, & a déclaré aux receveurs & fermiers généraux qui ont été à son audience, qu'il ne remplissoit cette place que par soumission aux ordres du roi, & pour essayer ses forces. Du reste, il leur a ajouté qu'il suivroit les errements de M. Necker, & tiendroit religieusement tous ses engagements ; il l'a fait dire aussi à la bourse..

24 *Mai*. Quelques écoliers du college d'Harcourt, ayant choisi un jour de congé le château de Belle-vue pour leur point de promenade, eurent de la peine à y entrer, parce que mesdames y étoient ; mais ces princesses toutes bonnes ayant su les difficultés que le suisse leur faisoit, ordonnerent qu'on les laissât aller dans les jar-

dins. Le roi étant venu, mesdames en voulurent amuser S. M., qui les fit jouer aux barres, & se constitua juge du camp. Ces jeunes gens ayant disparu pour aller manger à l'auberge où le repas étoit commandé, il vint un courier des princesses qui leur annonça qu'elles leur avoient fait préparer à dîner, & qu'elles les attendoient. N'ayant pu jouir de cet honneur, parce qu'ils n'avoient plus faim, ils revinrent & eurent la liberté d'entrer dans les appartements, & de voir jouer le roi au trictrac. S. M. les interrogea & voulut savoir quels ils étoient, l'un après l'autre; & comme tous portoient des noms connus : « Je connois tous ces noms-là, dit-elle ; ils me » rappellent des gens qui ont bien servi l'état; » je ne doute pas qu'à votre tour vous n'en » fassiez autant. » Le roi causa familiérement avec eux, les fit goûter, & leur donna rendez-vous pour le Landi, fameux jour de vacance dans les colleges, qui arrive au mois de juin. Cet événement fait une grande sensation dans le pays Latin, & tous envient le bonheur de leurs camarades. La familiarité des princesses & du roi allume déja dans ces jeunes cœurs l'amour de leur souverain & de la famille royale. Quelques congés accordés par le monarque doivent s'employer agréablement à le célébrer dans leurs innocentes orgies, & à chanter ses louanges.

25 *Mai* 1781. Un nouveau pamphlet répandu depuis peu, a désolé M. Necker plus qu'aucun autre, par le ton leste qui y regne, par le ridicule qu'il verse à grand flots sur lui & son parti, par la hardiesse avec laquelle il nomme chacun de ceux qui prônent à la cour ce directeur, &

dévoile les motifs qui les font parler. C'est une brochure de 44 pages, gros caractere in 8°., intitulée: *Lettre de M. le Marquis de Caraccioli à M d'Alembert*, en date du premier mai. On l'attribue au sieur de Beaumarchais, à raison de son extrême méchanceté.

25 *Mai* 1781. Extrait d'une lettre de Versailles, du 23 mai 1781. La démission de M. Necker a fort affligé sa majesté ; elle a été enfermée avec la reine pendant une demi-heure lors de cet événement, & l'on ne savoit ce qui en arriveroit. Il paroît que la hauteur seule qu'il a mise dans ses demandes, a empêché d'y acquiesser. On l'auroit laissé entrer au conseil, s'il n'eût exigé que cette faveur ; mais les actes de rigueur qu'il vouloit faire exercer sur le champ contre le parlement & contre les intendants qu'il n'avoit pas trouvés dociles à ses idées, ont révolté. La reine a fait sentir à S. M. que le ton impérieux que prenoit M. Necker, annonçoit un génie despotique qui s'étendoit jusque sur son maître, & qui ne feroit que s'accroître si l'on le supportoit.... Il a été décidé qu'il avoit mis le roi dans la nécessité de ne plus le reprendre. Le roi paroît aujourd'hui calme & serein.

Le ton d'aménité qu'a mis M. de Fleury dans son début, bien opposé à la dureté de M. Necker, a achevé de tranquilliser la famille royale : on voit que ce nouvel administrateur des finances a envie de plaire jusques aux moindres subalternes Du reste, il affiche le même désintéressement que son prédécesseur, quoiqu'il ne soit pas aussi riche à beaucoup près ; & il a refusé tous les bénéfices quelconques de sa place.

26 *Mai* 1781. Les gens de haut parage qui se

sont mêlés d'intercéder pour M. l'abbé de Boulogne auprès de M. l'archevêque de Paris, n'ont jamais pu tirer de lui ses griefs contre cet abbé: en vain ils ont intorrogé les personnes constituées en dignité qui ont sa confiance ; elles ont répondu que le prélat étoit entouré de délateurs obscurs, qui, pour lui plaire, venoient ainsi calomnier auprès de lui les plus honnêtes gens du monde, & malheureusement étoient crus trop souvent. Tout ce que ces puissants protecteurs ont gagné de M. de Beaumont, c'est qu'il oublieroit les fautes de M. l'abbé de Boulogne, & qu'il lui accorderoit même son amitié, mais à condition qu'il iroit quelque temps au séminaire : espece de punition à laquelle celui-ci s'est soumis : il est à St Lazare actuellement. Il paroît que M. l'archevêque confus de cette persécution, ne veut pas avouer cependant son injustice, & exige cette démarche pour mettre son amour-propre & même sa justice à couvert.

26 *Mai* 1781. M. le comte de Paradès est sorti de la bastille le lundi sept de ce mois, & a donné dès le lendemain un grand repas. On assure que s'il ne s'est pas justifié entiérement, du moins on n'a pu l'inculper assez pour le punir du supplice réservé aux espions, aux traîtres à l'état : du reste, nul doute sur son origine & sur la maniere dont il s'est poussé dans le monde ; tout ce qu'on en a dit dans le temps se confirme de plus en plus.

26 *Mai*. Hier à la comédie on jouoit *le Misanthrope*, & les partisans de M. Necker ont encore trouvé dans cette pièce de quoi faire des applications à ce qui se passe aujourd'hui relativement aux intrigues de cour, aux complots

des pervers contre les honnêtes gens ; il y a eu beaucoup de brouhaha.

On a fait aussi un couplet fort simple, & qui n'est à conserver que pour l'anecdote :

<blockquote>
North & Necker dans leurs puissantes mains,
De leur état soutenoient les destins :
  Voilà la ressemblance.
North triomphant éleve les Anglois,
Necker tombant entraîne les François :
  Voilà la différence.
</blockquote>

26 Mai 1781. Extrait d'une lettre de Strasbourg, du 20 mai. Le délire pour le comte de Caliostro est poussé au point qu'on a gravé son portrait avec ces vers :

De l'ami des humains reconnoissez les traits :
Tous ses jours sont marqués par de nouveaux bienfaits
Il prolonge la vie, il secourt l'indigence :
Le plaisir d'être utile est seul sa récompense.

« C'est à qui se pourvoira de la gravure de cet étranger célebre. »

27 Mai 1781. M. Joly de Fleury se nommoit ci-devant la Valette : il est fils du fameux procureur-général de son nom, & le cadet de deux freres, dont l'un procureur général & l'autre président à mortier. Le pere disoit en parlant d'eux, qu'il n'y avoit que son *la Valette* qui valût quelque chose. Il a beaucoup d'esprit, est fort instruit & dévoré d'ambition. Il est d'une santé délicate, se leve tous les matins à six heures, travaille jusqu'au dîner ; après le repas cause avec quelqu'un, se remet au travail jusqu'à huit ou neuf heures du soir, qu'il vient faire son wisk chez madame de Font-Pertuis, logeant dans sa maison; soupe légérement, & se couche à onze heures.

Cette madame de Font-Pertuis est une ancienne habitude, à laquelle M. Joly de Fleury est fort attaché; c'est une virtuose dont la société l'intéresse & l'amuse.

M. Joly de Fleury est peu riche, a peut-être de son patrimoine dix à douze mille livres de rentes, mais a environ 60,000 livres de bureaux. C'en est assez pour le préserver de la cupidité que ses ennemis ne manquent pas de lui supposer. Il ne s'est point installé au contrôle-général, & s'y rend seulement pour donner des audiences & y travailler. Il a déclaré que M. Necker avoit laissé tout dans le plus bel ordre du monde, & sur-tout 130 millions en especes ou valeur au trésor royal. Celui-ci à son tour dit à tout le monde, que s'il s'étoit choisi un successeur, il n'en auroit pas nommé d'autre.

On croit cependant M. Joly de Fleury peu au fait de la finance, n'ayant jamais travaillé dans cette partie, & n'ayant été qu'un instant intendant en Bourgogne: on suppose que son idée est de devenir ministre & d'entrer au conseil d'état, le seul dont il ne soit pas encore: il ne seroit pas fâché non plus de devenir chancelier, ou du moins d'avoir les sceaux.

27 *Mai* 1781 M. l'abbé Raynal n'est point à la Bastille, mais il est sorti du royaume; on le dit aux eaux de Spa. On dénoncé au parlement la nouvelle édition de son *Histoire Philosophique & Politique*, & ses amis l'ont obligé

de se soustraire ainsi au décret de prise de corps décerné contre lui dès vendredi dernier. Son imprudence de mettre son nom & son portrait à la tête de cet ouvrage, d'y avoir ajouté un supplément concernant la guerre actuelle, & de nouveaux morceaux de déclamation injurieux au gouvernement & au comte de Maurepas, désigné spécialement, l'ont mis dans le cas de craindre des suites trop fâcheuses de son aveu, pour oser le soutenir devant les magistrats. Il faut donc attendre que la fermentation que son ouvrage occasione, soit passée.

28 *Mai* 1781. Un bruit très-accrédité & appuyé de bulletins fort détaillés, s'est soutenu pendant deux ou trois jours sur l'interception d'un convoi par les Hollandois, & sur un avantage considérable remporté par le marquis de la Fayette : tout cela s'est trouvé complétement faux, & il est assez vraisemblable que le gouvernement avoit autorisé cette fausse rumeur pour faire diversion aux lamentations du public sur la retraite de M. Necker.

28 *Mai*. C'est le mardi 25 mai, grand-chambre & tournelle assemblées, que M. l'avocat-général Seguier a fait un long requisitoire contre un imprimé en dix volumes in-8°. ayant pour titre : *Histoire Philosophique & Politique des établissements & du commerce des Européens dans les deux Indes, par Guillaume - Thomas Raynal. A Genève, chez Jean Léonard Pellet, imprimeur de la ville & de l'académie*, 1780. En conséquence la cour a ordonné que ledit livre imprimé seroit lacéré & brûlé en la cour du palais, comme *impie*, *blasphématoire*, *séditieux*, tendant à soulever les peuples contre l'autorité souveraine

souveraine, & à renverser les principes fondamentaux de l'ordre civil: & l'abbé Raynal a été décrété de prise de corps, &c.

Les magistrats ne voulant pas donner suite à ce décret, ont, avant de le rendre, laissé à l'auteur tout le temps de prendre la fuite: il étoit à Courbevoie, chez M. Paulze, fermier-général; c'est de là qu'on l'a fait évader.

28 *Mai* 1781. La *Lettre du marquis de Caraccioli à M. d'Alembert*, est un des plus jolis persiflages qui aient été faits depuis long-temps. L'auteur, après avoir décrit rapidement la maniere miraculeuse dont M. Necker s'est élevé de son néant au ministere, s'arrête particuliérement sur celle dont il a su mystifier la nation Françoise depuis qu'il est en place, inspirer ce fanatisme avec lequel on le prône, & l'on admire de sa part ce qui feroit crier de celle d'un autre. Il s'étend plus au long ensuite sur le *Compte rendu* & sur le fameux mémoire; enfin il révele les manœuvres de toute espece, par lesquelles ses nombreux partisans ont cherché à parer le coup dont étoit menacé leur héros.

On a d'abord persuadé à la reine que le bien de l'état étoit lié inséparablement au sort de M. Necker : c'est le marquis de Castries qui, profitant de son accès auprès du trône, a engagé S. M. à relever le courage du directeur-général des finances, par quelque témoignage public de sa bienveillance. La duchesse de Polignac a été plus circonspecte, & n'a jamais voulu conseiller à la reine d'avoir une opinion sur une affaire aussi délicate; mais M. d'Adhemar a eu plus de hardiesse.

Le prince de Poix s'est sur-tout distingué par

son zele à vanter les opérations merveilleuses & patriotiques de M. Necker : l'abbé de Vermont n'a pas peu contribué à le bien mettre dans l'esprit de la reine.

Le détail de l'armée de prôneurs, d'enthousiastes & de créatures de M. Necker, n'est pas ce qu'il y a de moins amusant dans l'ouvrage : à l'avant-garde l'on place les vrais affidés & co-intéressés, portant les enseignes dorées de la banque. Viennent ensuite le clergé & les protestants réunis pour la premiere fois sous la même banniere ; l'un comme livré à quiconque étend son pouvoir ; les autres comme voyant déja leurs prêches rétablies.

Arrivent sur la même ligne les amis de cour tournant à tout vent, entr'autres les Noailles & les courtisans, serviteurs-nés de l'homme en place.

Vient après cela la grande troupe des dupes, des sots admirateurs, des illuminés & des provinciaux, tous la bouche béante & les yeux fixés sur le tableau du *Compte rendu*, qui leur sert d'étendard. On voit autour des préambules bien coloriés, & pour devise les grands mots de *Bienfaisance*, de *Réforme*, de *Soulagement* & de *Liberté*, gravés en lettres d'or. Toute cette race moutonniere forme le gros de l'armée, & marche pêle-mêle, sans savoir où l'on la mene, au son d'une musique bruyante, composée de gens de lettres qui y donnent le ton, d'écrivains périodiques & d'économistes, tenant tous la trompette de l'abbé Raynal, faisant le service de timbalier, &c.

Sur les ailes marchent plusieurs escadrons d'ambitieux, commandés chacun par des chefs différents, qui tous masquent leurs projets par ticuliers sous les dehors d'une fausse concorde, & ne tendent qu'à leur but en paroissant servir M. Necker.

De ce nombre est l'archevêque de Toulouse, visant au ministere, & cherchant sourdement à le supplanter; le duc de Choiseul, à qui l'adroit directeur fait entendre qu'il le sert dans l'esprit du roi, le duc du Châtelet, à qui il a promis d'ouvrir le chemin, soit au département de la guerre, soit à celui de la politique; le prince de Beauveau, ayant la perspective du département de Paris, ou au moins d'entrer dans le conseil.

Les femmes s'en mêlent aussi, mues par les hommes, ou dans des vues particulieres pour leur compte : l'impérieuse & dominante duchesse de Grammont, la superbe comtesse de Brionne, la princesse de Beauveau à l'esprit séduisant, la comtesse de Montesson revêtue de tous les charmes que l'art peut donner; la précieuse comtesse de Blot, au jargon sentimentaire; l'enthousiaste comtesse de Tessé, l'idolâtrée comtesse de Châlons, traînant à sa suite son amant le duc de Coigny; la merveilleuse princesse d'Henin, la svelte comtesse de Simiane, la piquante marquise de Coigny, la douce princesse de poix.

Le plaisant finit par revenir à la raison, & par l'énumération des suites effrayantes que peut avoir l'illusion momentanée que cause M. Necker, lorsque ses tableaux magiques disparoîtront, pour ne laisser voir que l'affreuse vérité.

29 *Mai* 1781. C'est aujourd'hui que le livre de l'abbé Raynal a été brûlé, & l'on publie l'arrêt & le réquisitoire en date du 25 mai.

Celui-ci fort verbeux, a quatorze pages. On y peint le livre comme entremêlé de déclamations impies, de reproches amers, de sarcasmes indécents & d'impostures grossieres sur tout ce qui est relatif à la religion chrétienne ; comme convenant des dissertations révoltantes sur les préjugés, sur l'influence de l'opinion à l'égard des mœurs, & sur le bonheur de l'homme ; comme cherchant à substituer par-tout aux dogmes, aux loix & aux principes, une philosophie audacieuse & sacrilege ; comme assurant que les lettres & les arts décorent l'édifice de la religion, & que la philosophie le détruit : que l'imposture parle dans tous les temples & la flatterie dans toutes les cours ; que tout écrivain de génie est magistrat né de la patrie ; que son tribunal est la nation entiere, le public son juge, non le despote qui ne l'entend pas, ou le ministre qui ne veut pas l'écouter ; que c'est aux sages de la terre qu'il appartient de faire des loix, & que tous les peuples doivent s'empresser de les adopter : comme vomissant des atrocités contre la souveraineté, calomniant sans pudeur la mémoire de Louis XV, comme critiquant témérairement les opérations & la politique du gouvernement, & rejetant sur la nation Françoise, sur les ministres du roi, sur le roi même, tous les malheurs de la guerre actuelle.

L'orateur observe enfin que c'est un homme qui a fait profession dans un ordre religieux (des jésuites), un homme revêtu du caractere & de la dignité sacerdotale, un homme qui se qualifie de citoyen & d'ami de tous les hommes, un homme qui veut être le contemporain de tous les âges, qui ose avancer de pareilles propositions,

30 *Mai* 1781. Une des opérations de M. Necker très-injuste, mais contre laquelle on ne crie point, qu'on vante même parce qu'elle n'attaque qu'une propriété financiere, c'est la retenue qu'il a faite des répartitions revenant à chaque fermier-général à la fin du bail ; elles se sont trouvées de 600,000 livres : il leur en a fait toucher 100,000 livres seulement, & a mis la main sur le reste. On ignore si pour le surplus la rente leur en sera faite à cinq pour cent jusques au parfait remboursement.

M. de Senac, l'un des fermiers-généraux supprimés, a présenté requête à la cour des aides, pour demander qu'il lui fût permis d'assigner la compagnie des fermiers-généraux actuels en restitution des 500,000 livres lui revenant : la cour des aides l'a permis ; l'assignation a été donnée ; mais bientôt est intervenu un arrêt du conseil d'évocation de la contestation.... On ne trouve point tout cela dans les grands principes de l'austere équité.

30 *Mai*. C'est aujourd'hui le moment d'annoncer un quatrain fait par M. de la Place, pour être mis au bas du portrait de M. le chevalier de la Motte-Piquet, chef-d'escadre ; il n'avoit pas alors toute la justesse qu'il a en ce moment.

> Marin dès ta premiere aurore,
> Guerrier cher même à tes rivaux ;
> La France sait ce que tu vaux,
> Et l'Angleterre mieux encore.

30 *Mai*. Extrait d'une lettre de M. le chevalier Gluck, datée de Vienne le 11 mai : « Ne croyez point tous les bruits qui courent sur

„ mon prochain retour à Paris ; à moins que
„ des ordres supérieurs ne m'y attirent, je n'irai
„ point en cette ville, jusqu'à ce que les François
„ soient d'accord sur le genre de musique qu'il
„ leur faut. Ce peuple volage, après m'avoir
„ accueilli de la maniere la plus flatteuse, semble
„ se dégoûter de tous mes opéra, où il ne se
„ porte plus avec la même foule qu'autrefois ;
„ & voilà *le Seigneur Bienfaisant* qui fixe aujour-
„ d'hui son attention ; Il semble vouloir retour-
„ ner à ses Ponts - neufs : il faut le laisser
„ faire. „

30 *Mai* 1781. Le zele du parlement contre l'abbé Raynal, ne s'est évertué qu'excité par des ordres supérieurs. Un ennemi de cet auteur a affecté de mettre sur le bureau du roi un des volumes de sa nouvelle édition, tellement relié & arrangé, qu'il s'ouvrit naturellement aux endroits les plus repréhensibles : S. M. n'a pas manqué d'y tomber ; elle a senti le danger des assertions qu'elle a lues ; elle a sur le champ envoyé chercher le garde-des-sceaux, & lui a fait des reproches de ce qu'il laissoit pénétrer en France un ouvrage aussi condamnable ; S. M. lui a ajouté qu'elle savoit qu'il avoit souscrit pour un exemplaire, ainsi que M. de Vergennes, & qu'elle étoit surprise que des personnages aussi religieux voulussent avoir un pareil livre dans leur bibliotheque. M. le garde-des-sceaux est sur le champ allé chez le ministre des affaires étrangeres. Celui-ci a écrit à Geneve pour solliciter auprès de cette république la proscription du livre ; on a en même temps pris les précautions nécessaires afin d'en arrêter l'introduction dans le royaume, & le parlement a reçu injonction de lancer con-

tre lui & l'auteur qui avoit eu l'audace de l'avouer & d'y mettre son nom, les foudres magistrales. La Sorbonne s'en occupe aujourd'hui, & doit le condamner théologiquement.

On croit que M. l'abbé Raynal se fixera en Suisse. En général, il étoit plus estimé des étrangers que de ses concitoyens. Il avoit une fois par semaine un déjeûner philosophique, où assistoit tout ce qu'il y avoit de plus illustre à Paris entre les ambassadeurs & seigneurs voyageants qui se trouvoient dans cette capitale; c'étoient des carosses comme à un spectacle.

31 *Mai* 1781. On a différé jusqu'à présent de consigner ici un acte de bienfaisance & de dévouement civique, si extraordinaire de la part d'un évêque, qu'on ne pouvoit y croire, & qu'on vouloit en acquérir la certitude. Il paroît constant aujourd'hui que M. l'archevêque d'Auch s'étant transporté dans cette capitale à un incendie qui le 3 mars dernier a consumé presque tout un quartier; & voyant au milieu des flammes une mere & son enfant qu'il s'agissoit de sauver, offrit d'abord 800 livres, & successivement 1,200 liv. à quiconque tenteroit cette entreprise, si périlleuse, que personne n'osa s'en charger: alors transporté d'un zele vraiment apostolique, il se précipite lui-même dans le feu, & réussit à lui enlever ces deux victimes. Il a depuis assuré à la femme 800 livres de rentes, reversibles sur la tête de l'enfant.

Cet archevêque est M. d'Apchon, qui a d'abord servi dans la marine, & à qui il fut annoncé qu'il seroit évêque de Dijon; ce qui a eu lieu.

31 *Mai* 1781. On a encore fait le quatrain suivant au sujet du renvoi de M. Necker :

Les vertus, le génie exilés de la cour ;
Ce malheur trop commun n'a rien qui me surprenne ;
Que leur regne ait duré cinq ans dans ce séjour,
C'est ce que l'avenir ne croira qu'avec peine.

31 *Mai.* La cérémonie du service solemnel célébré à Notre-Dame, pour le repos de l'ame de de l'impératrice reine, a eu lieu aujourd'hui. *Madame*, madame la comtesse d'Artois & madame Elisabeth en ont fait les honneurs, avec *Monsieur*, M. le comte d'Artois & M. le duc de Chartres.

Quant à l'oraison funebre, peu de gens en peuvent rendre compte. M. l'évêque de Blois avoit déja déclaré modestement qu'il ne craignoit que l'impression, parce qu'on ne l'entendroit pas.

Effectivement le défaut d'organe du prélat a fait paroître trop long son premier point, roulant sur les vertus impériales & royales de Marie-Thérese : il s'est apperçu du murmure & de l'ennui qui régnoit dans l'assemblée ; & avant de commencer le second, roulant sur les vertus chrétiennes de cette princesse, il s'est écrié : « j'aurois besoin ici, Messieurs, d'un nouvel » organe, & vous d'un redoublement d'atten- » tion... »

1 *Juin* 1781. Les détracteurs de M. Necker, après l'avoir démasqué dans leurs brochures, à ce qu'ils prétendent, le plaisantent & le ridiculisent dans leurs chansons. En voici une.

Pourquoi préfenter un mémoire
Qui fait fa fin !
Chacun glofe fur cette hiftoire,
Sur ce Martin.
C'eft que dans cet œuvre célebre,
Modeftement
Il fait fon oraifon funebre
De fon vivant.

Il n'eft point de cour étrangere
Qui pour de l'or,
Ne voulût dans fon miniftere
Un tel tréfor.
Ah ! que n'eft-il, dit l'Angleterre ;
Mon chancelier !
Ah ! que n'eft-il, dit le Saint-Pere,
Mon moutardier.

1 *Juin* 1781. Le bruit général eft que M. de Fleury entrera le lundi de la pentecôte au confeil d'état, & fera déclaré miniftre. C'eft déja un des points qu'il ambitionnoit.

1 *Juin.* Enfin les partifans de M. Necker entrent en lice & publient : *Obfervations modeftes d'un citoyen, fur les opérations de finances de M. Necker, adreffées à meffieurs les pacifiques auteurs des* Comment, *des* Pourquoi *& autres pamphlets anonymes.* On attribue celui-ci à M. de Leffart.

2 *Juin* 1781. Les gens au fait du manege de la cour, ne croient pas que le miniftre foit encore bien tranquille ; ils veulent qu'il y regne une fer-

mentation sourde, qui fera bientôt éclorre un nouvel orage. M. le maréchal de Richelieu disoit à cette occasion, que depuis soixante-dix ans qu'il habitoit dans ce pays-là, il n'avoit jamais remarqué tant d'intrigues, de cabales, de noirceurs, que durant les derniers huit jours du voyage de Marly.

C'est M. de Castries, créature de M. Necker, que la révolution regarde aujourd'hui ; on ne lui pardonne pas (disent les gens de ce parti) d'avoir plaidé la cause de son protecteur, d'avoir osé dire à M. de Maurepas que le roi pouvoit, quand il le voudroit, renvoyer lui & tous ses ministres, qu'il en trouveroit toujours cent de la même étoffe pour les remplacer; mais qu'il n'y avoit qu'un monsieur Necker.

2 Juin 1781. M. le marquis de Menars ayant long-temps présidé aux arts comme directeur-général des bâtiments du roi, mérite une notice en cette qualité.

après avoir acquis des connoissances assez approfondies en géométrie, & avoir étudié les éléments de l'architecture en 1749, il voyagea en Italie, afin de se mettre en état d'occuper dignement la place de M. Tournehem, dont il avoit la survivance. Il fut accompagné dans son voyage par M. Souflot, architecte depuis célèbre ; par monsieur Cochin, dessinateur estimé ; & par l'abbé le Blanc, homme de lettres, qui se vantoit d'avoir des connoissances dans les arts.

Revenu près de deux ans après, il eut la place en chef. Il augmenta le prix des tableaux d'histoires, & en ordonna qui pussent servir de modeles à la manufacture des Gobelins, moins pour le besoin qu'on en avoit, que pour entretenir &

soutenir ce genre peu cultivé en France. Il ordonna aussi des statues pour entretenir la sculpture; mais c'est sur-tout l'architecture qui lui fut redevable de sa régénération. Les éleves pour cette école qu'il eut soin d'entretenir à Rome réguliérement, accélérerent singuliérement les progrès de cet art. Il appella de Lyon M. Souflot, & le chargea de la construction de la superbe basilique de Sainte Genevieve.

En 1755, M. de Marigny, honoré du cordon bleu & de la charge de secretaire commandeur de cet ordre, qui comprend aussi celui de Saint Michel, eut la facilité d'augmenter les encouragements donnés aux arts, en gratifiant du cordon noir les hommes célebres dans ces différentes parties; les Souflot, les Cochin, les Pierre, les Pigale, &c.

En 1762, il fit nommer Carle Vanloo à la place du premier peintre du roi; & ce qui prouva que la faveur n'avoit point eu de part à ce choix, ce fut le mot de M. le dauphin, qui, lorsque M. le directeur-général le présenta à ce prince en qualité de premier peintre, répondit : *il y a long-temps qu'il l'est*

M. de Menars s'étoit proposé d'achever le Louvre, mais la guerre l'obligea bientôt d'interrompre, & il n'en résulta que la dépense d'un échafaudage immense, qu'on a vu subsister pendant plusieurs années, & pourrir enfin. Le seul changement connu qu'il y ait fait, c'est ce guichet si nécessaire, & qui porte son nom.

M. de Menars avoit conçu plusieurs autres projets avantageux aux arts & à l'embellissement de Paris, que les circonstances ne lui permirent pas de remplir davantage. Il se retira en 1773;

dégoûté par l'abbé Terrai, qui vouloit avoir sa place ; & depuis ce temps il avoit tellement pris la cour en averfion, qu'il n'y alloit jamais.

Quelques artiftes lui étoient reftés attachés, & lui faifoient encore affiduement leur cour ; entr'autres M. Cochin, qui a eu le courage d'inférer fon éloge au *Journal de Paris*.

2 *Juin* 1781. A tout ce qu'on a rapporté concernant la pyramide élevée à Sasback, par le cardinal de Rohan, à la mémoire de Turenne, au lieu même où il a été tué, il faut ajouter le quatrain fuivant de M. l'abbé d'Aymar, vicaire-général de cette ville :

Turenne enfeveli dans la tombe des rois,
Du roi qui l'y plaça, fait chérir la mémoire ;
Mais dans ce monument on célebre à la fois,
Turenne, fes vertus, fon trépas & fa gloire.

3 *Juin* 1781. Les modes font plus que jamais la matiere du génie inventif de nos artiftes dans les divers genres : celles qui concernent les ajuftements de femmes, exercent même le goût des élégantes, des agréables, des petites-maîtreffes de la cour. Les dernieres robes en vogue font les *Lévites*, imitées fur ces robes majeftueufes des enfants de la tribu confacrée à la garde de l'arche, & au fervice du temple de Jérufalem. Ces lévites fe modifient déja de cent manieres. Madame la vicomteffe de Jaucour, ayant imaginé des *Lévites à queue de finge*, a paru, il y a quelque temps, au Luxembourg avec cette queue très-longue, très-tortillée, & fi bizarre que tout le monde fe mit à la fuivre ; ce qui obligea les Suiffes de *Monfieur* de venir prier

cette dame de sortir, pour éviter un trop grand tumulte. Il faut espérer que pour l'honneur de l'inventrice, le public étant fait à cette mode, on pourra s'y conformer impunément & sans scandale.

3 *Juin* 1781. Le défenseur de M. Necker commence par annoncer son impartialité. Il ne doit rien au directeur-général des finances ; il n'en attend rien ; il n'a aucune relation avec lui : il est peut être le seul qui eût lieu de se plaindre d'une injustice personnelle qu'il en a éprouvée, sous le prétexte même de l'intérêt de l'état. N'importe, il est citoyen, & à ce titre il ose entreprendre de justifier le plan d'administration & le *Compte rendu* de M. Necker. En conséquence :

1°. Il considere l'état des finances au moment où cet étranger fut appellé pour les diriger.

2°. Il décrit la situation du royaume, du crédit, de la marine.

3°. Il détaille les améliorations, les économies, les suppressions résultantes de son plan d'administration.

4°. Enfin, il agite la question, si les emprunts ont été faits en proportion des améliorations, & s'ils étoient préférables à l'augmentation des impôts.

Le résultat de ces quatre chapitres de discussion, est que M. de Clugny durant une administration de quelques mois, avoit laissé la masse des dettes augmentées de 200,000,000 livres, outre les anciennes créances, les rentes arriérées, & sur-tout les années de pensions dues, sans aucune amélioration ou économie : que sous M. Necker la confiance a été rétablie, les effets royaux sont montés avec une rapidité prodigieuse ; la

France a vu les arsenaux de ses ports remplis, la mer couverte de ses flottes, elle en a imposé à ses ennemis par une marine formidable, & a soutenu une guerre de plus de quatre années, sans augmenter les impôts, & sans altérer les ressources du crédit ; l'état de ses finances s'est cependant augmenté de plus de 43 millions : enfin, la masse des dettes contractées par les opérations de M. Necker, ne forme qu'un capital réel de la somme d'environ 350 millions ; ce qui n'est pas à beaucoup près en proportion des bénéfices, & ne surcharge en rien la nation, comme auroient fait les impôts.

4 *Juin* 1781. Les *Observations modestes*, dont les raisonnements & les calculs ne peuvent se vérifier, & conséquemment peu intéressantes sur cet article, sont précieuses par deux anecdotes. La premiere est de M. Marmontel.

Ce philosophe étoit à Versailles le jour de la disgrace de M. Turgot ; il observoit dans un morne silence la joie tumultueuse des courtisans, des financiers, & de tous ceux qui espéroient profiter de cet événement pour leurs intérêts. Quelqu'un frappé de ce contraste, lui demande sur quoi il médite si gravement ; il répond, en élevant la voix : « je me représente d'après tout
„ ce que je vois ici, l'image d'une troupe de
„ brigands rassemblés dans la forêt de Bondy,
„ à qui l'on vient d'annoncer que le grand-prévôt
„ est renvoyé. „

L'autre concerne le maréchal de Richelieu. Lorsque le mémoire de l'*Ami des hommes*, sur les états provinciaux parut, Louis XV remarquant la sensation qu'il causoit, & lui-même ému du tableau pathétique des ravages de l'arbitraire qu'il offre, ouvrit son cœur au maréchal. Ce cœur tout dévoué au despotisme, mais encore plus à son maître, ne voulut pas prendre sur lui l'odieux d'exhorter le roi à rejeter un projet aussi patriotique; enfin politique, il proposa au monarque d'en parler à son conseil : ce que fit sa majesté. Le conseil étonné demanda du temps pour examiner l'écrit & en rendre compte : enfin, suivant ce qu'avoit prévu M. de Richelieu, le conseil dissuada le roi d'une pareille idée, & lui en fit perdre pour jamais le desir.

Au reste, l'auteur des observations n'est point assez aveuglé sur M. Necker, pour ne pas l'inculper fortement d'une assertion erronée & trop dangereuse, qu'il avance dans son *Compte rendu* & dans son mémoire. Cet étranger dit: *l'augmentation des impôts est soumise à la puissance du roi de France* ; ce qui est contraire à la constitution : maxime dont Louis XIV, de tous nos rois le plus jaloux de ses droits, le plus avide du pouvoir, reconnut la fausseté, ainsi que Louis XV, qui a toujours cru ce droit subordonné à l'enrégistrement.

A en juger par ce passage & par un *Post scriptum* qu'on lit à la fin de l'ouvrage, l'écrivain n'est point un adulateur intéressé de M. Necker, & son hommage est d'autant plus pur, qu'il n'a publié ses doutes qu'après le renvoi de ce directeur-général des finances.

4 *Juin* 1781. Le mausolée élevé à Notre-Dame pour l'impératrice reine, n'étant pas de l'espece ordinaire, mérite qu'on en conserve quelques détails principaux & relatifs à la vie de cette auguste souveraine.

Dans le premier des bas-reliefs, ornant le simple

funéraire, on voyoit *Marie-Thérese* préfentant fon fils encore enfant à la diete de Hongrie; on lifoit au deffus ces mots : *adjurans eos, oftendit eis filium Regis.*

Dans le fecond, elle donnoit la couronne impériale à fon époux : *pofuit Diadema Regni in capite ejus*; légende tirée de l'écriture fainte comme la précédente & les autres.

Dans le troifieme, l'impératrice préfide à l'éducation de fes enfants : *in filios & in filias refpicietur.*

L'alliance des maifons de Bourbon & d'Autriche faifoit le fujet du quatrieme : *Statuam pactum interme & te fœdere fempiterno.*

Le cinquieme étoit confacré au fouvenir de l'inftitution de l'ordre de Marie-Thérefe : *fic currite ut comprehendatis.*

Le fixieme étoit relatif à la réforme de la juftice : *Pondus & Statera judicia Dei funt.*

Le feptieme repréfentoit la princeffe échauffant le génie des arts & du commerce : *cognovit quia bona eft negociatio.*

Le dernier rappelloit l'événement du mariage du roi avec l'archiducheffe Marie-Antoinette : *pofuit Thronum ejus fuper Thronum Regum.*

Le monument funebre, ou le cœnotaphe, étoit élevé fur une bafe compofée de fix degrés; nombre prefcrit pour les catafalques des têtes couronnées.

Entre les autres ornements, il faut encore faire mention d'un grouppe de deux figures : l'une repréfentant l'Europe dans l'attitude de la plus grande affliction ; l'autre, la France debout devant elle, lui montrant, pour la confoler, la nombreufe poftérité de la princeffe, entr'autres le portrait de la reine, avec ces mots : *Similem reliquit sibi post se.*

Toute cette pompe funebre, sous les ordres du maréchal duc de Richelieu, gentilhomme de la chambre de service, a été conduite par M. de la Ferté, commissaire-général de la maison du roi, sur les desseins du sieur Paris, dessinateur ordinaire de la chambre & du cabinet du roi, & membre de l'académie d'architecture.

Les sujets des figures en relief avoient été exécutés par le sieur Bocciardi, sculpteur des menus plaisirs du roi, d'après les desseins du sieur du Rameau, peintre de la chambre du roi, & adjoint professeur de l'académie royale de peinture.

5 *Juin* 1781. Il faut espérer que la demoiselle Thenard, dont le début brillant à la comédie Françoise, semble annoncer enfin la découverte d'une actrice en état de relever ce théatre, & d'y rappeller les jours brillants des Dumesnil & des Clairon, mettra les acteurs bientôt en état de jouer quelque nouveauté tragique.

Il y a quelques années que la demoiselle Thenard avoit paru sur la même scene, mais avec peu de succès. Cependant les connoisseurs entrevoyoient déja ses heureuses dispositions : elle justifie aujourd'hui leur pronostic. Très-bien partagée du côté du physique, elle a d'ailleurs tous les moyens qui peuvent la conduire à la perfection, une taille agréable, une figure théatrale, un organe noble, flatteur & sensible, de la chaleur, de la raison, une prononciation nette ; telles sont les qualités qu'on lui remarque dans ce moment, & qui ont entraîné les suffrages des spectateurs, depuis qu'elle reparoît sur la scene de la capitale.

5 *Juin* 1781. Actuellement que la retraite de M. Necker vraisemblablement mettra fin aux travaux des artistes lui élevant des trophées, on peut recueillir toutes ces estampes en son honneur; on a déja parlé de la principale, intitulée : *la Vertu récompensée*.

La seconde est son portrait très-bien fait ; il est dans l'attitude d'un penseur, & sa physionomie n'est point exempte de la morgue & de la dureté que lui reprochent ses détracteurs. A sa droite est une écritoire, & un livre manuscrit relatif à ses opérations : à sa gauche son chiffre : une guirlande de fleurs est à ses pieds & une corne d'abondance, emblême du succès de ses travaux.

La troisieme est une allégorie, pour servir de frontispice au *Compte rendu*. La France, à la tête de sa marine, appuyée d'une main sur le *Compte rendu* au roi par M. Necker, tient de l'autre une corne d'abondance, d'où sortent des fruits & des édits de bienfaisance. Aux pieds de la France un léopard couché sur une autre corne d'abondance renversée, regarde un coq qui le fixe avec fierté; Plus loin les écuries d'Augias. Dans le fond une troupe d'habitants de la campagne pleins d'alégresse, dansent autour de la statue de sa majesté, pour témoigner la joie que leur causent la haute sagesse & la bonté du jeune & vertueux monarque, constamment occupé du bonheur dont il les fait jouir, & de celui qu'il leur prépare.

Au bas on lit : *que le nom de V. M. toujours chéri, ne soit prononcé que pour la consolation*

& *pour l'espérance*...... *Compte rendu*, folio 75. Au haut est cette légende tirée du même *Compte*, folio 19 : *ce tableau satisfaisant n'est dû qu'à l'ordre que V. M. a mis dans ses affaires.*

Le quatrieme représente Thémis redemandant la paix. Cette déesse tient de la main droite une balance ; dans un des plateaux sont les *Dépenses payées au Trésor* & dans l'autre le *Compte rendu au Roi* ; & celui-ci l'emporte : de la gauche elle montre un écusson, où un coq foule de ses pattes le léopard renversé & enchaîné, ainsi que l'envie, désignée par un serpent. Le pavillon François triomphe, & le trident de Neptune devient l'attribut de la volatille. Autour de l'écusson on lit ces deux vers ;

Pour son propre bonheur & le repos des mers,
Puisse-t-il s'adoucir, ou rester dans les fers !

Minerve, au milieu de l'estampe, lui montre la déesse de la paix docile à ses desirs, & portant dans ses mains une branche d'olivier.

Enfin on lit ces autres vers :

Amis, quel regne heureux, que de nouveaux bienfaits ?
Si pouvant à son gré déployer sa justice,
Louis, tranquille au sein des trésors de la paix,
N'avoit point à punir l'audace & la malice.
Bientôt ils reviendront ces fortunés moments :
Le commerce, les arts, la savante industrie,
Tout, enfin, prouvera ce qu'à l'aide du temps,
Produiront sans impôts l'ordre & l'économie.

La cinquieme est encore une *allégorie du Compte rendu*. Elle est très-compliquée. Louis XVI sur son trône reçoit ce chef-d'œuvre des mains du directeur-général des finances, posant un genou en terre. Henri IV du haut de l'empirée, applaudit à son petit-fils, & lui montre le médaillon.

Au dessus du trône du roi, on lit ces deux vers latins :

Sol geminas nostris partitur munera terris :
Dividit hic lumen, dividit alter opes.

Au bas on lit ce quatrain françois :

Au bonheur de l'état consacrant ses talents,
Il va droit à son but sans craindre les méchants ;
Comme un autre Sully, ce ministre fidele,
A la postérité servira de modele.

Autour sont différents médaillons relatifs aux travaux de M. Necker, avec des devises.

La sixieme & derniere, est encore le portait de M. Necker au sujet du *Compte rendu* & historié en conséquence : il est buste, surmontant un trophée élevé sur le corps de l'envie renversée : autour sont épars les divers pamphlets contre les opérations du directeur-général des finances & contre sa personne, &c.

5 *Juin* 1781. Extrait d'un lettre de Laubach dans la Carniole, le 6 avril. « Nous venons de
„ voir rétablir dans cette capitale une académie
„ qui, par laps de temps, s'étoit éteinte, quoi-
„ qu'elle eût de la réputation dans ses commen-
„ cements. Elle avoit été fondée sous le titre

,, de *Glioperoſi* , ſous l'empereur Léopold I. C'eſt
,, à la protection que Joſeph II accorde aux
,, lettres , & aux ſoins du comte d'Edling ,
,, chambellan & conſeiller provincial , que nous
,, devons l'heureuſe reſtauration de cet ancien
,, corps littéraire. Le 5 de ce mois il a tenu la
,, premiere aſſemblée , préſidée par le comte
,, d'Edling. On y remarquera ſur-tout un diſcours
,, Allemand d'un jeune homme âgé de vingt-trois
,, ans , nommé Zinhard, déja connu des ou-
,, vrages qui ont eu du ſuccès , & qui ont fait
,, concevoir de grandes eſpérances de ſes talents.
,, Le jeune orateur obſerva qu'il ne pouvoit y avoir
,, une époque plus propre au rétabliſſement d'un
,, corps académique : *nous avons* , dit-il, *toute*
,, *liberté de penſer, puiſque Joſeph eſt ſur le trône.*
,, Eloge d'autant plus frappant , qu'il étoit une
,, ſatire indirecte du regne de Marie-Thérèſe ,
,, relativement à cette partie. ,,

Juin 1781. Extrait d'une lettre de Dijon,
du 25 mai. « Le 12 de ce mois on a répété,
,, en préſence de S. A. S. monſeigneur le prince
,, de Condé & de tous les membres des états
,, aſſemblés, dont la tenue avoit lieu alors,
,, l'expérience déja tentée à Paris en 1777 d'une
,, maiſon incombuſtible. Cet édifice, quoiqu'en-
,, tiérement conſtruit en bois , a réſiſté à l'action
,, du feu le plus violent : & le ſuccès de cet eſſai,
,, beaucoup plus complet que celui de la capitale,
,, a été tel , qu'une partie de la maiſon n'ayant
,, été altérée, on auroit pu le répéter le lendemain
,, ſans aucune réparation , avec l'eſpoir de la même
,, réuſſite.

,, J'ignore ſi le procédé de cette expérience

„ font les mêmes que ceux employés par l'artiste
„ étranger. L'auteur de celle-ci est M. Chauffier,
„ membre de l'académie de cette ville : il a lu
„ le précis du fait à l'assemblée publique de sa
„ compagnie, & se propose d'en publier inces-
„ samment les détails. „

7 *Juin* 1781. Extrait d'une lettre de Strasbourg, du 30 mai 1781. « Le souvenir du fameux Borri,
„ Milanois, chimiste, alchimiste, adepte, &c.
„ qui passa par cette ville dans le siecle dernier,
„ n'étoit pas encore effacé de la mémoire de nos
„ vieillards, lorsqu'une heureuse influence nous
„ envoya M. le comte de Callioftro. On prétend
„ qu'il a 200 ans révolus, & son portrait très-
„ ressemblant se voit toujours à Médine & chez
„ le grand-seigneur, où il est représenté sous
„ l'habit oriental. On en voit aussi une copie à
„ L'ondres chez milord Pembrock.

„ Cet être singulier & extraordinaire ne se
„ couche jamais que dans un fauteuil, ne fait
„ qu'un repas avec des macaroni au fromage.
„ Il est anti-médecin, anti-chimiste d'Europe ;
„ il y apporte la véritable chimie, qui est celle
„ des anciens Egyptiens, ainsi que leur méde-
„ cine, & il propose de fournir 50,000 écus
„ pour fonder un hôpital Egyptien, où se for-
„ meront ses éleves ; & à cet effet il est prêt à
„ sacrifier un ou deux de ses diamants.

„ Les malades abondent de toutes parts dans
„ cette capitale. Il ne communique point avec
„ les gens de l'art, qui lui rendent le récipro-
„ que & le détestent. Ceux-ci triomphent du
„ mauvais succès du marquis de Cambis ; ils
„ publient avec ostentation le traitement fait
„ par l'empirique de ce seigneur, jour par

„ jour, depuis le 9 avril jusqu'au 1 mai, où
„ M. le marquis de Cambis a appellé les vrais
„ médecins.

„ Le traitement externe qu'employoit M. de
„ Callioſtro, ſuivant ce journal, reſſemble beau-
„ coup, & même complétement, à celui que pra-
„ tiquoit, il y a quelque temps, un thauma-
„ turge qui paſſa à Lyon, à Grenoble, avec
„ une voiture à ſix chevaux, & qui avoit des
„ montres ſervant de boutons à ſes habits. Ses
„ remedes n'eurent point de ſuccès. On en a
„ vu un autre qui avoit une montre à répétition
„ dans une canne achetée en Pruſſe, & dont la
„ femme avoit des montres à carillon dans des
„ roſettes qu'elle portoit à ſes oreilles. Ces petits
„ acceſſoires ne laiſſent pas quelquefois que d'en
„ impoſer, & ajoutent infiniment au mérite
„ des guériſſeurs, dont les plus fameux en
„ général nous viennent de l'Italie, le centre
„ du merveilleux, tant au phyſique qu'au
„ moral... „

7 Juin 1781. Ce qui ſuſpend un peu les regrets des Pariſiens, c'eſt l'idée où ils ſont que ne
pouvant ſe paſſer de M. Necker, il eſt toujours
derriere le rideau, & que M. de Fleury a la com-
plaiſance d'être ſon agent. Une viſite que celui-ci
a faite à St. Ouen, a donné lieu à cette mer-
veilleuſe idée. Comme M. de Fleury, à ce qu'on
aſſure, a demandé pour adjoint le ſieur Marquet
de Bourgade, grand vivrier, eſtimé, dit-on,
du directeur-général des finances, on ſe confirme
dans cette opinion. Ceux qui connoiſſent le caractere du conſeiller d'état & celui du Genevois,
n'en croient rien; mais en même temps ils regar-

dent le premier comme assez fin pour accréditer cette opinion & l'avoir répandue.

8 *Juin* 1781. Par la révolution arrivée en France dans la musique depuis quelques années, le dépôt immense des ouvrages qui enrichissoient le magasin de l'opéra, devient nul. Il s'agit donc de le renouveller & d'en former un autre : en conséquence, on a augmenté les encouragements des auteurs lyriques.

Déja, par un réglement du 30 mars 1776, S. M. accordoit, soit au poëte, soit au musicien, ayant composé un ouvrage qui remplira la durée du spectacle, 200 livres pour chacune des vingt premieres représentations, 150 livres pour chacune des dix suivantes, & 100 livres pour chacune des autres, jusques & compris la quarantieme; & dans le cas où le nombre des représentations excéderoit sans interruption celui de quarante, une gratification de 500 livres doit être la récompense de ce succès.

A l'égard des ouvrages en un acte, les honoraires, suivant le même réglement, seront toujours pour chacun des auteurs, de 80 livres pour chacune des vingt premieres représentations, de 60 livres pour chacune des dix suivantes, & enfin de 50 livres pour chacune des autres qui se feront aussi sans interruption, jusqu'à la quarantieme inclusivement.

Entend néanmoins S. M. que l'administration ait la faculté d'interrompre les représentations de chaque ouvrage, quand elle le jugera à propos.

L'édition du poëme, qui auparavant appartenoit à l'académie, appartiendra à l'auteur, pour la premiere mise au théatre seulement, à la charge

charge par lui de fournir *gratis* 500 exemplaires à l'administration pour les distributions ordinaires, & de se servir de l'imprimeur de l'académie, ainsi que des distributeurs.

Par un autre article, S. M. veut que les auteurs du poëme & de la musique, qui auront fourni trois grands ouvrages, dont le succès aura été assez décidé pour les faire remettre au théatre, jouissent, leur vie durant, d'une pension de 1,000 livres, qui augmentera de 500 livres pour les deux ouvrages suivants, & de 1,000 livres pour le sixieme.

Par un supplément fait à ce réglement le 18 avril dernier, & qui n'est connu que depuis peu, l'article 18 porte : « Sa Majesté desirant encou-
» rager de plus en plus les auteurs lyriques &
» les compositeurs de musique, & leur donner
» des marques de la protection qu'elle leur ac-
» cordera dans tous les temps, veut qu'indépen-
» damment des honoraires qui leur ont été ac-
» cordés particuliérement par les articles 19 &
» 20 de l'arrêt du conseil d'état du roi, portant
» réglement pour l'académie royale de musique
» du 30 mars 1776, à commencer du premier
» mai prochain, trois actes séparés, qui auront
» eu un succès décidé, seront comptés pour
» un grand ouvrage relativement à la pension
» à obtenir après trois grands ouvrages, dont
» le succès aura été assez décidé pour les faire
» rester au théatre. De plus, S. M. accorde aux
» auteurs pour les trois grands opéra nouveaux,
» qu'ils donneront à compter du 1 mai prochain,
» sans que cela puisse avoir un effet rétroactif
» pour ceux déja joués, une rétribution de 6 liv.
» toute leur vie durant, à toutes les représen-

„ tations qui en feroient données , paffé le
„ nombre fixé ; & 20 livres de même pour ceux
„ en un acte. „

8 *Juin* 1781. Ce n'eft pas comme adjoint que M. de Fleury a demandé M. de Bourgade, mais pour en faire un directeur du tréfor royal, à l'inftar de M. Necker du temps de M. Taboureau, avec la différence que M. de Bourgade fera totalement fous les ordres du nouveau miniftre des finances, & ne travaillera qu'avec lui. On croit que l'objet de M. de Fleury eft de confier à ce collaborateur la fuite des opérations des finances, entreprifes par le directeur-général. Du refte, M. de Fleury eft effectivement entré au confeil le lundi 4 de ce mois.

8 *Juin*. Lors de la fuppreffion du plomb & du cuivre dans les ufages publics intérieurs, on propofa d'y fubftituer l'étain. Le gouvernement, avant de l'adopter, laiffa la fubftitution indécife dans la déclaration rendue à cet effet, & il propofa à la fagacité des chimiftes cette queftion : *peut-on, fans aucun danger, employer les vaiffeaux d'étain dans l'ufage économique ?* Margraaf avoit avancé que l'étain contenoit de l'arfenic.

En conféquence du defir du miniftere, M. le lieutenant-général de police chargea le college de pharmacie de déterminer le degré de confiance que méritoit cette fubftance métallique. MM. de Rouelle, Bayen & Charlard firent des expériences très-précifes, que le premier n'a pu fuivre étant mort. Il réfulte de celles des autres, que l'arfenic contenu dans l'étain eft un infiniment petit ; qu'on peut, quant aux effets, réputer zéro. La précifion des nouvelles expériences à cet égard est telle que M. Bayen est parvenu à retrouver jusqu'à un, deux mille trois cents quatrieme de grain d'arsenic allié avec de l'étain.

9 *Juin* 1781. Hier au soir environ un quart-d'heure après que tout le monde a été sorti de l'opéra, le feu s'est manifesté dans la salle & en dehors, au point qu'en peu de temps tout a été incendié, & il n'est resté que les gros murs. Le feu sans s'éteindre duroit encore ce matin dans les souterrains. Le Palais-Royal heureusement ne s'est pas ressenti de ce funeste voisinage.

On a trouvé onze cadavres trop défigurés pour les reconnoître, & que M. le lieutenant-général de police a fait transporter à la Morgue: on présume que ce sont des acteurs, ou danseurs, ou ouvriers, qui étoient encore dans leurs loges, ou sur le théatre, ou aux machines. Entre les plus célebres on n'est inquiet que du sieur Gardel le cadet.

On a trouvé aussi un homme assez bien vêtu, ayant deux montres & des bijoux, qui n'a point été brûlé, mais étouffé par la fumée, suivant les apparences.

On ignore comment le feu a pris; on présume que c'est un simulacre du troisieme acte, représentant le feu des enfers, dont des flammeches, voltigeant jusqu'au comble, y auront entretenu un feu sourd, qui aura éclaté au bout d'un certain temps avec violence, & aura tout embrâsé.

9 *Juin*. Ce concert spirituel du jour de la pentecôte n'a point eu le succès ordinaire. Le seul virtuose qu'on y ait admiré est M. Gross, violon de S. A. R. Mgr. le prince de Prusse. Peu jaloux de l'espece d'admiration qu'excite la

difficulté féchement vaincue, aux tours de force des modernes il a joint l'agrément des anciens, leur belle simplicité, & il a excité les plus grands applaudissements par le naturel, le fini & la justesse de son jeu. Il est bien à souhaiter qu'il nous vienne beaucoup de virtuoses de cette espece, pour suppléer par des concerts à la cessation de l'opéra, qui ne peut être que longue, & entretenir parmi nos artistes & amateurs, le goût de la vraie & bonne musique.

9 Juin. M. Hallé, chevalier de l'ordre du roi, recteur de l'académie royale de peinture & de sculpture, vient de mourir. Il étoit mort aux arts depuis long-temps, & l'on a pu juger par les derniers fallons que ses mains languissantes ne pouvoient plus manier le pinceau avec aucune sorte de succès.

9 Juin. M. l'abbé D.... desirant glaner dans les œuvres de Voltaire, avant que la grande édition paroisse, où toutes doivent être épuisées, s'est hâté de publier *Lettres de M. de Voltaire à M. l'abbé Moussinot, son trésorier*, écrites depuis 1736 jusqu'en 1742, pendant sa retraite à Cirey, chez madame la marquise du Châtelet, & dans lesquelles on voit quelques détails de sa fortune, de ses bienfaits, qu'elles furent alors ses études, ses querelles avec l'abbé Desfontaines, &c.

Le plus curieux de ce recueil, c'est de trouver l'abbé Moussinot janséniste, correspondant de Voltaire. Du reste, on y apprend que ce grand homme, accusé d'avarice, répandoit cependant de petits bienfaits sur de jeunes littérateurs, non sans dessein & dans l'espoir de s'en faire des prôneurs, des créatures, des espions; en quoi il ne réuſſiſſoit pas toujours. On y apprend qu'il s'occupoit principalement de phyſique à cette époque, qu'il avoit déja du goût pour la retraite. A quelques paſſages près, aſſez plaiſants, toute cette correſpondance n'étoit pas digne de voir le jour. Cependant l'éditeur la juge d'une ſi grande importance, qu'il promet de dépoſer les originaux à la bibliotheque du roi. Ce dont le diſpenſeroient bien, ainſi que de cette publicité, pluſieurs perſonnes actuellement vivantes & compromiſes par ces lettres, qui divulguent leurs affaires.

10 *Juin* 1781. C'eſt dans l'égliſe de St. Honoré qu'on fait tranſporter les cadavres que l'on retrouve dans les décombres de l'opéra, dont le feu ſe nourrit toujours des reſtes qu'il conſume. M. le prévôt des marchands, M. le lieutenant-général de police y ſont encore; ce dernier y occupe onze commiſſaires, & tout ſe paſſe avec le plus grand ordre. M. le duc de Chartres a veillé lui-même à ce qui le concernoit.

Du reſte, tout l'intérieur de la ſalle eſt en effet conſumé, mais à peine s'en apperçoit-on du côté de la rue *St. Honoré*, dont la façade ſubſiſte. Ce feu formoit un ſpectacle horrible; & dans les rues adjacentes & même un peu éloignées, c'étoit une pluie d'étincelles pendant pluſieurs heures. Dans les premiers momens où le peuple n'étoit pas inſtruit de la cauſe, il croyoit que c'étoit les étoiles qui ſe détachoient du firmament.

Le plus extraordinaire, c'eſt qu'il paſſe pour conſtant qu'il n'y avoit pas une goutte d'eau dans le réſervoir de l'opéra; & que ſi l'on avoit pu jeter ſur le champ quelques ſceaux d'eau, on auroit prévenu cette cataſtrophe, & l'incendie n'auroit été rien.

10 *Juin*. Une perſonne inconnue, qu'on aſſure aujourd'hui être M. Necker, ayant conſulté le curé de S. Roch, paroiſſe ſur laquelle elle réſide, relativement à une bonne œuvre qu'elle deſire faire utile à la ſociété, eſt convenue avec ce paſteur de placer ſolidement un capital de 100,000 livres, exempt de toute retenue, pour marier annuellement cinq filles de la paroiſſe, pauvres, mais vertueuſes, laborieuſes, irréprochables & ſans tache depuis leur naiſſance.

L'examen des filles doit être fait par le curé, à choiſir depuis 17 ans juſqu'à 25 : le même examen eſt exigé pour les garçons, depuis 25 juſqu'à 35 ans, ſans qu'on ſoit obligé de les prendre dans la paroiſſe. La condition eſſentielle & indiſpenſable, eſt qu'ils ſoient artiſans, connus par leur induſtrie, leur conduite & leur probité.

Il y a tous les ans 5,000 livres applicables à cet objet ; c'eſt-à-dire, 1,000 livres à donner en dot à chacune des cinq filles choiſies. Ces ſommes, confiées aux ſoins du paſteur, doivent s'employer à payer la maîtriſe de chaque mari, à fournir tout ce qui eſt néceſſaire à chaque ménage particulier ; le ſurplus eſt deſtiné à acheter des marchandiſes relatives à la profeſſion de chaque garçon.

L'époque de ces mariages ayant été fixée entre pâque & la pentecôte, la premiere célébration a eu lieu le 17 mai avec une pompe digne d'une inſtitution auſſi reſpectable. Deux des marguilliers qui avoient préſenté à l'égliſe les cinq épouſes, ont tenu un poêle commun aux dix conjoints, qui, après la cérémonie, conduits à la fabrique, y ont trouvé, ainsi que leurs proches parents, un repas convenable à leur état.

11 *Juin* 1781. Les partisans de M. Necker, qui tant qu'il a été en place étoient restés dans la modération, & n'avoient rien répondu aux injures de ses ennemis, sont furieux depuis son expulsion, ne se contiennent plus, se permettent contre M. de Maurepas les invectives les plus atroces, & osent même reprocher au roi de n'avoir point imité dans cette occasion le bon roi qu'il a pris pour modele. Voici un quatrain dans ce genre, qui fait le plus de bruit:

> Monstre, qui n'as que trop vieilli,
> Triomphe ! l'Anglois va nous battre :
> On juge au renvoi de Sully
> Que nous n'avons plus d'Henri-quatre.

11 *Juin.* Les besoins de l'état ont fait imaginer un tribut sur plusieurs sortes d'actes & de transactions entre particuliers, tels que les contrats de mariage, les testaments, les contrats de société, les acquisitions d'immeubles & une infinité d'autres. Le génie fiscal a fait succéder dans la levée de cet impôt les tarifs, les explications, les distinctions, les exceptions; & le code du contrôle & de l'insinuation des actes s'est tellement accru & diversifié; qu'il est devenu un dédale, où s'enveloppe nécessairement & s'égare le contribuable de bonne foi, & même le préposé de la ferme.

M. Necker a jugé essentiel de s'occuper d'un tarif nouveau & général, où l'on chercheroit à établir une proportion plus juste entre les actes qui concernent les riches, & ceux qui intéressent les pauvres, & où sur tout toutes les distinctions entre les diverses classes de la société & la nature des actes fussent plus simples & plus sensibles, de maniere que chaque contribuable pût facilement être instruit de son obligation. Un homme expérimenté avoit commencé ce travail depuis nombre d'années; il l'avoit montré à M. le directeur, qui l'avoit approuvé en l'exhortant à le continuer. Ce travail extrêmement long & difficile est achevé: M. Necker l'avoit reçu & confié à des magistrats du conseil pour l'examiner; il est à présumer que M. de Fleury suivra les idées très-louables à cet égard de son prédécesseur, & l'on s'attend à une loi nouvelle sur cette matiere importante.

11 *Juin* 1781. Extrait d'une lettre de Lyon, du 3 juin. " M. le Viste de Briandes, chanoi-
„ ne, chantre de l'église collégiale de S Paul
„ de Lyon, vient de fonder dans son prieuré
„ de Saint-Symphorien-d'Ozon, un prix de sagesse,
„ qui sera donné tous les deux ans, le pre-
„ mier dimanche de mai, à la fille la plus
„ vertueuse & la plus pauvre du lieu. Ce prix
„ consiste dans une somme de 360 livres, dont
„ le capital est hypothéqué sur les biens du
„ patrimoine du fondateur, & une couronne
„ de roses.

„ La premiere qui pour ce prix a réuni pres-
„ que tous les suffrages, se nomme Fleurie
„ Drevon. Le 6 mai, jour de son triomphe,
„ ayant pour cortege toute la noblesse du lieu
„ & des environs, une compagnie de jeunes
„ gens qui avoient pris les armes, les douze
„ compagnes qu'elle avoit priées, les parents
„ & les juges qui l'avoient élue Rosiere, elle

„ fut conduite à l'église au son d'une excellente
„ symphonie, & aux acclamations de tous les
„ spectateurs. Entre les vêpres & le salut, elle
„ reçut la couronne des mains du curé, qui
„ prononça un discours très-attendrissant : ensuite
„ collation, musique, couplets, ballet, salves
„ d'artillerie villageoise, &c. „

12 *Juin*. Dans la lettre du marquis de Caraccioli, il est parlé des démarches du marquis de Castries auprès de la reine, du zele avec lequel il a défendu M. Necker, son ami & son protecteur à la cour ; il a engagé cette majesté à le soutenir dans l'esprit du roi. Quelqu'un a profité de cette anecdote pour composer un *Discours au roi, présenté à la reine par M. le marquis de Castries*, & le répandre manuscrit comme véritablement émané de ce ministre. C'est une feuille, où l'on peint d'abord la consternation générale de la France, à la premiere nouvelle du renvoi de M. Necker, où l'on demande quel est le sujet de sa disgrace, comment il a pu déplaire au monarque, quels sont ses crimes. Après avoir rappellé à S. M. les heureux commencements de son regne, on exalte son courage à vaincre les obstacles qu'offroit naturellement le premier choix d'un homme de néant, d'un étranger, d'un protestant, pour régir les finances de la France. On décrit rapidement le tableau des prospérités de ce royaume, malgré la guerre, depuis qu'il les gouverne : on en prophétise l'état plus brillant encore à la paix : on gémit que tout cela se soit évanoui avec M. le directeur-général, & l'on exhorte le monarque à se rendre aux sollicitations de son auguste compagne, qu'on suppose intercéder pour l'ex-

K i

pulsé, & au vœu unanime de tous les honnêtes gens de la nation.

En lisant ce bavardage, où l'on représente M. Necker *les yeux fixés sur S. M. comme l'aigle sur le soleil*, on ne peut le regarder que comme le travail d'un rhéteur, & l'on est parfaitement convaincu que le marquis de Castries n'a pu avoir parlé ainsi.

13 *Juin* 1781. M. Necker, comme on l'avoit prévu, rongé de chagrin de se voir arrêté au milieu de la carriere où l'avoit fait entrer son ambition, vient enfin de tomber malade : on juge qu'il l'est gravement, puisque le docteur Tronchin ne pouvant l'aller voir à Saint-Ouen, aussi fréquemment que l'exige son état, l'a déterminé à venir à Paris. Comme il n'a pas de logement arrêté en ce moment, son ancien ami, M. Fournier, qu'il avoit négligé durant ses projets de grandeur, lui a offert un asyle & l'a reçu. On prétend que M. Tronchin, vu la cause de l'état fâcheux de M. Necker, craint qu'il n'y succombe, à moins qu'on ne vienne à bout de lui inspirer plus de résignation, plus de calme & de repos dans l'imagination.

13 *Juin*. Extrait d'une lettre de Lyon, du 8 juin. « Nous avons perdu depuis quelques
» temps M. Bordes, académicien de cette ville.
» Il étoit peu connu en littérature, parce qu'il
» étoit fort modeste, que la louange l'impor-
» tunoit, & qu'il n'avoit pas de prôneurs. Il a
» d'ailleurs peu imprimé : il osa entrer en lice
» contre Jean-Jacques Rousseau, & a fait deux
» discours pour réfuter les paradoxes de ce grand
» homme, lesquels pourroient figurer avec hon-
» neur à côté des œuvres de celui-ci.

„ Il a fait des poésies légeres, dont quelques-
„ unes ont été attribuées à Voltaire, entr'au-
„ tres la joie, *Epître au pape sur les Castratis*.
„ On a aussi de lui une très-belle *Ode sur la*
„ *Guerre*, où il est tout à la fois poëte &
„ philosophe.

„ Il a encore composé de très-jolies comédies,
„ du moins elles sont réputées telles par ceux
„ qui les ont lues. Elles ne sont point imprimées;
„ mais on espere qu'elles ne tarderont pas de
„ l'être.

„ Une qualité très-rare dans M. Bordes,
„ c'est qu'il ne parloit jamais de lui dans ses
„ œuvres. „

13 *Juin*. On confirme que l'incendie de l'opéra n'a fait autant de progrès que parce qu'il n'y avoit point d'eau, & que les secours ont été trop lents. Le roi lui-même, lorsque M. Amelot vint lui annoncer le vendredi soir à onze heures cette fâcheuse catastrophe, fit cette judicieuse observation, & le ministre rendit à S. M. les excuses qu'on lui avoit données. Quoi qu'il en soit, comme c'est toujours après le mal qu'on songe au remede, on doit demain exécuter à la comédie Italienne la manœuvre d'une pompe qu'on regarde comme infaillible en pareil cas. Ce spectacle étant placé dans le quartier le plus peuplé de Paris, & où les rues fort étroites offrent plus d'aliment & de facilité aux flammes, en 1772 on imagina cet établissement. Jusqu'à présent on n'en a pas eu besoin heureusement. C'est ce simulacre qui aura lieu demain en présence de M. le lieutenant-général de police, de M. le prévôt des marchands, & de M. le comte d'Angiviller.

La pompe dont il s'agit tire de l'eau d'un vaste réservoir pratiqué sous le corps-de-garde de la rue Mauconseil, & qui agit intérieurement & extérieurement au premier coup de sonnette, par lequel sont avertis plusieurs factionnaires durant le spectacle; de maniere qu'en moins d'une minute l'eau peut se diriger dans tous les endroits du théatre de la salle, & inonder en même temps tout l'extérieur.

C'est par les ordres de M. de Sartines qu'a été exécutée cette belle machine : elle a été depuis entretenue journellement par les soins de M. Morat, directeur des pompes. Il y a tous les jours de spectacle un nombre fixe de soldats du régiment de gardes pour la manœuvre.

14 *Juin* 1781. En attendant qu'on puisse reconstruire une autre salle d'opéra, on en doit établir une dans le goût des salles foraines, qui sera élevée en peu de temps, & jusques-là on exécutera des concerts François, comme on a fait en 1763 à la salle du concert spirituel. Le premier doit avoir lieu mardi.

C'est aux dépens du roi que doivent se construire les divers édifices. En outre, S. M. entretient tous les sujets sur le pied où ils étoient, & indemnise les propriétaires des loges à l'année, qui ne peuvent ainsi jouir de leur abonnement.

14 *Juin*. Madame Telusson à quarante-deux ans ayant voulu se faire inoculer, vient de succomber au traitement par une maladie de femme qui lui est survenue, & mortelle en pareille circonstance. On assure que M. Tronchin répugnoit à la satisfaire; c'est cependant lui qui s'en est chargé. On ne sait ce que va devenir le singulier édifice construit pour loger cette dame; il

ne peut convenir aujourd'hui à ses enfants, & ils auront peine à s'en défaire, même avec la plus grande perte.

14 Juin. Dans le *Compte rendu* de M. Necker, on lit à l'article de *Main-morte* : « Plusieurs seigneurs ont affranchi leurs serfs à l'imitation de V. M. ; & *dans ce moment le chapitre de Saint-Claude répondant à vos intentions, va rendre la liberté à ses main-mortables, moyennant un léger cens, pareil à celui fixé dans vos domaines.* »

Les chanoines de Saint-Claude réclament contre cette assertion. Il est bien vrai que M. Necker les a fait solliciter fortement à cet égard ; mais ils ne sont point disposés à perdre 25,000 liv. de rentes qu'il faudroit sacrifier, à moins que S. M. ne les dédommage, & ils le lui ont déclaré. Il est bien vrai qu'un de leurs membres qui est ici pour faire sa cour au directeur-général des finances, lui a dit qu'il se faisoit fort de ses confreres ; mais le chapitre l'a désavoué. L'ostentation avec laquelle l'auteur s'est permis ce petit mensonge, annonce peu de délicatesse sur ce qu'il avance, & fait en conséquence révoquer en doute sa véracité sur d'autres points.

15 *Juin* 1781. Le simulacre projeté à la comédie Italienne a eu lieu en effet hier. L'expérience a parfaitement réussi, & il n'y a eu que 22 secondes d'intervalle entre le moment du signal & celui de l'effet. Tous les spectateurs ont été enchantés de la précision de la machine.

15 *Juin.* A la fin du dernier ballet d'*Orphée*, qui est fort long, un des chefs de la danse s'étant apperçu, que le feu étoit à une toile, eut la présence d'esprit de finir tout-à-coup la danse, &

faire baisser la toile pour ne point effrayer le public, qui trouva le ballet trop court, & eut ainsi le temps de sortir sans obstacle & sans désordre. Cette toile enflammée est une de celles qu'on appelle *Frises*: on demanda de l'eau; il n'y en avoit pas: on cria de couper les cordes auxquelles la toile étoit suspendue; on ne le fit que d'un côté; la toile penchant alors perpendiculairement, donna plus d'aliment à la flamme, qui embrasant la toile du fond, parvint bientôt au ceintre, se communiqua à toutes les frises: en moins de deux minutes le théatre fut embrasé. Tout secours devint alors inutile; & les spectateurs repoussés par la fumée, chercherent leur salut dans la fuite: Le feu gagna toute la salle: à une vapeur noire & épaisse succéda une colonne de feu à plus de trois cents pieds. La charpente de l'édifice ne s'affaissa que vers les neuf heures & demie. Par bonheur il pleuvoit, le vent constamment au sud-est & au sud-ouest étoit très-foible; en sorte que, quoique le feu ait pris à différentes reprises au comble des bâtimens de la cour des fontaines, & à ceux du grand escalier, les pompiers sont toujours parvenus à l'éteindre.

Tel a été le sort de la nouvelle salle, qui n'a duré que onze ans. On jouoit dans l'ancienne, brûlée en 1773, depuis 1660.

On a fait deux enterremens des cadavres trouvés dans les décombres, l'un de douze & l'autre de neuf. Le sieur Gardel dont on a été inquiet, se porte bien; c'est un nom approchant du sien qui a donné lieu à la méprise.

Le feu brûloit encore ce matin dans les fonds, mais sans pouvoir gagner ailleurs.

Les buſtes de Rameau & de Quinault, qui étoient dans le grand foyer, ſont tombés & ont été briſés : il n'eſt reſté debout que ceux de Lully & de Gluck.

16 *Juin* 1781. Les amateurs de méchanique vont voir une pendule aſtronomique tout à jour, exécutée par le ſieur Boucher, horloger du roi. Elle a quinze pieds de haut ſur dix de large, avec ſocle de marbre, pour être placée ſur une cheminée ou ſur une commode. Elle ſonne les heures & les quarts ; elle préſente ſix cadrans de face, & trois cercles tournants.

Le premier cadran indique les heures, les minutes, le temps vrai & le temps moyen; le ſecond, les mois ; le troiſieme, les phaſes & le quantieme de la lune; le quatrieme, le lever & le coucher du ſoleil; le cinquieme, les jours de la ſemaine & les ſignes aſtronomiques de chaque jour ; & le ſixieme, le quantieme du mois. Le premier cercle marque les ſignes du zodiaque, le deuxieme les ſaiſons, & le troiſieme les années.

Le mouvement ſe remonte de lui-même toutes les quinze ſecondes ; la verge de la lentille eſt compoſée pour corriger les inégalités du chaud & du froid.

16 *Juin*. Les vrais amis de la gloire de Voltaire ſont furieux de la publicité donnée par l'abbé Duverney, aux lettres écrites par ce grand homme au chanoine de ſaint Merri, à qui, ſuivant l'éditeur, le chapitre avoit confié ſa caiſſe, les janſéniſtes la leur, & Volaire la ſienne. Ils ſavent que quinze jours avant ſa mort celui-ci avoit prié l'abbé *de brûler ces paperaſſes, de peur qu'on ne l'y vît trop en laid ou trop en négligé. « on vous y verra tel que vous avez été, »* lui

répondit l'éditeur. Est-ce sincérement & réellement dans l'idée que ces lettres feroient honneur à la mémoire de son protecteur qu'il les a publiées? Les partisans du défunt ne peuvent le croire, & jugent qu'à l'exception de la quarante-deuxieme de celles à M. de la Condamine, & de trois ou quatre autres déja connues, dont on a grossi ce recueil, tout le reste méritoit la condamnation prononcée par l'auteur lui-même.

16 *Juin* 1781. M. Valdec de Lessart, maître des requêtes, étoit le bras droit de M. Necker, sur-tout relativement à la partie contentieuse des fermes, dont il étoit chargé de rapporter les affaires. Il est remplacé dans ces fonctions par M. de Villevault.

17 *Juin* 1781. Extrait d'une lettre de Luxembourg, du 5 juin. " Au moment où l'on s'y attendoit le moins, l'empereur est venu ici le jeudi 31 mai à deux heures après-midi. Il n'avoit pas été reconnu à la porte, & il fut quelque temps dans la ville qu'on ignoroit son arrivée. il n'avoit avec lui que le comte de Tercy & quelques domestiques: il venoit de Manheim; il alla droit à l'auberge; & remercia l'abbé de Saint-Maximin, qui vint le lendemain matin lui offrir un logement. Pendant son séjour ici, il s'est occupé alternativement à visiter les fortifications, & à faire manœuvrer les troupes. De retour à son auberge, il recevoit les personnes de tout rang qui venoient lui présenter des placets, ou avoient quelque chose à lui communiquer.

" Le jour de la pentecôte il a assisté à la grand'messe de paroisse. On lui avoit préparé un fauteuil qu'il refusa, & il se plaça sur

» un banc parmi le peuple, ne portant sur lui
» aucune marque de distinction.

,, Le lundi de la pentecôte il sortit de son ap-
» partement à quatre heures moins un quart: il
» reçut quelques placets qu'il fit mettre dans sa
» voiture, & se rendit ensuite à l'église des récol-
» lets, où il entendit la messe, toujours confondu
» dans la foule comme un simple particulier,
» & vêtu de même d'un simple drap gris avec
∞ des culottes de peau.

» Au sortir de l'église il revint à son auberge,
,, devant laquelle il trouva sa voiture préparée
,, pour son départ: avant d'y monter il se tourna
,, vers le peuple, en demandant si personne
,, n'avoit rien à lui dire. Etant dans sa voiture,
» qui est ouverte par devant, & qu'on appelle un
,, chariot de Hongrie, il la fit avancer à petit
» pas tant qu'il fut dans Luxembourg, se tenant
,, droit, le chapeau à la main, & saluant à
,, droite & à gauche, jusqu'à ce qu'il fût à la
» porte de la ville.

17 *Juin* 1781. Comme dans les cadavres trouvés dans les décombres de l'opéra, il en est plusieurs de danseurs morts, ce qui s'appelle *in flagranti delicto*, M. l'archevêque auroit désiré qu'on les eût privés de la sépulture chrétienne; mais le curé de Saint-Eustache a prévenu le prélat à cet égard : en sorte que les cadavres étoient inhumés lorsque les défenses sont venues.

17 *Juin.* Le séminaire de Saint Lazare est devenu depuis quelque temps l'asyle des pécheurs & des gens de lettres pénitents, qui vont y faire des retraites. On a déja parlé de l'abbé de Boulogne, qui y réside pour complaire à M. l'archevê-

que : ce jeune & fervent ecclésiastique ne veut pas en sortir qu'il n'ait composé son *éloge de Bossuet*, son *sermon de la cene*, qu'il doit prêcher devant le roi en 1782, enfin un *carême entier*.

M. l'abbé de L'aunay, grand fou, ne manquant pas d'un certain talent, mais faisant des vers risibles, y est allé, y a édifié toute la maison, & a composé deux odes, l'une *sur Dieu* & l'autre en *l'honneur de Saint Vincent de Paule*, le fondateur des lazaristes, ouvrages dont ces messieurs ont été enchantés : ils ont rendu à M. l'archevêque les meilleurs témoignages de l'abbé ; & le prélat qui étoit prévenu contre lui, le goûte aujourd'hui, & veut lui faire du bien.

On y a vu depuis peu encore, outre M. de Boulogne, l'abbé Mignot, neveu de Voltaire, & l'abbé de Lille. L'anecdote de celui-ci est curieuse.

Il se promenoit ce printemps à Marly, durant le voyage de la cour ; on le montre à la reine, on en parle à S. M. comme d'un grand poëte digne de son admiration ; on lui donne le desir de l'entendre : elle ordonne qu'on le lui amene, & l'invite à lire son fameux poëme de *l'art d'embellir les jardins*. Sa majesté en est enchantée, elle dit à M. le comte d'Artois, qui est présent : ,, vous devriez lui donner quelque bénéfice ,, vacant dans votre apanage ; ,, & le prince lui a fait avoir une bonne abbaye. Mais la conduite de cet ecclésiastique, peu canonique jusques-là, a dû se purifier par une retraite. Ainsi la poésie qui avoit sous l'évêque de Mirepoix fait obstacle à la fortune de l'abbé de Bernis, est devenue le principe de celle de l'abbé de Lille.

18 *Juin* 1781. M. d'Alembert, qui est très-méthodique, annonce long-temps d'avance les fêtes académiques pour qu'on s'y prépare mieux: & qu'elles aient plus d'éclat, a reculé jusqu'au 5 juillet la réception de M. de Chamfort, & il y a déja trois semaines que le jour est indiqué.

18 *Juin*. Extrait d'une lettre de Strasbourg, du 31 mai. « Je ne cherche point à lever le voile que le comte de Calliostro se plaît à laisser sur sa patrie, sur sa naissance & sur les événements d'une vie qu'il paroît avoir consacrée toute entiere au soulagement de ses semblables ; car, quoi qu'en dise la faculté, il a fait ici de très-belles cures. Celle de M. le chevalier Langlois, capitaine de dragons au régiment de Lescurne, ne peut se révoquer en doute, puisque c'est celui-ci même qui la publie. C'étoit un état de consomption poussé au plus haut période : ses vapeurs étoient si noires qu'il vouloit se donner la mort, & qu'on étoit obligé de prendre les précautions les plus humiliantes contre lui, afin de l'empêcher d'exécuter ce funeste dessein. Il est revenu absolument dans son état naturel ; & quoiqu'il ait éprouvé depuis toutes les especes de sensations vives, capables de le remettre dans cet ancien état, elles ne produisent plus sur lui que l'effet qu'elles doivent causer à tout être sensible : il y a trois mois qu'il est guéri, sans avoir éprouvé la moindre affection hypocondriaque. »

18 *Juin. Discours au roi, présenté à la reine par M. le marquis de Castries.*

Sire,

"C'est en vain que nous aurions recours au prestige de l'éloquence pour attendrir le cœur de V. M. Quelles plus touchantes prieres que les cris d'une douleur universelle, & les gémissements de tout un peuple!

la capitale & les provinces retentissent de la nouvelle la plus affligeante & la plus imprévue. Au silence de la consternation & de la surprise, ont succédé ces questions tumultueuses & réciproques : " *Le ministre des finances est-il disgracié ? de quoi s'est-il rendu coupable ? son éloquence mâle & libre auroit-elle déplu ? est-on blessé des formes helvétiques avec lesquelles il a présenté la vérité ? enfin la religion du roi auroit-elle été surprise ?*

"Ah, Sire! au milieu des sollicitudes personnelles dont votre ame doit être agitée, daignez jeter les yeux sur le tableau consolant de votre administration, & la comparer à celle des rois vos prédécesseurs : quels grands & rapides changements n'ont pas couronné les travaux de votre majesté! C'est du choix des ministres que dépend le salut de l'état ; & ce choix, elle a su le faire : Elle a montré le Mentor à son peuple ; elle lui a rendu ses juges naturels ; elle a refusé des tributs légitimes ; enfin, Sire, vous avez été juste & clément, & vous avez fui la louange, en faisant tout pour la mériter.

„ Votre majesté a confié les ressorts les plus
„ compliqués du gouvernement à celui que son
„ état sembloit en exclure, & qui n'eut pas été
„ choisi par un prince foible, ou indifférent au
„ bien public.

„ C'est ici que se multiplient les obstacles de
„ tout genre; c'est ici que les idées vont plus
„ loin que les expressions, & qu'un administra-
„ teur des finances doit se montrer supérieur à
„ la disgrace comme à ses ennemis. Il doit
„ affronter leur haine dangereuse pour le suffrage
„ de vingt millions d'hommes.

„ Celui qui emporte aujourd'hui les regrets
„ de la nation, a osé exécuter ce qu'il avoit osé
„ entreprendre. Rien ne l'a arrêté dans sa péni-
„ ble carriere; & les yeux fixés sur V. M.
„ comme l'aigle sur le soleil, il a dédaigné
„ les méchants, qu'il auroit fallu chercher dans
„ les ténèbres. Livré tout entier aux grandes
„ pensées de l'administration, il ne s'est occupé
„ que des moyens prompts & difficiles qu'il
„ falloit, pour ainsi dire, créer vos trésors:
„ une marine formidable, une enthousiasme
„ universel alloient vous rendre l'arbitre de
„ l'Europe. Vous deveniez l'exemple des souve-
„ rains dans un âge ou l'on n'a que des
„ modeles à imiter. Des jours de triomphe
„ alloient encore embellir la France; & l'his-
„ toire de votre regne étoit celle de vos succès
„ & de vos vertus. Le nom seul de votre mi-
„ nistre imprimoit autant de confiance à vos
„ sujets que de terreur à vos ennemis. La plu-
„ part de ceux qui l'ont précédé ont passé
„ comme ces météores qui désolent la terre;
„ celui-ci laisse après lui un sillon de lumiere,

« qui doit éclairer, mais effrayer ſes ſucceſſeurs.

» Votre majeſté pourra-t-elle réſiſter aux inſtan-
» ces d'une jeune princeſſe, l'ornement de la
» cour, la patrone de ſes peuples, qui tempere
» le reſpect par les graces, & qui ne peut vouloir
» que votre repos, votre gloire & la proſpérité de
» l'état ?

» Votre majeſté punira-t-elle un homme ver-
» tueux qui défend l'innocence & l'amitié,
» comme il a défendu la patrie; un ſujet dévoué
» à ſon maître, qui n'a pas craint de lui déplaire,
» en montrant le courage & l'énergie d'un cheva-
» lier François ?

» Enfin, s'il eſt vrai que le plus grand monar-
» que de l'univers doive régler ſes opinions ſur
» celles de quelques hommes ſupérieurs, qu'il
» regarde comme l'ame de ſes conſeils, quel doit
» être l'aſcendant du vœu général de la nation,
» qui, proſternée aux pieds de V. M., la ſupplie
» de rappeller un miniſtre interprete de ſes ſenti-
» ments, un miniſtre qui eſt l'image d'un bon roi,
» comme votre majeſté eſt celle de Dieu ſur la
» terre. »

19 *Juin* 1781. On aſſure aujourd'hui que le diſcours factice au roi préſenté à la reine par M. le marquis de Caſtries, eſt du marquis de Villette.

19 *Juin*. On parle beaucoup d'un ouvrage nouveau en deux volumes, intitulé: *le Tableau de Paris*: on l'attribue à l'auteur de l'an 2440; & un particulier de Soleure, qui étoit venu dans cette capitale avec un nombre d'exemplaires du livre, a été arrêté & conduit à la Baſtille. On dit l'ouvrage piquant, & il eſt ſuſceptible de l'être. Il y a quinze ou vingt ans que feu Chevrier publia un

livre de cette espece, ayant pour titre, *Paris*. On peut donner de temps en temps des descriptions de cette ville, toujours neuves & intéressantes.

19 *Juin* 1781. M. le comte de Thélis a fait passer une *lettre aux souscripteurs des écoles nationales*, où il leur apprend qu'il s'est déterminé à retirer ses éleves du voisinage de la capitale, avec l'agrément de S. M., qui veut bien lui continuer les mêmes secours en province.

On a dit qu'en approchant ses écoles de Paris, il n'avoit eu d'autre but que d'exciter le zele de ses habitants, & leur faire connoître son établissement par cet essai. Il a rempli sa tâche à cet égard : ses éleves ont construit une assez grande partie de chemin pour donner au gouvernement & au public une idée nette de la nature & de l'utilité de cette école. Il faut aussi & essentiellement s'occuper de leurs mœurs & éducation, qui ne peuvent se bien perfectionner que dans la campagne ; car M. de Thélis craint pour ses jeunes gens, même la contagion des grandes villes.

Les deux écoles seront désormais en Berry & en Forez. Le duc de Charost présidera à la premiere, M. le comte de Thélis à la seconde.

A la suite de cette lettre l'auteur a joint l'état des dépenses des écoles nationales militaires de Paris & de Lyon pendant les quatre premiers mois 1781 ; d'où il résulte que la toise quarrée de pavé, qui coûte ordinairement 24 livres 10 sous, n'a coûté en ferré que 25 sous, & il assure que l'entretien de cette même toise quarrée n'ira pas à plus de 7 à 8 sous par année ; ce qui seroit une économie très-grande pour tous les chemins qui ont le gravier plus à portée que le pavé.

19 *Juin* 1781. Le *Journal de Paris* est arrêté, & la feuille d'aujourd'hui 19 n'a point paru : on dit que c'est à cause de l'article où le journaliste rend compte de l'oraison funebre de l'impératrice-reine, prononcée au Louvre par l'abbé de Boismont, l'un des quarante, le vendredi premier de ce mois.

20 *Juin* 1781. Le *Journal de Paris* n'a été arrêté que pour la journée d'hier. Il paroît constant que c'étoit sur les plaintes de l'académie, trouvant mauvais qu'on eût autant mal-traité un de ses membres relativement à l'oraison funebre de l'impératrice-reine, par l'abbé de Boismont, Mais M. Sautereau, auteur de l'article, a fait voir qu'il n'y avoit pas la plus légere personnalité ; qu'il s'étoit renfermé dans les bornes d'une critique purement littéraire, & que cette critique étoit même tempérée par des éloges. Il n'y a pas eu moyen de soutenir une suspension qui seroit devenue tyrannique, & auroit fait crier tous les souscripteurs. Il paroît qu'on n'a même exigé du journaliste aucune rétractation, excuse ni modification.

21 *Juin* 1781. M. le comte de Chastenai, lieutenant de vaisseau, un des fils de M. de Puysegur, ayant eu occasion d'aller plusieurs fois chez le docteur Mesmer, a si bien étudié & attrapé sa méthode, qu'il traite aujourd'hui des cures comme lui. Le médecin Allemand, furieux de se voir dérober son secret, ne veut plus le recevoir chez lui. Au reste, cet exemple confirme son assertion, que tout homme a cet agent du magnétisme animal qu'il fait valoir, & qui ne consiste

consiste que dans une certaine préparation & méthode de l'employer.

21 *Juin*. Il est décidé que la salle provisoire à construire pour l'opéra, sera auprès de la porte St. Martin, où étoit autrefois le magasin de la ville. On doit avoir déja commencé les travaux, & l'on veut qu'on y puisse jouer au mois d'octobre.

On regarde toujours comme décidé que la salle essentielle aura lieu au même emplacement; mais on croit qu'on n'y songera qu'à la paix. Sa majesté a demandé à voir les plans.

21 *Juin*. C'est mardi qu'on doit commencer à plaider au palais le grand procès du duc de Chartres contre les propriétaires des maisons. Me. Target doit requérir pour le prince l'enrégistrement des lettres-patentes obtenues par S. A. sérénissime à cet effet : Me. Gerbier doit s'y opposer au nom des propriétaires. L'importance des acteurs de cette scene & l'éclat qu'a déja eu cette contestation, y attirera beaucoup de monde.

22 *Juin*. *Journal de marine*, ou *Bibliotheque raisonnée de la science du navigateur*. Cet ouvrage périodique a été entrepris par M. Blondeau, professeur de mathématiques à Brest, & membre de l'académie royale de marine. Il en avoit publié le *Prospectus* dès 1776 ; mais les obstacles qu'a rencontré son projet, ne lui ont permis de commencer qu'au mois de juin 1778, & sous les auspices du duc de Chartres, auquel il l'a dédié.

Cependant l'auteur prévoyant les inconvénients de son journal, s'il entroit dans le récit des faits militaires & historiques, avoit eu grand soin de prévenir qu'il s'abstiendroit de ces matieres, quelques intéressantes & curieuses qu'elles fussent, & il a reçu des ordres supérieurs qui lui ont défendu de s'en occuper. Il a donc été borné à se rendre utile, ne pouvant être agréable.

1°. A rapporter toutes les pieces capables de donner une idée & un développement de l'état de la marine actuelle chez nous, & de la marine en général.

2°. A fournir des extraits, analyses & critiques des ouvrages sur la marine, à mesure qu'ils paroîtront.

3°. Au récit des faits dont la connoissance sera avantageuse à la marine, comme travaux nouvellement faits dans quelques ports ou sur quelques côtes, pour la sûreté de la navigation; inventions nouvelles, propres à produire épargne ou perfection dans les travaux de la marine; accidents qu'on peut prévoir & éviter lorsqu'ils sont connus; annonces de livres nouveaux qu'il ne sera possible de faire connoître plus en détail; actions mémorables dont la connoissance tiendra à la perfection de l'art, ou à la sûreté de ceux qui l'exercent.

Dans l'état de sécheresse auquel est réduit cet ouvrage périodique, dont on ne publie que huit cahiers par an, il ne peut être recherché que des gens du métier, ou des nouvellistes curieux de se mettre au fait d'un art très-ignoré jusqu'à présent, & devenu depuis la guerre, purement maritime, le sujet de toutes les conversations.

23 *Juin* 1781. Le sieur Monvel vient de sortir du royaume, & de se retirer à Bruxelles. On dit que cet événement est la suite de son inconduite;

qu'il doit 200,000 livres. Il paſſoit pour avoir des gitons, & l'on veut que cette eſpece de plaiſir lui ait coûté fort cher. Quoi qu'il en ſoit, M. le lieutenant-général de police ayant eu vent du projet de ce comédien, l'avoit envoyé chercher quelques jours avant, l'avoit confeſſé, lui avoit donné des eſpérances que les choſes s'arrangeroient, & exigé ſa parole d'honneur qu'il ne partît pas : ce qu'il avoit promis.

Cette perte ne peut que jeter la comédie Françoiſe, déja dans un déſordre conſidérable, dans un délabrement encore plus grand. Il y a ſix mois qu'ils n'ont joué de nouveautés, & il n'y a pas d'apparence qu'ils en puiſſent exécuter de ſi-tôt.

23 *Juin.* On eſt inquiet du maréchal prince de Soubiſe ; ce ſeigneur a un mal conſidérable à une jambe ; & comme le genre de vie qu'il a mené ne fait pas préſumer qu'il ait le ſang très-pur, on ſent que cet accident peut être de grande conſéquence.

23 *Juin*. M. Cochu, avocat au conſeil, très-eſtimé, ayant un peu tourné en ridicule la juriſdiction de la prévôté de l'hôtel dans un numéro en faveur du bailliage de Verſailles, contre cette juriſdiction, a été interdit pour trois mois par arrêt du conſeil du premier de ce mois. Le 13 l'arrêt lui a été ſignifié : il s'eſt défendu, & a fait voir au miniſtre de Paris que ſa religion avoit été ſurpriſe ; & dès le 21 nouvel arrêt qui l'a rétabli dans ſes fonctions.

Entr'autres anecdotes plaiſantes ſur les fonctions du prévôt de l'hôtel qu'il n'a fait que citer, on trouve que ſa juriſdiction étoit de veiller sur les filles de joie suivant la cour ; on l'appelloit *le roi des Ribauds*, & il avoit le privilege de faire faire son lit par quatre maquerelles.

24 *Juin* 1781. Un certain abbé Cardon, qui avoit été prémontré, puis prieur de la Ferté en Normandie, & s'étoit enfin établi à Paris, y fréquentoit beaucoup les lieux publics, se permettant les propos les plus indiscrets. Il a été arrêté il y a quelques jours, & conduit, à ce qu'on croit, à Charenton. Cet homme ne manquoit pas d'esprit & de connoissances ; il plaisoit surtout par ses sarcasmes & sa méchanceté : il étoit en outre très-obscene. Quoique fils d'un artisan, il se prétendoit homme de qualité, & avoit allongé son nom pour se faire descendre de l'illustre maison de Cardonne. En un mot, c'étoit un original de toutes les manieres.

25 *Juin.* Le public est d'autant plus sensible à l'accident de M. de Soubise, qu'il vient de donner, à l'égard d'une portion de ce même public, un exemple de sa déférence & de son envie de lui plaire. Les propriétaires des maisons de la rue des Quatre-fils trouvant que les murs de l'hôtel de Soubise, trop élevés, en déroboient la vue aux premiers étages, & même la rendoient très-confuse & gênée aux seconds, ont supplié ce prince de vouloir bien permettre qu'à leurs frais ils les fissent baisser. Cette démarche, qui peut-être eût été regardée comme indiscrette par beaucoup d'autres, & même comme offensante, a été au contraire accueillie avec empressement par M. de Soubise. Il a répondu qu'il s'estimoit très-heureux de pouvoir faire quelque chose d'agréable à ses voisins ; qu'il se confor-

meroit à leurs desirs, & ne vouloit point qu'ils se constituassent en aucuns frais. Ce procédé bienfaisant & généreux, est regardé comme une belle leçon qu'il donne en ce moment-ci indirectement au duc de Chartres.

25 *Juin.* Dimanche dernier une pauvre femme étant morte sur la paroisse de Saint Sulpice, un prêtre est venu pour l'enterrer ; mais l'ayant trouvée sans biere & ne voyant point d'argent pour la rétribution, s'en est allé. Les commeres voisines & amies de cette pauvre femme, indignées du procédé de l'homme de Dieu, ont chargé le cadavre sur leurs épaules, l'ont porté elles-mêmes à l'église, & ont conté au peuple, encore assemblé pour le service divin, le sujet de cette aventure ; ce qui a causé un murmure considérable, & obligé les prêtres de satisfaire bien vîte à la cérémonie, afin d'éviter les suites de la fermentation.

25 *Juin.* Entr'autres originalités de l'abbé Cardon, on rapporte que peu après la mort de M. de Clugny il entra au café du Caveau, où le médecin Bouvart déjeûnoit avec une tasse de chocolat. Il va à lui, & lui dit : « monsieur le
» docteur, je m'empresse de vous remercier au
» nom de tous les bons citoyens, de l'expédition
» patriotique que vous venez de faire en déli-
» vrant la France d'un de ses plus grands fléaux,
» de ce J. F.... de Clugny, qui auroit marché
» sur les erremens de l'abbé Terrai, & auroit
» achevé notre perte. » M. Bouvart le regarde fixement, ne lui dit pas une parole ; mais en allant payer sa tasse de chocolat s'écrie : « il faut

„ avouer que dans ces lieux on est sujet à entendre de bien mauvais propos. „

26 *Juin* 1781. Le *Tableau de Paris* est précédé d'une préface datée du 8 octobre 1780, où l'auteur capte la bienveillance du lecteur, par l'annonce la plus piquante de l'ouvrage ; mais il ne tient pas parole : rien de plus vague, de plus décousu. C'est un recueil de peut-être trois cents titres, dont chacun pourroit être matiere d'un long chapitre, & n'est qu'effleuré ; dont plusieurs n'ont pas plus de rapport à Paris qu'à Londres ou à Constantinople ; dont le grand nombre enfin sont des morceaux absolument étrangeres à l'objet. On voit que l'observateur a eu la tâche de son libraire de composer une masse de deux volumes in-8°., qu'il a rempli comme il a pu. Il voudroit être méchant, & n'en a pas la force. Le style en est plus emphatique que noble, & les pensées, sous un air de profondeur, n'ont rien que de trivial.

26 *Juin*. M. de Grimaldy, des princes de Monaco, évêque & comte de Noyon, pair de France, est un prélat fastueux, entier, & qui ne se pique pas d'édifier infiniment ses ouailles par ses vertus pastorales. L'évêché du Mans où il étoit avant de passer à Noyon, est encore rempli de scandales qu'il y causoit avec une foule de jeunes abbés égrillards comme lui, dont il faisoit ses grands-vicaires : c'étoit à qui feroit le plus d'exploits galants. Cependant lorsqu'il quitta ce siege, le chapitre, par une délibération du 30 janvier 1778, arrêta de faire placer dans le revestiaire son portrait, au bas duquel devoit être gravé sur un marbre l'inscription suivante :

In omniore : quasi mel, indulcabitur
Hujus antistis memoria,
Qui dilexit decorem domus Domini,
Honoravit templum,
Dedit in celebrationibus decus,
Juxta Legem & Ceremonias.
Illustrissimo ac Reverendissimo Patri
D. Domino Ludovico Andreæ de Grimaldy
& Principibus Monæci,
Cenomanensium Episcopo die V Julii MDCCLXXVII
Consecrato.
Ad Sedem Noviomensem die 26 Octobris 1777 translato ;
Hoc perpetuum amoris monumentum
Decanus, Canonici & Capitulum insignis Ecclesiæ
Cenomanensis Memore posuerunt,
In Comitiis generalibus post Festum beatissimi Juliani
celebratis.
Anno 1778.

Il paroît que le chapitre de Noyon n'a pas eu pour son nouveau chef la même adulation. M. l'évêque ayant jugé à propos, sans son concours, de supprimer par un mandement le chommage de cinq fêtes, & de transférer au dimanche le chommage de huit autres, d'affranchir le peuple de l'obligation du service le jour du vendredi-saint ; les chanoines s'y sont opposé & ont réclamé leur droit d'aider monseigneur dans sa législation épiscopale, comme étant ses conseillers-nés, comme formant son sénat. Le parlement a été saisi de l'affaire : il y a paru des mémoires curieux de la part de Me. Gerbier, pour le prélat, & de Me. Debonnieres pour les doyen, chanoines & chapitre de l'église cathédrale de Noyon.

M. l'évêque vient de succomber, & il a été décidé qu'il ne pourroit faire de ces innovations sans son chapitre ou son synode.

27 *Juin* 1781. L'affaire du sieur Monvel s'éclaircit, mais d'une façon plus honteuse pour lui. Il passe pour constant qu'il a été surpris en flagrant-délit aux Tuileries, où l'on le remarquoit se promenant souvent seul dans l'allée des stercorations. C'est là le véritable objet du mandat de M. le lieutenant-général de police : comme c'étoit pour la cinquieme fois, on veut que ce magistrat lui ait enjoint, au contraire, de se soustraire par une prompte fuite au supplice dont il étoit menacé. Ce crime devenu très-commun & même fort répandu à la cour, a besoin d'une indulgence qui ne pourroit avoir lieu si les loix qui le concernent étoient mises en vigueur; on aime mieux fermer les yeux sur les coupables pour ne pas le propager encore d'avantage par la publicité.

On dit aujourd'hui que le sieur Monvel va à Stockholm, où il sera directeur de troupe ; que la direction lui vaudra 12,000 livres, & qu'il aura en outre 6,000 livres d'appointements de sa majesté Suédoise.

27 *Juin.* Extrait d'une lettre de Strasbourg, du 18 juin. En 1779 on exécuta sur notre théatre *l'Infante de Zamora*, opéra comique en trois actes, parodié sur la musique de la *Frascatana*, quoique ces deux sujets n'aient ensemble aucune espece de rapport. Elle eut un succès non-seulement tel qu'on avoit lieu de l'espérer, après le plaisir que cette piece avoit causé

à Versailles, mais au-delà de toute expression.

M. Framery, auteur de cette parodie, ayant traduit pour une société particuliere de Paris, un autre opéra bouffon, *les deux Comtesses*, il a été joué ici au commencement de l'année avec un succès aussi complet que l'*Infante*.

Même feu, même tournure originale & brillante dans la musique, même soin, même attention à en conserver l'expression & le caractere dans les paroles. Si l'*Infante* est d'un plus grand effet par la magnificence du spectacle & la variété des détails, tant dans le poëme que dans la musique, le mérite des *deux Comtesses* est peut-être plus grand encore par l'ensemble, par la sagesse du plan, par la contexture des scenes, l'intérêt & la vérité du dialogue : il est même inconcevable pour ceux qui connoissent le poëme italien, qu'on ait pu en tirer pour notre scene un aussi grand parti.

Nous desirions également avoir *le Jaloux à l'épreuve*; & comme les défenses faites aux Italiens de donner de ces parodies, rendent le talent de M. Framery inutile, Mlle. de la Haye, directrice de notre spectacle, a imaginé d'inviter tous les directeurs de province, ses confreres, à souscrire pour faire un sort convenable au poëte. Ce qui leur sera très-avantageux, & déterminera celui-ci à se livrer entiérement à la prospérité de leurs troupes.

28 *Juin*. Le 15 mars dernier S. M. ayant agréé un dessin allégorique qui lui fut présenté en l'honneur de son auguste mere l'impératrice-reine, il s'exécute aujourd'hui ; mais cette estampe intéressante ne peut paroître qu'au mois d'août prochain. Voici le sujet.

L

Le tableau offre une pyramide surmontée d'une urne funéraire & d'un sablier, sur lequel un aigle paroît se reposer.

L'amour attache à la pyramide le médaillon de feue *Marie-Therese*, archiduchesse d'Autriche, impératrice douairiere, reine de Hongrie & de Boheme. Au dessus du médaillon est une couronne que traversent les attributs du *courage*, des *graces* & de la *majesté*.

Appuyée d'une main sur un bouclier, de l'autre tenant une pique, la déesse de la guerre paroît debout, triste & abattue : elle occupe un des angles de la pyramide. A ses pieds sont des canons, des piques & des drapeaux, où l'on voit les armes de l'Empire.

Junon, du côté opposé, paroît aussi debout avec ses attributs : elle figure dans son maintien la majesté affligée.

Vénus, sur le devant, est tombée de douleur. L'Amour cherche à la consoler. Des deux colombes de la déesse, l'une fuit & s'échappe ; l'Amour retient l'autre ; il la caresse : & sous cet emblême, l'auteur désigne la reine de France.

Sous un ciel sombre, le Temps passe armé de sa faux ; il s'est enveloppé, & se dérobe au reproche d'avoir frappé une tête chérie.

Du côté opposé la Renommée s'éleve ; elle paroît sonnant de la trompette. A cet instrument pend un drapeau, sur lequel est écrit :

Majus ab exequifis nomen in ora venit.

Sur la derniere des marches de l'obélisque, on lit;

Filiæ, uxori, matrique Cæsarum.

L'impression de ces objets funestes est combattue par un petit tableau placé au dessus du grand, & en faisant partie : on y voit un chêne abattu ; un autre s'éleve, l'Amour l'ordonne. Placé dans un cartouche, au dessus de cet arbre, il écrit avec une de ses fleches : *Altera surgat*. L'horizon est éclairé par un soleil levant.

Tout ce dessin est entouré d'Arabesque formant un riche cadre. Les Vertus y figurent sous les traits des Amours, qui en tiennent les attributs caractéristiques.

La destination du tableau est annoncée par l'inscription suivante :

Galliarum Reginæ pietati,
Felix Nogaret, Massiliensis & Andegavens. Acad. Socius,
O. D. C.
Anno 1781.

D'où il faut conclure que c'est M. Nogaret qui a donné l'idée de la composition, trop surchargée, pleine de puérilités & de froideur conséquemment.

28 *Juin* 1781. On a parlé de 600,000 livres de répartitions pour chacun des soixante à la fin du bail des fermes, dont M. Necker s'étoit emparé, en laissant cependant à chacun 100,000 liv.: il a gardé le surplus, formant environ trente millions, promettant de leur rendre le plutôt possible.

Le nouveau ministre des finances a cru devoir tirer parti de cette sorte d'injustice ; il a fait entendre à ces messieurs qu'ils ne comptassent pas de sitôt sur ces fonds. Il a aiguillonné leur amour-propre, en ajoutant que S. M. vouloit bien les tenir de leur zele pour elle, & les regarder comme un prêt gratuit, en prenant un engagement solemnel pour les leur rendre sous un délai déterminé. En conséquence il doit paroître demain dans la gazette de France un bel article sur cet objet, où l'on fera un compliment à ces publicains.

Il résultera de-là que leur avance sera solide & déterminée ; que M. Joly de Fleury passera pour un homme encore plus adroit que M. Necker, puisqu'il trouve à emprunter un aussi gros capital sans intérêt ; enfin, que nos ennemis seront effrayés du pouvoir d'un monarque, ayant des sujets aussi riches, aussi désintéressés & aussi zélés.

28 *Juin*. Il paroît que M. de la Blancherie a si bien intrigué, qu'il revient encore une fois sur l'eau avec un plus grand lustre pour son *Agence* : il annonce quarante souscripteurs de la premiere qualité, qui se rendent ses cautions d'un hôtel superbe, qu'il a loué rue Saint André-des-Arts.

28 *Juin*. Les concerts, comme on l'avoit prévu, vont fort bien dans le commencement ; afin de rendre aux amateurs autant qu'il est possible l'agrément qu'ils avoient à l'opéra, de voir les filles de près & de causer avec elles pendant la représentation, on a formé un rang de loges au niveau du parquet, où se placent les demoiselles habituées à se voir une cour, & à tenir cercle au spectacle. Malheureusement on ne peut rendre aux paillards les jambes des danseuses, qui les émerveilloient si fort.

29 *Juin*. M. de Pleinchesne, auteur des Boulevards, qui en a fait long-temps les délices,

se retourne aujourd'hui vers les entreprises utiles & pécuniaires, mais toujours cependant dans le genre galant. Il vient d'imaginer pour la foire Saint-Laurent un Wauxhall d'une espece particuliere & originale, sous le titre de *Redoute Chinoise*, qui s'est ouvert hier. On y trouve un jeu de bague inscrit, & tournant dans une pagode ou temple Chinois ; une escarpolette orientale ; un restaurateur placé dans un camp Asiatique. Hier ce spectable a fixé singuliérement l'attention des amateurs. On y a remarqué un café d'un genre absolument neuf : c'est une véritable caverne très-vaste, & où la plus grande fraîcheur n'est due qu'à l'imitation exacte des formes & des effets de la nature.

Le sallon de danse offre le plus grand morceau d'architecture Chinoise qui ait encore été exécuté en France. Le plafond sur-tout s'est fait remarquer, tant par la richesse de ses couleurs, que par une collection de vingt-quatre tableaux exécutés sur les dessins de Boucher.

C'est dans la cour ou jardin où l'on trouve les jeux annoncés, tous variés & dans le costume Chinois.

Cet ouvrage est exécuté sur les dessins de monsieur Munich, peintre, & la construction a été dirigée par M. Melan, architecte.

La seule chose qu'on ait critiquée, c'est l'illumination, qui ne produisoit pas assez d'effet à cause des lanternes Chinoises, fermées par des vers mats, très-favorables à la peinture, mais peu propres au jeu des lumieres.

30 *Juin* 1781. La reine avance heureusement dans sa grossesse, & en plaisante agréablement. Quelques courtisans rapportent que S. M. disoit

l'autre jour au comte d'Artois : « *votre neveu me donne de furieux coups dans le ventre ; & à moi, Madame, des coups de pied au cul*, » reprit son alteſſe royale avec beaucoup de gentilleſſe & de vivacité.

30 *Juin* 1781. Les conférences pour le code nouveau de législation des colonies, se tiennent toujours, tantôt chez M. de Bongar, intendant de Saint-Domingue, tantôt chez M. le préſident Taſcher, ancien intendant de la Martinique. Un M. Foulquier, conſeiller au parlement de Toulouſe, qui s'étoit fait nommer adjoint du premier pour aller à Saint-Domingue, eſt entré en conſéquence dans ce comité, où aſſiſtent auſſi pluſieurs commis des bureaux.

Ce M. Foulquier paſſe aujourd'hui intendant à la Guadeloupe, d'où eſt rappellé M. de Montdenoix.

30 *Juin.* Les projets ſur la ſalle proviſoire ſont encore changés. On ne la conſtruit plus près la porte Saint-Martin : on a donné ordre aux François de ſe diſpoſer à paſſer à pâque dans leur nouvelle ſalle, & à vuider celle des Tuileries, où s'établira le théatre lyrique juſqu'à la paix. Comme cet hiver paroîtra ſûrement long aux amateurs, on pourra jouer ſur le théatre des Menus quelques fragments, quelques petits actes propres à les amuſer. Quant à la grande ſalle, il eſt toujours queſtion d'attendre la paix avant d'y travailler ; & malgré la foule des projets qu'on à cet égard, il y a à parier que le duc de Chartres obtiendra qu'elle ſoit rebâtie dans le même emplacement.

1 *Juillet* 1781. C'eſt le jeudi 5 juillet que doit recommencer à l'hôtel de Villayer, rue Saint-

André-des-Arts, l'assemblée des savants & des artistes, dont monsieur de la Blancherie est l'instigateur & le promoteur, en la qualité qu'il s'est conférée, d'*agent général de correspondance pour les sciences & les arts*. Il a imaginé d'avoir trois sortes de souscripteurs, pour donner à son établissement plus de consistance qu'il n'en a eu jusqu'à présent.

1°. Une société de quarante grands seigneurs s'est chargée de payer le loyer, & c'est à leur munificence qu'on doit le superbe emplacement où va s'installer M. l'Agent.

2°. Une autre société non moins bien composée se forme à son exemple, afin d'assurer pendant trois ans un fonds pour les frais de la correspondance.

3°. M. de la Blancherie propose encore de réunir à ces deux sociétés toutes les personnes qui, par une soumission pour trois ans, voudront contribuer de deux louis par an à la consistance de l'établissement.

Tout cela est indépendant d'un louis par an, que fourniront les souscripteurs de la feuille hebdomadaire, sous le titre de *Nouvelles de la République des Lettres & des Arts*.

M. de la Blancherie restera chargé de la direction générale de l'établissement, selon le plan approuvé par l'académie des sciences, & le règlement publié en 1779. Tous les détails de la correspondance, dans toutes les parties des sciences & des arts, seront remis par lui à six savants associés, pour les rédiger.

Une petite loterie, car il en faut par-tout, est proposée pour amorcer la cupidité des souscripteurs. Outre l'avantage d'entrer librement dans ce sanctuaire, fermé désormais aux profanes, ils auront l'espoir de posséder par la voie du sort quelqu'un des morceaux précieux exposés pendant l'année, dont on fera l'acquisition de l'excédent des fonds provenants de diverses souscriptions, après avoir satisfait à toutes les dépenses.

Ces messieurs donneront gratuitement leur travail & leur temps, n'étant excités que par l'amour de la gloire, & par un zele dévorant pour la propagation des sciences & des arts.

2 *Juillet* 1781. M. Hallé, dont on a annoncé la mort, étoit fils & petit-fils de peintres, tous deux célebres. Il naquit à Paris en 1711; & par une singularité assez rare, suivit ses peres dans la carriere des arts. Il remporta le premier prix de peinture, & alla se perfectionner en Italie. A son retour il fut agréé en 1747, & passa successivement par les divers grades de l'académie. Il obtint la sur-inspection de la manufacture des tapisseries de la couronne en 1771; & en 1775 M. le comte d'Angiviller, jaloux d'établir une nouvelle discipline dans la gestion de l'académie de France à Rome, le détermina à partir. M. Hallé, en effet, y ramena en peu de temps la décence & l'économie. Il refusa toute récompense pécuniaire. C'est alors qu'il fut décoré du cordon de saint Michel, & S. M. fournit à toutes les dépenses nécessaires pour sa réception.

Son pinceau a toujours été chaste : il n'avoit point de fougue dans sa composition, mais elle étoit constamment sage & soumise aux vraisemblances & aux regles de l'art. La perspective étoit la partie qu'il avoit la plus approfondie,

& il visoit sur-tout à la correction. Sa couleur étoit foible, mais avoit quelquefois un ton argentin qui plaisoit à l'œil. Ce ton se remarque particuliérement dans son tableau de prédication, que l'on voit dans l'église de saint Louis de Versailles.

M. Hallé avoit un intérieur fort doux, comme son caractere; & le dernier signe de vie qu'il a donné, a été un sourire à sa femme, à ses enfants & à ses amis.

2 *Juillet* 1781. Mercredi dernier 27 juin, l'affaire du jeune comte de Solar a enfin été jugée au châtelet: il a été reconnu pour le véritable fils du comte de Solar: le sieur Cazeau, cependant déchargé de l'accusation de l'avoir perdu ou voulu perdre; ce qui implique une singuliere contradiction. La demoiselle de Solar mise hors de cour, seulement par rapport à la connoissance qu'elle étoit accusée d'avoir eu du crime de sa mere, avoué par celle-ci au lit de la mort.

2 *Juillet*. Le fameux *Ami des hommes*, monsieur de Mirabeau, a succombé à une nouvelle demande en séparation intentée contre sa femme; parce qu'il a été prouvé qu'au moment où, obéissant à l'arrêt, elle se rendoit auprès de lui & rentroit dans sa maison, il faisoit divorce lui-même, & s'en éloignoit. Cette inconséquence de conduite prouvée a été un argument invincible contre lui.

2 *Juillet*. *Lettre du comte d'Albany au lord Bute, traduite de l'Anglois*. Tel est le titre d'un ouvrage nouveau en politique, attribué à monsieur Favier, ci-devant employé dans les affaires

étrangères. Il est encore fort rare, & l'on n'en parle que sur parole.

3 *Juillet* 1781. M. l'archevêque & comte de Vienne, marchant sur les traches de M. l'évêque d'Amiens, vient aussi de publier un mandement touchant l'édition annoncée des œuvres du sieur de Voltaire. Il est daté du 31 mai; & après un préambule non moins fougueux contre le poëte, le prélat déclare à tous ses diocésains qu'aucun d'eux ne peut, sans pécher mortellement, souscrire à l'édition susdite, acheter ces œuvres, les lire, les retenir, les communiquer : il les met au nombre des livres spécialement défendus dans son diocese, & dont la lecture emporte par conséquent les peines encourues en pareil cas... Il faut observer, que cet archevêque de Vienne est un peu juge & partie ; c'est ce même M. de Pompignan, ci-devant évêque du Puy, & si bassoué par le philosophe de Ferney.

3 *Juillet*. Il est assez vraisemblable que dans les siecles de ferveur, l'institution primitive de sonner pendant les orages fut pour rassembler le peuple dans l'église, afin d'implorer la clémence de l'Etre suprême, & de le supplier de ne pas laisser détruire en un jour l'ouvrage & l'espoir de l'année. Depuis long-temps on ne prie plus dans les villages & même dans plusieurs villes, mais l'on ne cesse de sonner. Cette méthode peu conforme aux principes de la physique, ayant causé récemment plusieurs accidents en Lorraine, monsieur Marcol, procureur-général du parlement de Nancy, a écrit le 15 mai une lettre circulaire à tous les curés du ressort, afin de les engager à instruire là-dessus leurs ouailles, & à leur apprendre que s'il est utile d'agiter l'air

par le mouvement des cloches, lorsque la nuée marche vers la ville, le bourg ou village, ce qui la divise & la disperse ; il est très-pernicieux de le faire lorsque l'orage est imminent, & qu'alors il faut cesser, en général, d'ébranler l'air, & craindre de provoquer la foudre en cherchant à l'éloigner.

3 *Juillet* 1781. Ce sont tous les jours au Palais-Royal de nouveaux placards infames, qu'on affiche clandestinement dans la nuit, & qu'on lit le lendemain. Cette voie abominable de tourmenter le duc de Chartres par les menaces les plus insultantes & les plus vaines, lui ramene beaucoup de gens impartiaux ; & ceux-ci commence à présumer qu'il faut qu'il soit dans le droit incontestable d'effectuer tous les changements qu'il trouvera bons pour sa commodité & l'embellissement de son palais, malgré toutes les clameurs des parties adverses. Il paroît que les lettres-patentes obtenues par ce prince sont enrégistrées au parlement sans opposition, & qu'il n'y aura aucune plaidoirie. On assure que des cinquante-quatre propriétaires réclamants, il y en a quarante-sept dont l'opposition seroit absolument nulle. Quant aux autres, ils recevront sans doute une indemnité proportionnée.

*M. le duc de Chartres, pour mettre le public en état de juger de son projet, doit en publier incessamment un *Prospectus*, qu'on attend avec impatience.

5 *Juillet* 1781. *Dénonciation des feuilles du sieur Linguet, faite en parlement, toutes les chambres assemblées, les mardi* 11, *vendredi* 14 *& mardi* 18 *juillet* 1780, *par M...*

On a parlé dans le temps de cette dénonciation de M. d'Epremefnil ; mais on défefpéroit de la lire jamais imprimée : elle perce enfin, & la voici en 55 pages in-8°. caractere affez fin. Au premier coup d'œil on s'apperçoit aifément que cet écrit eft trop verbeux ; c'eft le défaut ordinaire de l'orateur. On en rendra compte plus en détail.

5 Juillet 1781. Enfin la tragédie de M. Durofoy, intitulée, *Edouard III*, fe donne demain 6.

6 Juillet 1781. Le jardin du Palais-Royal a 167 toifes de long & 72 de large.

Le projet eft de retrancher fur la largeur de chaque côté quatre toifes, & fur la longueur dans le fond cinq toifes, pour faire des rues parallèles à la rue de Richelieu, à la rue neuve des Bons-Enfants & à la rue des Petits-Champs.

Ces rues nouvelles feront bordées du côté du jardin de maifons, dont les façades feront uniformes, & les diftributions intérieures à la volonté des acquéreurs, fur une profondeur d'environ fept toifes fur les côtés, & de dix au fond.

Ces maifons préfenteront, fous une partie de leur premier étage, du côté & au niveau du jardin, une longue galerie couverte, libre de bout en bout, & ouverte au public dans tous les temps de l'année. Elle aura environ douze pieds de large, portera toute la hauteur des rez-de-chauffée & entrefols, & fera percée de 188 arcades.

En avant de la grille actuelle, on bâtira un grand corps-de-logis de quinze toifes de large, & s'étendant en longueur depuis les maifons de la rue de Richelieu jufqu'à celle des Bons-Enfants.

Le petit jardin actuel, connu fous le nom de

jardin de son altesse royale, sera converti en une cour ouverte de trois grandes portes sur la rue de Richelieu, & communiquant par trois arcades à la cour royale.

Trois percées dans la rue de Richelieu, dans celle des Bons-Enfants, & dans la rue neuve des Petits-Champs, formeront les entrées & dégagements toujours libres de la nouvelle rue établie au pourtour du jardin.

Le nouvau bâtiment construit en avant de la grille sera soutenu par des colonnes, qui formeront trois galeries couvertes, de soixante toises de long, à l'usage du public: ces galeries seront croisées carrément par d'autres galeries de droite & de gauche sous les deux ailes de la cour royale, dont seront supprimés tous les appartements des rez-de-chaussée & entresols. La voûte qui est en face du grand escalier actuel, sera continuée sur la même longueur & de toute la profondeur du bâtiment des archives, qui sera démoli. Enfin le passage étroit & incommode qui conduit à la rue de Richelieu, sera redressé & considérablement élargi.

Ainsi tous les bâtiments de la cour royale seront portés sur des colonnes & arcades, formant des galeries ouvertes au public, qui s'uniront à la galerie du pourtour du jardin, laquelle aura 324 toises de développement, & dégagera par des arcades sur le jardin même, dont les dimensions réduites alors à cinquante toises de large sur 137 de longueur, formeront encore une étendue de plus de sept arpents & demi.

Le nouveau jardin sera composé de deux allées, qui auront chacune exactement les mêmes dimensions que l'ancienne tant regrettée, appellée la *grande allée*.

Le jardin qui sera bordé par la grande colonnade du palais & par des maisons régulieres, toutes assujetties à une façade uniforme, qui communiquera dans tout son pourtour à la promenade couverte, la plus vaste & la plus magnifique, éclairée d'ailleurs le soir & même la nuit, jusqu'à deux heures, par 188 réverberes suspendus sous le ceintre des arcades, & par les lumieres des appartements des nouvelles maisons, spectacles à à la fois & promenade de toutes les saisons & de tous les moments, présentera de la sorte dans son nouvel arrangement un genre de beauté dont il n'y a pas d'exemple à Paris.

Tel est le précis d'un *Exposé des changements à faire au Palais-Royal*, imprimé par ordre du duc de Chartres, & qu'il fait distribuer dans le public en profusion.

7 Juillet 1781. Extrait d'une lettre de Cadix, du 21 juin..... « On attend ici le duc de Crillon, » nommé lieutenant-général des armées de sa » majesté catholique. La cour l'a fort bien » traité ; il a le double des appointements affectés » à un commandant, & S. M. catholique lui a » fait donner en outre 100,000 liv. pour ses » équipages. Ce seigneur, dans l'effusion de sa » reconnoissance, en quittant Aranjuez le 16 de » ce mois, s'écria : *Sire, vous agissez en roi, je* » *me conduirai en Crillon*. »

Le duc de Crillon doit commander le détachement de 8,000 hommes qu'il est question d'embarquer, & la destination est toujours un problême.

7 Juillet. Il seroit difficile de trouver un ouvrage dont la conduite fût plus mal entendue que celle de la tragédie jouée hier, dont le style fût plus négligé, pour ne pas employer d'autre expression. Les trois premiers actes sont d'une obscurité difficile à éclairer. Le quatrieme offre des situations intéressantes, mais qui en rappellent d'autres déja portées avec succès sur notre scene. Le commencement du cinquieme acte a des beautés : le dénouement est absolument manqué.

L'auteur n'a pas eu même l'esprit de profiter des beautés sublimes de Shakespeare, & il en a tiré si peu de parti qu'on entrevoit à peine si celui-ci lui est connu. Au reste, on a en général si peu de considération pour la personne du sieur Durosoy, & une si petite idée de ses talents, qu'on est venu à sa tragédie plus disposé à rire qu'à pleurer; & qu'en effet c'ont été des brouhaha, des éclats continuels, comme à la comédie la plus amusante.

Dès avant la représentation on avoit répandu dans les cafés & autres lieux publics des placards, dont le but étoit de tourner la piece en ridicule & d'ameuter la foule contre le poëte. Il a un amour-propre si puant, que le motif de l'humilier sans doute, plutôt que la jalousie d'un talent aussi médiocre, ou pour mieux dire aussi nul, a pu porter quelqu'un de ses confreres à ce procédé malhonnête.

8 *Juillet* 1781. Hier les Italiens ont donné pour la premiere fois *Léonore* ou *l'Heureuse épreuve*, comédie en deux actes, mêlée d'ariettes. Le poëme est lent, triste & froid. L'action n'a rien d'intéressant, parce que l'auteur n'a pas su tirer parti des situations qu'elle lui présentoit, & qu'il

l'a ralentie par le grand nombre de morceaux de chant, avec lesquels il a coupé ses scenes & son dialogue.

La musique, de M. Champein, quoique fort applaudie, a éprouvé quelques critiques. On y a remarqué des réminiscences; on a reproché au compositeur de n'avoir pas un style assez suivi, d'étouffer la partie du chant par des accompagnements trop chargés & trop bruyants, d'avoir enfin manqué quelquefois l'expression, à force de la chercher : mais on y a trouvé du talent & des motifs d'espérance, encore plus marqués que ceux que l'auteur a donnés jusques ici.

Il y a dans cet opéra-comique une ariette de bravoure chantée par madame de Trial, qui, quoique très ridicule, a eu le plus grand succès. Les plaisants observent à ce sujet que le François veut être pris par les oreilles.

8 *Juillet* 1781. M. le marquis de Courtanvaux, capitaine-colonel de la compagnie des Cent-Suisses de la garde ordinaire du corps du roi, est mort.

8 *Juillet*. Dans le projet de ses nouveaux édifices, M. le duc de Chartres n'a pas oublié un instant le public, au point que le fameux méridien si renommé, ne pouvant rester où il est, doit être remplacé au fond & sur le bâtiment du milieu du jardin.

Du reste, les plans originaux, profils & élévations, sont déposés dans un appartement du Palais-Royal, où, à commencer dès demain 9 juillet, chacun peut aller les voir.

Il est définitivement constaté qu'il y a des oppositions à l'enrégistrement des lettres-patentes,
qu'il

qu'il y aura plaidoierie, mais que les délais entraînés par les formalités inévitables de la procédure, empêcheront qu'elles n'aient lieu avant la Saint Martin. C'est en effet Me. Target qni plaidera pour S. A. sérénissime : MM. Gerbier & Treillard défendront les propriétaires des maisons : enfin , M. l'avocat-général Seguier portera la parole dans cette grande affaire.

8 Juillet 1781. M. le comte de Caliostro est venu à Paris pour le prince de Soubise, qui, se trouvant mieux, n'a cependant fait aucun usage des secours de cet étranger. La jalousie des médecins n'a pas souffert qu'il restât long-temps dans cette capitale ; il a été obligé de repartir, suivi de cinq ou six petites-maîtresses de la cour, engouées de lui, & qui vont se mettre sous son inspection à Strasbourg.

9 Juillet. 1781. Dans la dénonciation des feuilles du sieur Linguet, M. d'Epremesnil commence par un exorde oratoire, où il cherche à éloigner de lui la mauvaise opinion que semble faire naître d'abord le rôle de dénonciateur, sur-tout à l'égard d'un homme fugitif, expatrié, & que son malheur sembleroit devoir rendre *respectable* & *sacré*. Il entre ensuite en matière, & après un historique de ce qui a précédé l'évasion du journaliste, il en vient aux annales, dans lesquelles il distingue cinq objets : les particuliers, la constitution françoise, la magistrature, les souverains, les peuples : il suit l'auteur sur chacun de ces articles ; & le prenant toujours par ses propres paroles, par ses écrits, dont il cite d'amples fragments, il le convainc d'avoir dans ses *Annales* destructives de tous les droits de l'homme:

Erigé la force en véritable droit:

Fondé toutes les couronnes sur des titres de sang.

Soutenu que les rois sont propriétaires des biens & des personnes de leurs sujets.

Soutenu qu'entre les rois & les sujets, le ciel s'explique par des victoires.

Traité la magistrature Françoise de corps de séditieux, inconséquents, & ses remontrances de déclamations monotones, pédantesques & incendiaires.

Insulté tous les tribunaux François par des accusations continuelles d'inconséquence, d'oppression, de meurtre.

Fait de la banqueroute publique un droit de la couronne, un devoir de chaque nouveau roi.

Outragé le barreau, travaillé à semer la division dans le sein de la cour.

Et tout cela, non dans un passage, dans un article, dans une feuille, mais dans les volumes de ses *Annales*, qui forment un corps de doctrine médité, suivi, combiné, développé, dans la vue de prêcher aux souverains le despotisme, aux peuples la révolte, au genre humain la servitude, aux François la haine de leurs loix & de leurs juges; ce qui tend à détruire les principes fondamentaux de la société, les regles générales de tout bon gouvernement, les maximes constitutives de la monarchie Françoise, les droits & l'influence des corps dépositaires & gardiens de ces maximes; en un mot, à compromettre les personnes mêmes de tous les souverains & la tranquillité de tous les peuples.

10 *Juillet* 1781. Le Frere Saint-Jean de Côme, vulgairement appelé *Frere Côme*, est mort avant-hier. Il n'est personne qui ne connoisse

ce feuillant renommé pour la taille de la pierre, personnage qui a long-temps excité la jalousie des chirurgiens, & ne l'avoit surmonté que par les plus puissantes protections.

10 *Juillet* 1781. Les volumes XV & XVI des *Mémoires Secrets pour servir à l'histoire de la République des Lettres en France*, se distribuent depuis quelques jours ici. On voit dans un *Avertissement* des libraires, qu'on a repris de longues & nombreuses additions pour les volumes précédents, qui n'allant cependant que jusques au troisieme, font plus de sept feuilles d'impression; ce qui nécessitoit une nouvelle édition qui a eu lieu en effet, où l'on trouve plus de 1,000 notices d'augmentation; mais l'honnêteté des libraires les a engagés à les joindre au seizieme volume, pour ceux qui voudront conserver l'ancienne.

Cet ouvrage gagne à mesure qu'il est connu, & c'est à qui s'en pourvoira. C'est un répertoire très-amusant pour les gens du monde, & une chronique d'un grand secours même pour l'histoire : *indocti discant & ament meminisse periti*. (Cet article est tiré d'une gazette manuscrite très-accréditée dans Paris, & attribuée à un abbé de qualité.)

10 *Juillet*. M. Hulot, méchanicien bréveté du roi, que la mort vient d'enlever, mérite une notice distinguée. Sa naissance & sa fortune sembloient l'éloigner pour jamais de toute célébrité : il étoit simple tourneur en bois; mais son génie l'a élevé au point de lui faire inventer mille choses ingénieuses pour l'exécution & la perfection des ouvrages en divers genres. L'hor-

bgerie sur-tout lui doit des secours importants. Il perfectionna l'art du tour en général.

Sa vivacité l'entraînoit à faire des incursions dans les arts collatéraux au sien, ce qui lui procura des connoissances presque universelles, qu'il communiquoit avec la plus grande facilité : il prodiguoit ses secours avec plaisir, non-seulement aux artistes, mais aux amateurs. Cette disposition bienfaisante lui devint nuisible par des pertes de temps considérables ; ce qui mit un obstacle invincible à sa fortune,

M. Hulot a décrit dans un ouvrage l'art du tourneur. Il éprouva sur la fin de ses jours des chagrins qui altérerent sa santé, & lui ont fait terminer sa carriere à soixante-cinq ans seulement.

11 *Juillet* 1781. *Mémoire sur l'expédition du vaisseau particulier le Sartines, sur les causes de la ruine de cette expédition, les événements que cette ruine a entraînés & sur les actions qui en résultent.*

Tel est le titre de ce factum pour le sieur Lafond de Ladebat, écuyer, négociant à Bordeaux, armateur de ce vaisseau.

Suit une consultation en date du 27 mai 1781, sur le fond de ses demandes au conseil, au sujet des indemnités résultantes de l'expédition du vaisseau *le Sartines*.

Le rôle que joue dans tout ceci un Sr. chevalier de Saint-Lubin, actuellement à la Bastille, aventurier, dans lequel le gouvernement avoit mis sa confiance pour les négociations de l'Inde, rend ce mémoire extrêmement curieux : on y développe les vues du ministere pour profiter adroitement de l'embarras des Anglois durant leur guerre d'Amérique, & leur susciter d'autres ennemis dans l'Inde.

11 *Juillet* 1781. Le jeune Freron, dans le Numéro IX de ses feuilles, en parlant du sieur Desessarts, comédien de la comédie Françoise, d'une vaste corpulence & sur-tout d'un ventre énorme, l'a appellé *Ventriloque* : le sieur Desessarts a trouvé la plaisanterie mauvaise, il s'en est plaint au maréchal duc de Duras, & ce supérieur très-zélé pour les comédiens, a intéressé le gouvernement dans cette querelle. On exige une réparation de la part du journaliste. Celui-ci consent à la faire, mais honnête, & non telle que l'a dictée le comédien ; on ne veut point de cet arrangement, & depuis un mois la négociation traîne en longueur; enfin, on a menacé le sieur Freron de lui ôter son privilege, si cela ne se termine pas à la satisfaction du supérieur.

Un M. Salaün, coopérateur de M. Freron, & auteur de l'article, s'est mis en cause, s'est avoué pour le coupable, s'il y en avoit, & pour le seul à punir. On le prend à partie aussi ; mais on n'en tient pas quitte le premier, & jusques ici M. le garde-des-sceaux est inflexible. On ne peut concevoir à quel excès d'avilissement on réduit ainsi les gens des lettres par complaisance pour un grand engoué d'un méprisable histrion.

12 *Juillet* 1781. On trouve dans la dénonciation de M. d'Epremesnil quelques anecdotes qu'il ne faut pas omettre :

1°. L'animosité ne l'a point guidé dans cette démarche, & il la méditoit long-temps avant que le sieur Linguet l'eût mis en scene. Dès la publication du N°. 26 des *Annales*, son zele magiſtral s'étoit enflammé. On étoit aux vacances de 1778. M. le préſident le Pelletier de Rozambo préſidoit la chambre. M. d'Epremeſnil en parla à ce chef, en préſence de M. le Fevre d'Amecours ; il l'engagea d'en prévenir M. le garde-des-ſceaux & le comte de Maurepas. Le réſultat fut que M. le préſident, après avoir conféré avec ces miniſtres, détermina le dénonciateur à reſter tranquille ſur la promeſſe qu'on veilleroit à ce que le folliculaire s'expliquât avec plus de retenue. Dans ſon N°. 26 il donna en effet quelque eſpoir de réſipiſcence, mais vainement ; il reprit bientôt le cours dans ſes diatribes inflammatoires.

Depuis, M. d'Epremeſnil a tenté une nouvelle dénonciation ; il en parla lui même au garde-des-ſceaux, qui l'en détourna, en alléguant des motifs auxquels le magiſtrat céda, plus par déférence que par aſſentiment.

Quoi qu'il en ſoit, il réſulte de ce narré que l'incurſion de Me. Linguet contre M. d'Epremeſnil, a été l'effet & non la cauſe du zele de ce conſeiller.

2°. On arrête en France, quand on le veut, les feuilles du ſieur Linguet ; on fait plus, on les ſupprime. Les N°. 59 & 60 n'ont percé qu'en petit nombre & par des voies détournées, du moins dans cette capitale. Il exiſte donc en France une autorité qui diſpoſe de ſes feuilles. Cette autorité a le pouvoir d'arrêter les numéros qui lui déplaiſent. Elle n'a pas la volonté d'arrêter ceux qui outragent M. d'Epremeſnil ; & ce qui confirme, ſuivant lui, cette déſaffection du miniſtere, c'eſt qu'aux vacances dernieres il avoit prié le premier préſident d'interpoſer ſa bons offices auprès du ministre des affaires étrangeres, pour que les journaux étrangers, notamment le *Courier de l'Europe* & les *Annales Politiques*, fussent avertis de s'exprimer avec exactitude & circonspection sur le magistrat & sa cause. Malgré cette précaution, dès que l'intervention de M. d'Epremesnil a éclaté: *Journaux étrangers*, *Journaux François*, d'abord le *Mercure de France*, ensuite le *Courier de l'Europe*, enfin les *Annales Politiques* se sont déchaînés contre lui. En vain s'en est-il plaint & au ministre des affaires étrangeres & au garde-des-sceaux; il n'a pu obtenir justice. Ces ministres le renvoyoient de l'un à l'autre. Il cite à cette occasion une lettre curieuse de lui à M. de Miroménil, en date du 28 mars 1780, & la réponse très-hétéroclite de ce chef de la justice, du 2 avril.

3°. Tout l'historique de la visite de M. d'Epremesnil chez le sieur le Quesne, ainsi que leur conversation, son restitués dans leur exacte vérité, & l'on voit que M. d'Epremesnil s'y est conduit avec la parfaite modération que son rôle exigeoit; que le marchand de soie y a mis tout le respect, toute la déférence convenable, a donné les plus belles paroles, mais qu'il n'en a tenu aucune; & sans doute encouragé par les ennemis de M. d'Epremesnil, s'est porté à la plainte étrange qu'on lui a suggérée.

12 *Juillet* 1781. Jusqu'à présent on n'avoit regretté que la cause de la marquise de Mirabeau, si curieuse en elle-même, & encore plus par la singularité du marquis, d'un auteur philosophe, affectant le stoïcisme le plus rigide dans ses ouvrages, & vivant avec le plus grand scandale,

n'eût pas eu de défenseur en état de la faire valoir, & d'y imprimer tout l'intérêt qu'elle comporte. Elle en a trouvé enfin un digne d'elle, & le mémoire de Me. de la Male se lit avec le plus grand plaisir, même depuis que la cause est jugée. Après avoir résumé les faits antérieurs qu'on connoît, qu'il resserre & présente sous un jour plus frappant & plus lumineux, il rapporte ce qui s'est passé depuis l'arrêt du 21 mai 1777, qui déboutoit la marquise de Mirabeau de la demande en séparation de corps & de biens. En conséquence elle se rend à l'hôtel de son mari; mais ce même jour le marquis fouloit aux pieds les loix qu'il avoit implorées; ce même jour il continuoit le divorce le plus scandaleux, il exécutoit la répudiation la plus injurieuse que jamais femme ait soufferte : d'une main il recevoit l'arrêt, de l'autre il flétrissoit & repoussoit son épouse.

Le 20 mai, à deux heures après minuit, il sollicite une lettre de cachet; on l'enleve & on la conduit au couvent de Saint-Michel, avec défense de voir qui que ce soit. La marquise de Cabris, sa fille, paroît sensible à l'infortune de sa mere; elle s'attire la haine du marquis : son exil, la défense d'approcher de Paris, l'interdiction du marquis de Cabris, la séparation violente de deux époux arrachés du lit nuptial; enfin la reclusion irrévocable de la marquise de Cabris à Sisteron, sont les suites & la récompense de ses soins.

Cependant M. de Mirabeau s'empare du peu de bien qui restoit à sa femme, & pour reculer sa prison, il obtint un second ordre pour la transférer au Valdôme de Charenton, où l'on enferme les folles. Heureusement son courage & la compassion de la supérieure empêcherent que la translation n'eût lieu. Alors le marquis voyant qu'il ne pouvoit éluder de paroître en justice, eut recours à la ressource des moments difficiles, aux négociations ; mais au moment même où il intéressoit les ministres & les premiers magistrats, obstiné dans son despotisme & encouragé dans sa haine, il exerçoit encore l'une & l'autre par des vexations secretes.

Tel est le tableau que l'avocat de la marquise nous offre de la conduite de l'*Ami des hommes* envers sa femme. Aussi une consultation du 25 avril 1681, regardoit la séparation comme inévitable.

13 *Juillet* 1781. Tout le monde parle d'une estampe satirique frappée en l'honneur de monsieur Necker, & injurieuse au comte de Maurepas. On a enlevé divers marchands qui la vendoient, entr'autres un du Palais-Royal.

13 *Juillet*. Extrait d'une lettre de Limoges, du 11 juillet. « Nous avons ici une troupe de ,, comédiens qui nous jouent des pieces nouvel-,, les. Ils ont donné le 7 & le 8 de ce mois, ,, *il y a bonne Justice, ou le Paysan magistrat*, ,, drame en cinq actes en prose, imité de l'Es-,, pagnol de Caldéron, d'après la traduction de ,, M. Linguet. Il est rempli d'incidents, à la ,, maniere Espagnole, qui en compliquent beau-,, coup l'action. Elle est souvent frappante : il ,, y a des scenes plaisantes tout-à-fait : un ,, mélange de gaietés qui y sont semées çà & là, ,, & de réflexions philosophiques qui y domi-,, nent, rendent la piece non moins intéressante ,, à la lecture qu'au théatre.

M 5

„ L'exécution n'a point été mauvaise, & les
„ acteurs ont montré beaucoup d'intelligence. „

13 *Juillet* 1781. On prétend que les troubles élevés à Bordeaux dans le sein de la magistrature, à l'occasion de M. Dupaty, ne sont pas appaisés, & que le premier président est de nouveau mandé en cour.

14 *Juillet* 1781. Le célebre frere Côme ayant conservé après sa mort toute la sérénité que son visage offroit à ses amis dans la société, ses confreres les feuillants ont cru devoir céder à l'empressement de ceux qui ont desiré profiter de cet instant pour le peindre : ils s'y sont prêtés d'autant plus volontiers, que cet homme si cher à l'humanité avoit toujours refusé de laisser tracer son portrait. M. Notte, jeune artiste estimé, est parvenu à le rendre si ressemblant, que toutes les personnes à portée d'en juger, lui ont conseillé de le faire graver : ce que doit exécuter M. Godefroi.

14 *Juillet*. La faculté de théologie, excitée par l'exemple de deux prélats qui ont prescrit l'édition annoncée des œuvres de Voltaire, a arrêté au *primâ mensis* dernier, d'adresser un mémoire à M. le garde-des-sceaux, pour lui témoigner les alarmes des sages maîtres sur l'introduction méditée en France de ces œuvres de ténebres & de scandale : le chef de la justice leur a répondu qu'ils n'eussent aucune crainte, que c'étoit affaire de police qui ne les regardoit pas, & qu'ils eussent seulement à veiller avec leur zele ordinaire au dépôt de la foi & à la pureté du dogme. Les sages maîtres ne s'attendoient pas à un pareil persiflage, & en sont fort scandalisés. Il est certain que cette réponse est contrac-

dictoire à la publicité qu'on a laissé prendre aux mandements des prélats, insérés dans les feuilles périodiques.

14 *Juillet* 1781. Il paroît un arrêt du conseil d'état du roi, en date du premier juin, portant réglement pour la vente des bibliotheques. Il renouvelle entr'autres choses les dispositions des anciens réglements, & son objet principal est de maintenir l'exécution de celles qui sont, y est-il dit, si nécessaires pour conserver le bon ordre, & réprimer la licence avec laquelle les les livres les plus défendus se répandent dans le public.

14 *Juillet.* Le pere Vito, Portugais, de l'ordre de Saint Augustin, plus engoué vraisemblablement de musique que des devoirs de son état, venu ici, comme on l'a dit, pour faire exécuter son *Stabat*, n'y a pas recueilli toute la gloire qu'il espéroit; & après s'être successivement produit au concert spirituel & à des concerts particuliers sans succès, s'est déterminé à quitter Paris. Mais avant d'abandonner cette capitale, instruit des efforts de ses envieux pour lui faire perdre le peu de réputation qu'il a acquise; instruit que les uns disent qu'il n'est pas auteur du *Stabat* exécuté sous son nom, que d'autres lui refusent jusqu'au talent de la composition, il porte un défi à qui voudra le soutenir. Il invite les compositeurs François ou étrangers qui se trouvent à Paris, de se rendre lundi 16 de ce mois chez M. l'abbé Roussier, pour faire assaut de composition: on lui donnera un motif; il le remplira à autant de parties qu'on desirera. Si quelque compositeur veut entrer en lice, il lui fournira

également un motif, & l'on publiera leurs productions respectives.

15 *Juillet* 1781. En 1770 le privilege de la compagnie des Indes venoit d'être suspendu. La navigation au-delà du cap de Bonne-Espérance étoit ouverte au commerce particulier; mais l'obligation d'armer & de désarmer à l'Orient détruisoit cette liberté, & tendoit à réunir tout le commerce de l'Inde entre les mains de quelques négociants commissionnaires, qui, par le peu d'étendue & le peu de ressources de nos établissements en Asie, devoient n'être bientôt que les facteurs des Anglois. M. Lafond de Ladebat, négociant de Bordeaux très-estimé, très-accrédité, honoré de lettres de noblesse en 1773, sollicitoit une liberté entiere, qu'il regardoit comme la base de tout commerce utile, & il demandoit que tous les armements pour l'Inde & leur retour pussent être faits dans tous les ports du royaume. Il pensoit que l'économie particulere & les fonds considérables que les armateurs de tous nos ports, & sur-tout de Bordeaux, de Nantes, & de Marseille, pourroient employer pour l'Inde, si leurs opérations étoient libres, donneroient une plus grande activité à ce commerce, ouvriroient de nouvelles sources de trafic, féconderoient même nos manufactures intérieures, & convaincroient bientôt le gouvernement de l'avantage qu'il y auroit à multiplier nos comptoirs, & à protéger notre navigation dans cette partie du globe.

M. de Ladebat avoit en 1775 développé ses vues dans un mémoire communiqué au maire de l'Orient, qui fit imprimer, & le mémoire & ses objections. M. de Ladebat y répondit, &

sa réponse est insérée dans les *Ephémérides du Citoyen* de 1776.

Quoique ce mémoire & ses principes eussent suscité à l'auteur des ennemis, il avoit obtenu la liberté d'armer, & il alloit proposer à sa majesté celle des retours lors du changement de l'administration. Dans cet espoir, il voulut toujours donner l'exemple au commerce de Bordeaux, & il fit construire le vaisseau *le Sartines*. Cet armement remplissoit à plusieurs égards les vues du ministere; il se trouva lié aux intérêts de l'état: on y embarqua des fusils, des canons, des boulets, de la poudre à canon, des munitions de toute espece, ce qui n'annonçoit pas des projets bien pacifiques; mais ce qui plut sur-tout au gouvernement dans ce projet, ce fut de pouvoir faire passer dans l'Inde dans ce bâtiment, sans affectation, le sieur chevalier de Saint-Lubin, qui l'avoit séduit par ses spéculations & ses promesses. C'est ce Saint-Lubin, dont nous avons parlé plusieurs fois. Son historique se trouve tout au long dans ce mémoire, & n'en est pas l'épisode le moins curieux.

15 *Juillet*. La réception de M. de Chamfort à l'académie Françoise, différée depuis très-long-temps & remise plusieurs fois, est enfin arrêtée pour le jeudi 19. Comme il a l'honneur d'être secretaire des commandements de S. A. monseigneur le prince de Condé, on croit que ce prince veut y assister, & l'on s'attend à une très-brillante chambrée.

16 *Juillet*. Le sieur de Saint-Lubin a été envoyé par le gouvernement à la cour des Marattes, dans le vaisseau *le Sartines*, armé par le sieur de Ladebat. Cet envoyé n'avoit d'autre

pouvoir dans le vaisseau que celui que pouvoit lui déférer le respect dû à sa mission secrete, d'autre droit que celui des égards, & peut-être celui de se faire débarquer, & conduire au lieu de sa mission avec les honneurs dus à un envoyé de la cour de France.

Il paroît qu'il a abusé des pouvoirs du souverain, en s'arrogeant une autorité absolue sur l'équipage, en s'opposant, par des vues personnelles, à la vente de la cargaison à Mangalor, & à ce qu'il fût fait une nouvelle cargaison de marchandises propres au commerce de la Chine: il paroît enfin que le vaisseau a été pris à Ponchery, & la cargaison perdue.

Fondé sur ce que le gouvernement est responsable de ses mandataires, lorsqu'en vertu de leurs pouvoirs ils attentent aux propriétés particulieres, le sieur de Ladebat s'est pourvu devant le roi, & a supplié sa majesté d'ordonner qu'il fût payé du prix de son vaisseau, indemnisé de la perte de sa cargaison, & dédommagé des bénéfices qu'il a manqué de faire dans cette entreprise.

Pour faire droit sur cette instance, le roi a établi une commission particuliere, qui a déja statué sur une partie de ses demandes, mais non sur toutes : d'ailleurs, M. de Ladebat a obtenu un arrêt de surséance & suspendu ses paiements. Cet état affligeant pour un homme d'honneur le met dans le cas de faire tous ses efforts pour en sortir : en conséquence il a proposé trois questions aux jurisconsultes :

1°. Si indépendamment de l'indemnité qui lui a été adjugée pour la perte du vaisseau *le Sarsines*, il a le droit d'en réclamer une nouvelle pour raison des événements du voyage, & comment elle doit être fixée ?

2°. Si le jugement qui a eu lieu peut suppléer en quelque sorte au supplément d'indemnité qu'il demande ?

3°. S'il doit continuer à former ses demandes à la commission qu'il a plu au roi de lui accorder ?

Par une nouvelle consultation du 2 juillet, d'avocats au conseil, il est décidé que c'est à la même commission que le plaignant doit avoir recours, & l'on ne doute pas que les magistrats qui la composent, n'aient égard aux objets importants qui fondent sa nouvelle réclamation, d'autant que l'intérêt politique exige qu'on encourage ceux qui, comme le sieur de Ladebat, entreprennent le commerce des Indes, & qu'on excite également les négociants à se confier entiérement dans la justice du gouvernement, lorsque leurs secours & leur entremise deviennent nécessaires pour des opérations secretes.

16 *Juillet*. M. Joly de Fleury, le nouveau ministre des finances, s'est un peu brouillé avec le parlement : indépendamment du projet qu'on lui a reconnu de se mettre à la tête de la magistrature, en se faisant donner les sceaux, & même en obtenant de M. de Maupeou sa démission, on a su qu'il vouloit faire premier président son frere, le président à mortier ; ce qui ne pourroit avoir lieu qu'au préjudice de ses anciens, M. d'Ormesson, M. de Lamoignon, &c. qui ont des prétentions encore mieux fondées : en sorte que tout le grand banc est furieux & disposé à le chicaner sur les opérations qu'il voudroit tenter.

16 *Juillet*. M. Saboureux de la Bonneterie,

professeur en droit, vient de mourir. C'étoit lui qui, lors de la dissolution de la société, avoit traduit les constitutions des jésuites par ordre de M. le Dauphin. Ce travail lui avoit procuré la confiance du prince, qui l'avoit appellé à la cour auprès de sa personne; mais cette lueur de faveur s'éclipsa à la mort de M. le dauphin, survenue peu après.

17 *Juillet*. On se rappelle que lorsque Rousseau de Geneve rentra dans le royaume après le décret lancé contre lui par le parlement, il affecta de renoncer aux livres & à la littérature, & de se livrer uniquement à la botanique; il alla herborisant par toute la France, & se retira sur-tout en Dauphiné, où il prit le nom de *Renou*. Madame la présidente de Verna, de Grenoble, sachant qu'il avoit établi son séjour dans la province, lui écrivit pour l'inviter à prendre un gîte dans son château : il lui répondit, & cette piece originale, restée manuscrite entre les mains de madame la marquise de Rusieux, fille de la présidente, ayant échappé aux éditeurs des œuvres de ce grand homme, mérite d'être consignée ici.

« Laissons à part, madame, je vous supplie,
» les livres, & leurs auteurs. Je suis si sensible
» à votre obligeante invitation, que si ma santé
» me permettoit de faire en cette saison des
» voyages de plaisir, j'en ferois un bien volontiers
» pour aller vous remercier. Ce que vous avez
» la bonté de me dire, madame, des étangs &
» des montagnes de votre contrée, ajouteroit à
» mon empressement, mais n'en seroit pas la pre-
» miere cause. On dit que la grotte de la Balme
» est de vos côtés, c'est encore un objet de
» promenade & même d'habitation, si je pou-
» vois m'en pratiquer une dont les fourbes &

» les chauves-souris n'approchassent pas. A l'égard
» de l'étude des plantes, permettez, madame,
» que je la fasse en naturaliste, & non pas en
» apothicaire ; car outre que je n'ai qu'une
» foi très-médiocre à la médecine, je connois
» l'organisation des plantes sur la foi de la nature
» qui ne ment point, & je ne connois leurs
» vertus médicinales que sur la foi des hommes
» qui sont menteurs. Je ne suis pas d'humeur
» à les croire sur leur parole, ni à portée de la
» vérifier. Ainsi, quant à moi, j'aime cent fois
» mieux voir dans l'émail des prés des guirlandes
» pour les bergeres, que des herbes pour les
» lavements. Puissé-je, madame, aussi-tôt que
» le printemps ramenera la verdure, aller faire
» dans vos cantons des herborisations, qui ne
» pourront qu'être abondantes & brillantes, si
» je juge par les fleurs que répand votre plume,
» de celles qui doivent naître autour de vous.
» Agréez, madame, & faites agréer à M. le pré-
» sident, je vous supplie, les assurances de tout
» mon respect. »

(*Signé* RENOU.)

17 *Juillet*. Hier, en conséquence de l'invitation du pere Vito, il s'est trouvé chez M. l'abbé Roussier plusieurs auteurs & amateurs de musique. Un professeur François a donné au pere Vito un sujet de basse, pour y ajouter un dessus, une haute-contre & une taille. Le religieux l'a fait en dix minutes. Ce quatuor a été exécuté par MM. Vandermonde de l'académie des sciences, Benault, de Launay & le pere Vito. Tous les auditeurs l'ont redemandé à plusieurs reprises.

Ensuite le pere Vito a fourni un sujet au

même profeſſeur, qui après un quart-d'heure y a renoncé. Le moine Portugais, quoique ſachant très-peu la langue françoiſe, a diſcuté les principes de l'harmonie & de la compoſition d'une maniere très-ſatisfaiſante pour les auditeurs; en ſorte qu'on ne peut plus douter des connoiſſances de l'étranger en muſique, ainſi que de ſes talents : il eſt auſſi profond dans la théorie que dans la pratique.

17 Juillet 1781. M. le marquis de Courtanvaux, le Tellier en ſon nom, étoit non-ſeulement un protecteur des ſciences, non-ſeulement un amateur, mais un ſavant lui-même : il avoit établi à Colombe un riche laboratoire; il y avoit auſſi un obſervatoire, qui bientôt fut rempli des meilleurs inſtruments d'aſtronomie en Europe : il y appella les plus fameux chimiſtes, les plus grands aſtronomes, des ſavants & des artiſtes de tout genre. Il avoit auſſi des machines très-curieuſes. M. Rouelle le jeune avoit été ſon maître en chimie, & étoit devenu ſon ami, ainſi que M. Camus qui lui enſeigna la géométrie, M. Jeaurat la gnomonique, meſſieurs Pingré & Meſſier l'aſtronomie. Honoraire de l'académie des ſciences, il en auroit pu être membre comme ſimple particulier.

Cette compagnie deſiroit avoir une frégate à ſes ordres, afin d'éprouver les montres marines de M. Julien le Roi : M. le marquis de Courtanvaux, avec l'agrément du roi fit conſtruire la corvette l'*Aurore* : il l'équipe : il prend à bord l'inventeur des montres, couronné depuis peu par l'académie; meſſieurs Pingré, Meſſier, Dufault : il entreprend le voyage lui-même, & cette hardieſſe lui fit infiniment d'honneur.

18 *Juillet*. On sait que tous les sujets de l'opéra ont reçu défenses de sortir de Paris sans congé, le gouvernement, comme on a dit, ayant déclaré qu'il leur continueroit leurs appointements, même pendant qu'ils ne joueroient pas. C'est à ce sujet qu'a été composé par un plaisant le quatrain suivant :

Passé que les acteurs ne puissent s'absenter !
On peut avoir soudain besoin de leurs services ;
Mais que deviendront les actrices ?
On leur défend de s'écarter !

18 *Juillet*. Le sieur Pallebot a joué différents rôles, travesti successivement sous le nom de Winslow, de Maffey, de chevalier de Saint-Lubin. Sa famille, qui apprit de bonne heure à le connoître, le fit passer à l'Isle-de-France, où il fut garçon chirurgien. Les détails de sa vie dans cette isle ne lui feroient pas d'honneur, non plus que les moyens qu'il employa pour aller à Pondichery ; ses voyages au Bengale, sa conduite avec le sieur Brayer, ingénieur de Calcuta ; avec M. Ziegenbalg, gouverneur de Sirampour, établissement Danois ; avec M. Taillefer, gouverneur de Sinchurat, comptoir Hollandois ; son retour en Europe ; les services qu'il prétendit avoir rendus à la compagnie des Indes, pour obtenir d'elle des appointements ; son voyage en Portugal, son séjour à Lisbonne, sa fuite de Livourne, où M. le duc de Chartres avoit eu la bonté de l'accueillir ; son passage en Chypre, à Bagdad, à Bassora, d'où il alla dans l'Inde.

Il parut en 1776 chez Hyder-Aly-Kan, décoré d'une croix. M. Mayftre de la Tour étoit alors à la tête des François qui servoient dans l'armée de ce prince. Le sieur de Saint-Lubin lui ayant été annoncé comme officier supérieur, par le sieur Houssé, chef de la loge de Calicut, il s'empressa de recevoir cet aventurier avec tous les égards dus au rang qu'il se donnoit. Il le présenta au Nabab, auquel le sieur de Saint-Lubin fit présent d'une tabatiere qui avoit appartenu au duc de Chaulnes.

Ingrat envers son bienfaiteur, il obligea M. Mayftre de lui ôter le commandement qu'il avoit, & il fut réduit à exercer la chirurgie dans le camp. De nouvelles perfidies le firent arrêter; il se sauva & se rendit à Madras. Il se présenta chez les Anglois avec des projets de conquête sur Hyder-Aly: ils réussirent d'abord; mais le courage d'Hyder-Aly le tira de ce mauvais pas, & il força les Anglois à faire la paix en 1768. Le sieur de Saint-Lubin avoit obtenu à Madras la place de commissaire départi pour débaucher des soldats François, Danois, Hollandois, Indiens, & les réunir aux forces Angloises. Il étoit alors, ou se disoit tout Anglois; il écrivoit: « je suis Anglois en dépit du hasard de la naissance, car je me pique d'être homme: demandez à Martin combien de fois, dans le camp d'Hyder-Aly, il m'a appellé Anglois, enthousiaste des Anglois: j'en fais gloire, & me la ferai toute la vie. »

Son objet étoit uniquement de faire une grande fortune pour revenir dans sa patrie: ayant réussi, il osa s'embarquer pour l'Europe. Le vaisseau qui le portoit, toucha à l'isle de Bourbon. Le sieur de Saint-Lubin y débarqua, sous prétexte qu'il étoit mécontent du capitaine. Sa conduite dans cette colonie & des dénonciations très-graves de sa conduite passée, déterminerent à le faire arrêter. On l'envoya prisonnier sur le vaisseau l'*Indien*. En arrivant en France, il fut transféré à la Bastille. Cette détention tourna à son avantage; son procès ne fut point instruit par le défaut de témoins; & par le crédit de ses protecteurs sur ceux qui auroient pu parler, il obtint sa liberté. Son esprit & son argent lui procurerent des prôneurs. Il gagna la confiance de quelques personnes en place; il s'introduisit dans les bureaux de la marine; il fut chargé de quelques parties dans le département de l'Inde; & par ce moyen il eut sous ses yeux la plupart des papiers des bureaux sur le commerce & la politique de l'Asie. Tous les mémoires adressés à l'administration en 1774 & 1775, lui furent remis, sur lesquels il en composoit de très-séduisants qui en imposoient aux ministres: pour voiler la source où il puisoit, il répandoit adroitement le fiel de la calomnie sur la conduite des officiers respectables dont il s'approprioit les projets. On remarqua que dans le même temps la cour de Londres étoit parfaitement informée des dépêches de nos gouverneurs dans l'Inde. Tout s'applanissoit par le génie facile du sieur de Saint-Lubin: il donna des plans d'alliance & de commerce avec les différents peuples de l'Indostan; il supposa qu'il entretenoit des liaisons avec leurs chefs; qu'il en connoissoit à fond & le caractere & la politique: c'est ainsi qu'il trompa l'administration, & qu'il obtint d'elle le titre d'envoyé plénipotentiaire dans l'Inde, & qu'il dévoila le 11 octobre 1776 sur *le Sartines*, en uniforme, ayant le cordon rouge & l'ordre du

Chrift; il étoit ordonné de par le roi, en vertu des pouvoirs & des ordres que S. M. lui avoit confiés; il étoit ordonné à tous François, capitaines, Subrecargues & autres qui toucheroient à la côte de Malabar, de ne s'expédier qu'avec fon agrément, & d'être foumis à fes ordres. Il lut enfuite les pleins pouvoirs qu'il avoit de créer des confuls, des agents, des députés de commerce, des capitaines de port, & demanda un falut de 21 coups de canon pour les ordres de S. M., & un fecond falut du même nombre de coups pour lui, comme miniftre plénipotentiaire..... Depuis il s'arrogea toute autorité fur le capitaine & le vaiffeau, & par fes mauvaifes difpofitions eft regardé par M. de Ladebat comme l'auteur des accidents du vaiffeau & de fes pertes. Cependant revenu en France, fuivant le rapport de fa miffion politique, cet aventurier fe vante d'avoir allumé la guerre dans l'Indoftan, où il prétend que c'eft fon génie qui a tout fait : que c'eft fon impulfion qui a tout produit, & que les victoires d'Hyder-Aly & des Marattes font fon ouvrage. Il s'eft affis, dit-il lui-même, au confeil des Marattes, & fous le nom de *Sahmez-Panas*, ou prince des loix; il a uni pour jamais cet empire aux intérets de la France. Cela n'a pas empêché qu'il n'ait été mis à la Baftille à fon retour, & il faut voir comment il en fortira.

18 *Juillet* 1781. M. l'abbé Raynal avoit une penfion de 1,200 livres fur le *Mercure*; fon décret & fon évafion le privent de cette faveur. Le miniftre de Paris a offert à M. Garat de lui tranfporter cette penfion; mais il a répondu qu'il ne favoit point s'enrichir des dépouilles des vivants.

18 *Juillet*. La foire Saint-Laurent, que M. le lieutenant-général de police a fait rouvrir, & qu'il a à cœur de remettre dans l'état brillant où elle étoit autrefois, malgré la beauté de son local attiroit encore peu de monde. Cette année on a imaginé une *Redoute Chinoise*, espece de Colisée, de Wauxhall, sous des formes bizarres & nouvelles. Il n'en faut pas tant dans ce pays-ci de mode & de frivolité. Ce lieu ne désemplit point ; & non-seulement les filles y abondent, mais les femmes de qualité & toute la cour. Derniérement M. l'abbé Arnaud y étoit. C'est un académicien quolibetier, grivois, ordurier, qui, sans faire de vers, se permet quelquefois des épigrammes dures, mais salées : voici l'impromptu qu'on lui attribue au sujet de la redoute :

    La Voilà donc cette redoute,
    Qu'à bon droit tout sage redoute ;
    Charmant & funeste réduit
    Où, pour peu que l'on rime en oute,
    Infailliblement il en coûte,
    Et le plus souvent il en cuit !

19 *Juillet* 1781. On parle beaucoup du rétablissement des receveurs-généraux des finances en tout ou en partie ; on ne dit pas précisément encore sur quel pied il s'effectuera, mais il paroît constant que M. de Fleury s'occupe de cette besogne, & les intéressés ont tous les plus grandes espérances.

Si le nouveau ministre des finances commence une fois à attaquer quelque partie du plan de son prédéceſſeur, on ne doute pas que tout l'édifice ne s'écroule, & que ſes innovations n'éprouvent le ſort de celles de M. Turgot, dont il ne reſte plus de veſtiges.

19 *Juillet.* La réception de M. de Chamfort a en effet eu lieu aujourd'hui, & le prince de Condé, ainſi que mademoiſelle de Condé, l'ont honoré de leur préſence. Le diſcours du récipiendaire a été mortellement long : il a duré une heure, & n'a cependant roulé que ſur deux points : *la Chevalerie Françoiſe*, principal objet des travaux de M. de Ste. Palaye, l'académicien auquel il ſuccede ; & *l'amitié rare qui ſubſiſtoit entre le défunt & un frere jumeau qu'il avoit*, mort peu de temps avant lui. On a trouvé dans tout cela un mélange de philoſophie, d'eſprit, de gaieté, de ſentiment, qui n'a pas produit tout l'effet attendu, à raiſon de cette longueur inſoutenable, & du ton langoureux & affaiſſé du lecteur.

M. Seguier ſe trouvant élu directeur par le ſort, a répondu, & a encore tenu une demi-heure ſur le même ſujet ; ce qui a mis le comble à la ſatiété du public.

M. d'Alembert, qui ſaiſit toujours l'à-propos, a lu une notice ſur le comte de Clermont, ancien membre de cette compagnie ; ce qui amenoit naturellement l'éloge du prince de Condé, ſon neveu ; & S. A. déja fatiguée de l'encens que lui avoient offert tour-à-tour le récipiendaire & le directeur, a dû reſpirer encore celui du ſecretaire ; ce qui a paru lui répugner fort.

Du reſte, la notice ſur le comte de Clermont étoit aſſez curieuſe par des anecdotes ignorées du public concernant l'admiſſion de ce prince à l'académie l'académie, & les relations qu'il a eues avec elle. Elle n'embrasse uniquement que cette partie de sa vie. Ce qu'on a remarqué dans cet article, ce sont quelques vérités que le philosophe a eu le courage de dire, & en même temps cette tristesse continue dont il est affecté en parlant de la littérature. On ne sait quelle nouvelle affliction il éprouve; mais il a déclaré que le regne des lettres passoit de jour en jour, & que bientôt elles auroient plus besoin de consolations que de gloire.

Il a fini par la lecture du programme d'un *prix extraordinaire & annuel*, proposé par l'académie Françoise. Ce prix très-bizarre mérite des détails particuliers, qu'on ne peut offrir qu'avec le secours du programme.

20 *Juillet* 1781. Extrait d'une lettre de Montpellier, du 7 juillet. « Les administrateurs de » l'hôtel-dieu St. Eloy de cette ville, d'après une » demande de M. Necker, ont profité de l'occasion » pour manifester les principes, les regles & les » détails de leur gestion. Ils ont en conséquence » rédigé un mémoire, dans lequel on trouve la » plus grande analogie entre leurs opérations & » les procedés de madame Necker, une égalité » si parfaite entre le prix des journées de chaque » malade de l'une & de l'autre maison, qu'il semble » que les fondements du nouvel hospice de Paris » aient été puisés dans le monument antique de la » charité de nos peres.

» D'après les comptes des dix années de l'hô-» pital saint Eloy, depuis 1770 jusqu'en 1779, » il résulte que le prix de chaque journée de » malade se trouve fixé à 16 sous 11 deniers

« l'honoraire du médecin compris ; & celle des
» malades de l'hospice de madame Necker, est
» de 16 sous 10 deniers ; elle s'éleveroit à 17 sous
» 2 deniers, si le médecin qui fait le service
» gratuit, recevoit l'honoraire affecté à celui de
» notre hôpital. »

20 *Juillet* 1781. Extrait d'une lettre de Grenoble, du 30 juin. « Le relevé général qui a été
» fait sur les registres des paroisses de tout le
» Dauphiné pendant l'année 1780, porte qu'il est
» né dans cette province 14,007 garçons, 12,743
» filles ; en tout 26,750 enfans. Il y est mort
» pendant la même année 12,666 hommes, 11,983
» femmes ; ce qui donne un total de 24,649 per-
» sonnes : en sorte que l'excédant des naissances
» sur les morts est de 2,101. Il y a eu 6,069
» mariages. »

20 *Juillet*. Extrait d'une lettre de Colonges,
le 13 juillet. « Le village d'où je vous écris, est
» à cinq lieues de Geneve, & est mémorable par
» le fait suivant. Voltaire passa ici il y a environ
» dix ans. Le même jour un habile peintre s'y
» arrêta. Cet artiste, ce qui est rare, n'avoit sur
» lui ni pinceaux ni palette : le génie supplée à
» tout. Echauffé par la vue du grand homme
» qu'il rencontre, avec un charbon il le dessine
» sur le manteau de la cheminée d'une façon très-
» ressemblante. Peu de temps après de jeunes
» étourdis méconnoissant le patriarche de Ferney,
» s'égaient sur sa figure grotesque, & alloient la
» défigurer. Ils portoient déja leurs mains sacri-
» leges sur cette tête vénérable, lorsque l'hôtesse
» s'en apperçoit & leur crie : *c'est Voltaire !* Frappés
» d'un respect religieux ils s'arrêtent, & l'un

» d'eux prend la poste, vole à Geneve, & amene
» un vitrier qui met le portrait à l'abri d'une
» pareille insulte. Il est de grandeur naturelle,
» & peut-être le plus ressemblant qu'on ait. On a
» mis au bas ces quatre vers :

Mon œil le reconnoît, c'est lui-même, c'est lui
Qui de la vérité fut le plus ferme appui !
O toi ! qui dans ces lieux viens mettre pied à terre,
Trop heureux, ne pars pas sans contempler Voltaire !

21 *Juillet* 1781. Le même citoyen qui a donné à l'académie des sciences une somme de 12,000 liv. pour des objets d'utilité publique, relatifs aux sciences & aux arts, a fait remettre à l'académie Françoise, par une personne publique & connue, le mémoire suivant, en gardant l'anonyme.

A messieurs de l'académie Françoise.

Messieurs,

« Un citoyen qui aime les lettres, & qui les
» croit utiles à l'humanité, desire fonder un
» prix en faveur de l'ouvrage de litterature
» dont il pourra résulter un plus grand bien
» pour la société : sermon, piece de théatre,
» roman, prose, vers, histoire, traité de juris-
» prudence, réflexions morales, dissertation poli-
» tique, mémoire sur les sciences ou sur les
» arts, recherches érudites ; aucun genre n'est
» exclu. »

» Ce prix sera obtenu sans être demandé, &
» adjugé sans examen, c'est-à-dire, qu'il suffira
» que les juges déclarent quel est, parmi les livres

» qui auront paru dans l'année précédente, &
» dont ils auront eu connoissance, celui qui leur
» paroît devoir contribuer le plus au bonheur tem-
» porel de l'humanité. L'académie décidera si les
» ouvrages de ses membres doivent concourir.

» Le citoyen qui a conçu cette idée, supplie
» l'académie d'agréer l'hommage qu'il rend aux
» lettres, & d'être juge du prix. Une somme
» de douze mille livres est déposée, pour être em-
» ployée en une rente viagere sur la tête du roi;
» & du revenu annuel il sera acheté une médaille
» d'or qui formera le prix.

Motifs de cette disposition.

» Un géometre méprisoit une piece de théatre
» applaudie, parce qu'elle ne prouvoit rien; ce
» géometre avoit tort: mais un citoyen aura
» raison, si pour régler l'estime & l'intérêt que
» mérite un livre, il demande quel bien en
» résulte-t-il? Je fais aujourd'hui cette question,
» & c'est à l'académie qu'il appartient de ré-
» pondre. On a représenté les lettres & les con-
» noissances humaines comme un fléau ajouté
» à tous ceux qui désolent le monde: ainsi souvent
» on a calomnié notre religion, nos loix & les
» institutions les plus sages; & si le sort de l'uni-
» vers avoit changé suivant nos opinions, l'im-
» prudence de nos vœux auroit augmenté la masse
» de nos maux. Les lettres n'ont pas besoin d'apo-
» logie; mais les hommes qui les cultivent
» peuvent, comme le laboureur Romain, mettre
» leurs prétendus poisons sous les yeux de leurs
» accusateurs.

» On prétend que notre nation est légere &

» frivoles Je ne me permets point d'en être le
» juge ni le censeur : mais je vois un peuple
» oisif déserter les monuments du génie pour
» courir aux farces du rempart ; je vois se mul-
» tiplier les éditions de romans médiocrement
» intéressants & foiblement écrits : un livre sérieux
» & profond est estimé, mais n'est pas lu. Je
» vois les auteurs d'ouvrages qui doivent passer
» aux générations suivantes, n'être connus,
» recherchés, fêtés dans la société, que pour
» quelques débauches d'esprit qui doivent les
» faire rougir de leur succès. Aussi, tandis que
» la presse gémit pour une foule de brochures
» plaisantes, épigrammatiques, licencieuses, il
» nous manque une histoire de France complete
» & lisible, un corps de droit public François,
» un recueil d'expériences sur la nature de notre
» climat & sur ses influences. Nous n'avons
» point de description du sol de nos provinces
» & des richesses qu'il renferme ; richesses que
» chaque siecle découvre successivement, & qui
» n'ont échappées aux siecles précédents, que faute
» de recherches, &c. Dans ce désordre, il faut
,, que les chefs de la littérature disent à quiconque
,, est entré dans cette carriere : *En voilà le but* ;
,, & à la nation : *voilà, dans la classe des gens de*
,, *lettres, ceux à qui vous devez le plus*.

,, Sans doute on objectera que ces vues sont
,, trop grandes pour une si petite disposition ; car
,, jamais on n'épargna un reproche à une action
,, louable : mais vous ne penserez pas ainsi,
,, vous, Messieurs, qui, dans toutes cho-
,, ses, considérez le motif & les conséquen-
,, ces, & qui savez qu'un fait peu important

„ peut-être l'origine d'un grand bien. Que le
„ foible exemple que je donne soit suivi ; que
„ tous ceux de mes concitoyens qui jouissent
„ d'une fortune supérieure à la mienne, fassent
„ un sacrifice égal au mien ; & les lettres, les
„ sciences & les arts trouveront des secours
„ immenses ! „

Cette disposition extrêmement bizarre a occasioné des débats dans le sein de la compagnie; & elle y a apporté des restrictions dont nous donnerons le résultat.

22 *Juillet* 1781. Les Italiens ont donné avant-hier la premiere représentation d'*Ariane abandonnée*, mélodrame dans le genre du *Pygmalion* de Rousseau.

Thésée, forcé par les Athéniens, abandonne *Ariane* dans l'isle de Naxos. Cette jeune princesse, instruite à son réveil par ses craintes & par une nymphe invisible du départ de son amant, s'abandonne à toute sa douleur, & finit par se précipiter dans la mer, pour y terminer sa vie. Tel est le sujet de la piece. Le plan, comme on le voit, en est simple & dénué d'action : aussi cette nouveauté doit en grande partie son succès à la musique, qui y joue, pour ainsi dire, le premier rôle. Elle a paru d'un bout à l'autre de l'ouvrage, riche, variée, expressive, & toujours bien assortie aux sentiments des personnages. Madame Verteuil, dans le rôle d'*Ariane*, qui est très-pénible, a obtenu les applaudissements les plus vifs & les mieux mérités. Il est à désirer que le musicien, M. Benda, enrichisse de nouveau ce théatre de ses productions.

22 *Juillet*. Extrait d'une lettre de Bordeaux, du 17 juillet. " Puisque vous êtes curieux de

,, savoir où en est notre parlement, c'est tou-
,, jours le même désordre. Quoique la grand'cham-
,, bre soit composée de trente juges environ, ils
,, s'arrangent si bien qu'ils ne sont jamais en
,, nombre compétent pour faire arrêt. C'est une
,, dérision. Le premier président que le roi, dans
,, sa derniere réponse du mois de février, a chargé
,, spécialement de faire rendre la justice avec
,, exactitude, de veiller sur la compagnie, &
,, que S. M. a rendu personnellement responsable
,, des troubles qui y surviendroient, ne manque
,, pas d'être assidu lui-même; & pense être ainsi
,, à l'abri de tout reproche. Il est incroyable que
,, le chef de la magistrature s'endorme sur l'inaction
,, totale de notre parlement, qui n'a rien fait
,, absolument cette année. ,,

22 *Juillet* 1781. L'académie Françoise a reçu la proposition dont on a parlé, avec toute la reconnoissance & l'estime que mérite le donateur: mais elle n'a pû, relativement à son institution & à ses loix, se permettre d'accepter la donation qu'aux conditions suivantes:

1°. Que parmi les ouvrages *utiles au bien de l'humanité*, qui auront paru dans le courant de chaque année, elle donnera la préférence à celui qu'elle jugera *le mieux fait & le mieux écrit*. Ce mérite devant procurer à l'ouvrage un plus grand nombre de lecteurs, n'en remplira que mieux l'objet d'*utilité*, que le donateur a principalement en vue.

2°. Que la compagnie ne portera aucun jugement sur les ouvrages, qui auront pour objet des matieres de théologie ou de jurisprudence locale & contentieuse, ou celles dont s'occupe l'académie des sciences (1), ou enfin les matieres d'administration & de politique, dont la discussion ne seroit pas permise par le gouvernement.

3°. Qu'elle ne jugera que des ouvrages écrits en langue françoise, l'auteur pouvant être d'ailleurs ou François ou étranger.

4°. Qu'elle pourra, suivant que les circonstances lui paroîtront l'exiger, ou remettre le prix, ou le partager entre deux ou plusieurs ouvrages, ou le donner double.

5°. Qu'elle exclura ses membres du concours.

Le donateur ayant approuvé ces conditions, l'académie a, d'une voix unanime & de l'aveu du roi, son auguste protecteur, accepté la donation proposée.

Elle annonce donc aux gens de lettres qu'à la fin de décembre 1782, elle adjugera le prix dont il s'agit à celui qui aura donné au public l'ouvrage *le plus utile*, en se conformant d'ailleurs aux conditions exposées ci-dessus.

Ce prix sera une médaille d'or, de la valeur de de douze cents livres.

Le concours sera ouvert à commencer du premier janvier de la présente année 1781.

Toutes personnes, excepté les quarante de l'académie, seront admises à concourir.

Quand l'académie aura décerné ce premier

―――――

(1) Le même citoyen a donné à l'académie des sciences une pareille somme de douze mille livres pour des objets d'utilité publique, relatifs aux sciences & aux arts.

prix, elle en donnera tous les ans un semblable, qui sera annoncé par un semblable programme.

Elle auroit bien desiré de faire connoître le citoyen à qui les lettres & l'humanité sont redevables de cette donation; mais il a constamment persisté à garder l'anonyme.

22 Juillet 1781. Extrait d'une lettre de Lyon, du 10 juillet. " Le 3 de ce mois j'ai eu un plaisir ,, considérable à une séance publique de notre ,, académie, où il y avoit environ cinq cents ,, spectateurs. Le grand avocat-général Servan, ,, aujourd'hui honoraire du parlement de Gre- ,, noble, qui en est devenu membre, pour sa ,, réception nous a lu un discours sur les progrès ,, des sciences & des arts, qui embrassoit spécia- ,, lement par conséquent les éloges des savants ,, & des artistes. Il y a fait venir aussi ceux des ,, ministres qui les ont plus favorisés, tels que ,, Sully, Colbert, Fleury, Turgot & Necker. ,, En parlant de ce dernier, il a mis tant d'onc- ,, tion dans les regrets de sa perte, qu'il a fait ,, pleurer tout l'auditoire. ,,

23 Juillet 1781. On espere que le sieur de Baseilhac, neveu du frere Côme, & membre du college de chirurgie, continuera à faire usage du lithotome, dont ce feuillant étoit l'inventeur; instrument avec lequel il a rendu de si grands services à l'humanité pour la taille de la pierre, pendant sa longue vie, quoique trop courte encore. Il est mort à 79 ans. Le fâcheux c'est que le sieur de Baseilhac a une sensibilité rare, capable de faire tort à sa dextérité : au contraire, son oncle apportoit dans ses opérations un cœur de bronze.

23 Juillet. Extrait d'une lettre de Metz, du 19 juillet. " Le 14 de ce mois les trois ordres

,, de cette ville, on agréé le projet de lettres-pa-
,, tentes pour l'érection d'un mont de piété ; l'on
,, y prêtera fur gages fur le pied de dix pour cent
,, par année, comme cela fe pratique à Paris & en
,, Flandre. ,,

23 *Juillet* 1781. Extrait d'une lettre de Rouen,
du 15 juillet. " Dimanche dernier M. le prince de
,, Condé & M. le duc de Bourbon, efcortés par
,, la brigade de maréchauffée, arriverent vers le
,, foir dans cette ville. Ils trouverent hors de
,, la ville, les compagnies de la cinquantaine &
,, des arquebufiers rangées en bataille, & furent
,, complimentés à l'entrée par le corps municipal.
,, Ils defcendirent à l'archevêché ; où il y eut
,, grand fouper : enfuite leurs alteffes fe rendirent
,, à la comédie, qui ne commença qu'à dix heures.
,, Une foule immenfe les y attendoit : on admira
,, leur bonté, leur affabilité, & fur-tout leur
,, patience d'entendre les plats éloges dont les
,, régala le fieur d'Herbois, premier acteur de ce
,, fpectacle. C'eft un des grands malheurs de
,, la principauté, que d'être ainfi obligé de faire
,, bonne contenance à toutes les fadeurs qu'on
,, vous débite.... ,,

23 *Juillet*. Extrait d'une lettre de Limoge,
du 18 juillet. " Madame la marquife de Mi-
,, rabeau, iffue de la très-ancienne maifon de
,, Pierre-Buffiere, premier baron du Limofin,
,, éloignée depuis plufieurs années de fes terres
,, par les perfécutions de fon mari, les exils,
,, les emprifonnements qu'elle a fubis, ayant
,, obtenu fa féparation d'après l'arrêt du 18 mai
,, dernier, & la jouiffance de fes biens, eft venue
,, le 9 de ce mois prendre poffeffion de fa terre
,, de Pierre-Buffiere. Tous fes vaffaux fe font

,, empressés de lui témoigner leur joie de la revoir :
,, les principaux habitants sont montés à cheval
,, pour l'attendre sur la route de Toulouse,
,, jusqu'aux dernieres limites de la justice. Ceux
,, de Saint Hilaire-Bonneval, ont été également
,, en grand nombre sous les armes, pour, au
,, son des instruments, la saluer ; ils avoient
,, leurs drapeaux, & étoient conduits par plusieurs
,, officiers à cheval, ayant à leur tête monsieur
,, Landry du Masgardeau, qui, après une salve,
,, lui adressa des vers très-mauvais & très-plats,
,, suivant sa coutume. La troupe ensuite a es-
,, corté la voiture de madame la marquise pendant
,, plus d'un quart de lieue : elle en a pris congé
,, après une seconde salve.

,, A quelque distance du pont de Pierre de
,, Buffiere, étoit postée une troupe d'infanterie
,, qui s'est jointe au cortege : le clergé & les
,, dames attendoient de l'autre côté du pont.
,, M. Dumont, juge de cette jurisdiction, a ha-
,, rangué madame de Mirabeau avec beaucoup
,, d'éloquence & d'attendrissement sur ses malheurs :
,, cette scene étoit vraiment pathétique par les
,, larmes de joie qui couloient des yeux de la
,, marquise. Le soir il y a eu des feux de joie
,, & illumination volontaire dans toute la ville.

,, Le lendemain madame de Mirabeau s'est
,, rendue à son château d'Aigue-Perse, où de
,, nouvelles acclamations l'ont suivie.

,, J'ai cru que ces détails vous seroient précieux
,, à raison de *l'ami des hommes*, qui doit crever
,, de dépit...,,

,, 24 *Juillet* 1781. Suivant le relevé de la géné-
,, ralité de Limoges, il y a eu en 1780, 26,123
,, naissances, 6,823, mariages, 23,071 morts.

24 *Juillet* 1781. Un procès peu important en lui-même a cependant occupé tout Paris ces jours-ci à raison des acteurs : il s'agissoit d'une femme de condition qui, logée chez un magistrat & ne payant point, avoit été attaquée par les voies ordinaires de la justice, & pour prolonger avoit employé des moyens malhonnêtes & de mauvaise foi, tels que de soustraire les meubles saisis, de les mutiler au point de ne pouvoir plus conserver aucune valeur, &c. Des gens de la cour s'y sont trouvés impliqués, comme complices & participants à ces infames procédés. Il a été répandu des mémoires satiriques propres à amuser le public. Enfin le 18 de ce mois est intervenu l'arrêt suivant :

Enjoint au chevalier de la Grange & à Bonnier de St. Côme, d'être plus circonspects à l'avenir.

Fait défenses à la comtesse de Coustain, au nommé Corbin, ci-devant son cocher, & au comte de Lowendal, de récidiver.

Condamne toutes les parties adverses solidairement & par corps, à payer au président de Chavaudon tout ce qui lui est dû.

Condamne toutes les parties chacune en 50 liv. de dommages & intérêts, applicables, du consentement de M. le président de Chavaudon, au pain des prisonniers.

Supprime le mémoire de la comtesse de Coustain, interdit Monnaye (le procureur dont il est signé) pendant un mois.

Condamne toutes les parties solidairement aux dépens.

24 *Juillet* 1781. L'abbé d'Espagnac, conseiller de grand'chambre & rapporteur de la cour, vient de mourir.

L'abbé de Breteuil vient de mourir aussi. On a eu bien de la peine à déterminer celui-ci, malgré sa robe, à satisfaire au cérémonial d'usage : c'est l'ambassadeur de Vienne qui a dû l'exhorter fortement. Quant à l'autre, on prétend qu'il meurt de chagrin, à cause de la banqueroute du Sr. Hiss, le beau-pere de son neveu. Ces deux ecclésiastiques laissent de riches dépouilles à partager.

25 *Juillet* 1781. M. l'abbé d'Espagnac étoit rapporteur de la cour : M. le Fevre d'Amecour a de grandes prétentions à lui succéder, & a eu provisoirement tous les papiers relatifs : les clercs réclament & prétendent que cette place doit nécessairement appartenir à l'un d'eux, attendu que n'étant jamais de tournelle, rien ne peut les distraire des fonctions qu'elle exige. Malgré leurs efforts on croit que M. d'Amecour, intrigant très-actif, fort accrédité, lié avec beaucoup de grands seigneurs, l'emportera.

25 *Juillet*. De Marseille, le 14 juillet. „ L'académie des belles-lettres, sciences & arts „ de cette ville, dans la séance publique du „ 25 avril dernier, avoit annoncé que le prix „ destiné à un mémoire *sur les causes qui peuvent* „ *diminuer la profondeur des ports de Mar-* „ *seille, & sur les moyens d'en prévenir les* „ *effets & d'y remédier*, avoit été remis à l'année „ prochaine. Ce prix consistant en une médaille „ d'or de la valeur de 300 livres, a paru trop „ modique, & le commerce que le sujet inté- „ resse, de l'autorisation du marquis de Castries, „ ministre & secretaire d'état au département de la „ marine, y a joint pareille somme de 300 livres ; „ ce qui est peu magnifique pour une pareille cham- „ bre de commerce.

25 *Juillet* 1781. Quoique le mémoire de Mde. de Couſtain ne fût ſigné que de Me. Monnaye, ſon procureur, interdit pour un mois, on a ſu qu'il étoit de la compoſition de Me. Falconnet, qui n'étant point ſur le tableau, ne pouvoit avoir cette faculté ; ce nouvel échec ne contribuera pas à l'y faire mettre, & l'on déſeſpere aujourd'hui de l'y voir jamais inſcrit.

26 *Juillet* 1781. Extrait d'une lettre de Mirecourt, le 1 juillet. « Un officier d'artillerie du régi-
,, ment de la Fere, du nom de Gaſſendi, &
,, & parent du fameux philoſophe de ce nom, ayant
,, paſſé par cette ville. M. François de Neuf-
,, château, notre lieutenant-général lui a
,, adreſſé la piece de vers ſuivante, que je vous
,, envoie dans ſa primeur ; elle eſt d'ailleurs
,, courte, & je puis facilement vous la tranſ-
,, crire. Il faut préalablement vous obſerver,
,, afin d'éclaircir davantage certains paſſages,
,, que cette ville a quelque réputation pour la
,, fabrique des bons violons, & que nous avons
,, encore les débris d'un temple conſacré autrefois
,, à Mercure.

J'apprends qu'aujourd'hui la cité
Qui jadis adoroit Mercure,
Reçoit dans ſon enceinte obſcure,
Un nom depuis long-temps cité
A côté du nom d'Epicure,
Prêtre d'Apollon & de Mars,
Gaſſendi, deſcendant très-digne
Du célebre prêtre de Digne.
Arrive au ſein de nos remparts,
(Si pourtant de ce titre inſigne,

Il est permis que l'on désigne
Des murs ouverts de toutes parts.)
Par malheur ce climat sauvage
Aux enfants du dieu des beaux arts
Ne peut offrir aucun hommage.
Mirecourt a ses violons,
Dont on estime la cadence ;
Mais c'est à la belle Provence,
De produire des Apollons
Et de les donner à la France.
Du moins l'écho de nos vallons
Répete le bruit de notre gloire ;
Notre respect pour leur mémoire
Accroît le peu que nous valons.
Ainsi de la sphere céleste
Jetant les yeux sur l'univers,
Le grand Gassendi que j'atteste
Recevra bien mes mauvais vers ;
Comme on cueille une fleur agreste
Qu'on trouve au milieu des déserts.

26 *Juillet* 1781. Extrait d'une lettre d'Auch, du 3 juillet. « D'après le relevé de cette généralité, on voit qu'en 1780 il y a eu 34,216 naissances, 7,896 mariages, & 27,971 morts. »

26 *Juillet.* Le procès du sieur le Bel est à la veille de finir, & le rapport est commencé au parlement. Il paroît deux mémoires de cet accusé, le premier ostensible & répandu dans le public, le second plus détaillé, contenant l'historique de toutes les friponneries commises dans

l'administration des affaires de la maison d'Artois, qui n'a été imprimé qu'en un petit nombre d'exemplaires, & pour les juges seulement. Les gens intéressés à empêcher l'examen & l'approfondissement de ce mystere d'iniquités, avoient déterminé le comte d'Artois à demander au roi l'évocation du procès au conseil; mais S. M. a refusé.

27 *Juillet* 1781. Extrait d'une lettre de Rennes, du 15 juillet. « Les ennemis de notre „ évêque, & il en a beaucoup, viennent de „ répandre dans le public un manuscrit intitulé : „ *Généalogie de la famille* Bareau *de Girac*, 1780, „ avec les pieces au soutien.

„ Suivant cette généalogie il descendroit d'un „ boucher d'Angoulême en 1562, & en seroit ar„ riere-petit-fils.

„ Curieux de parvenir, il s'est d'abord attaché „ au duc de Choiseul, auquel il rendit beaucoup „ de services en tout genre, & sur-tout dans „ l'espionnage : ce ministre le fit faire évêque „ de Saint-Brieux en 1766.

„ Sa belle-sœur, jolie femme, n'a pas peu „ contribué à son élévation. Un jour le prélat „ Bareau, témoignant à son confrere, M. de Bel„ lescise, évêque de Saint-Brieux après lui, qu'il „ n'étoit pas content de son sort, celui-ci, „ homme franc & plaisant, lui répondit : *de quoi* „ *vous plaignez-vous ? vous avez* 150,000 *livres* „ *de rentes, un palais à loger un roi, & une* „ *belle-sœur, oh ! délicieuse pour en faire les* „ *honneurs !* Cette même belle dame a fait faire „ son mari marquis.

„ On ne sait à quelle époque ni pourquoi les „ Bareau ont pris le nom de Girac.

» En 1766, l'évêque de Saint-Brieux devenu membre des états, se rangea du parti du commandant, & le servit chaudement, durant toute cette tenue très-orageuse; on le regarde comme le rédacteur de la fameuse protestation des 83 gentilshommes.

» En 1768, les états assemblés extraordinairement en l'absence du commandant, qui comptoit sur l'évêque de Saint-Brieux, dans la ville duquel ils se tenoient, ce prélat sentant baisser le crédit du duc d'Aiguillon, son protecteur, l'abandonna, & fut un des plus ardents instigateurs des représentations de la noblesse, qui porterent le dernier coup au commandant.

,, Devenu évêque de Rennes en 1769, & récompensé ainsi de sa perfidie, il s'est conduit avec le même esprit d'astuce sur ce théatre plus brillant, & a varié suivant que son intérêt l'exigeoit : tantôt zélé partisan de l'œuvre du chancelier, & puis affectant le plus pur patriotisme dans l'affaire de M. Desgrées, il s'est de nouveau livré à la puissance & au crédit, il est devenu tout Duras. C'est ce qui a donné lieu aux recherches du pamphlet en question, non-seulement sur son origine mais sur sa vie entiere. On y trouve des anecdotes historiques très-curieuses, & accompagnées de preuves qui en constatent la véracité.

27 *Juillet* 1781. Voici la note que le jeune Freron offroit de mettre dans une de ses feuilles pour correctif à l'endroit du compte rendu de la piece du *Jaloux sans amour* de M. Imbert, qui a causé tant de scandale dans le tripot comique, & excité la vive réclamation du sieur Desessarts.

" Nous apprenons que l'expression de *Ven-*

„ *triloque* , dont nous nous fommes fervis à
„ l'égard de M. Defeffars, l'a mortifié. Notre
„ intention n'a jamais été de l'offenfer ni de lui
„ dire rien d'injurieux , comme il s'en con-
„ vaincra aifément à l'ouverture du premier
„ dictionnaire.

Le magiftrat avoit trouvé l'article bien ; mais le fupérieur des comédiens a jugé que ce n'étoit pas fuffifant , que c'étoit à l'offenfe à dicter les termes de la réparation. C'eft à quoi le journalifte n'a pas voulu acquiefcer : *interea patitur Juftus* , & les feuilles reftent fufpendues.

Le fieur Panckoucke intrigue beaucoup pour faire fupprimer l'*Année Litteraire*, & l'annexer à fon *Mercure*. Tout le parti des encyclopédiftes le feconde, & il eft bien à craindre que cela ne tourne mal pour le pauvre Freron.

27 *Juillet* 1781. Frere Côme, originaire d'une famille nommée de Bafeilhac, qui exerçoit la chirurgie , étoit né dans le diocefe de Tarbes. Après avoir appris dans la maifon paternelle les éléments de fon art , il alla fe perfectionner à Lyon chez un de fes oncles , d'où il vint à Paris. Il s'attacha aux meilleurs maîtres & aux hôpitaux. Il fe lia bientôt avec les chirurgiens les plus célebres de la capitale , MM. Duverney , Petit, Boudou, la Peyronie, Morand, Guerin, Hevin, Gautier, Levret , & il en demeura conftamment l'ami. On juge bien de là que ces hommes célebres ne voulurent entrer pour rien dans les perfécutions qu'il éprouva depuis de la part de leur corps.

Il s'attacha à M. l'abbé de Lorraine , évêque de Bayeux, & fut chargé du foin de l'hôpital de cette ville. A la mort de ce prélat, il entra aux feuillants & se voua au service des pauvres. Ses succès ne tarderent pas à lui faire une réputation. Il fut recherché des grands & des riches : on voulut lui faire quitter son ordre ; mais il ne se servit de la protection des uns & de l'opulence des autres, que pour le soulagement des malheureux. Il forma un hospice, où il entretenoit constamment un nombre de malades : indépendamment des autres opérations chirurgicales, il a fait plus de mille tailles. Il opéroit très-bien ; on ne lui a reproché avec justice que de ne pas préparer assez, & de ne pas suivre le traitement avec tout le soin qu'il exige.

Le frere Côme a soutenu à ses frais pendant nombre d'années l'établissement dont nous parlons : non content d'administrer les secours de son art, il soulageoit encore pécuniairement les indigents, & leur donnoit de quoi retourner commodément dans leur province : aussi à sa mort la porte du cloître des feuillants a été trois fois forcée par la foule du peuple, venant pleurer sur son cercueil.

Il étoit né avec un génie actif & du goût pour les arts ; il les connoissoit tous. Il a beaucoup vécu avec messieurs de Reaumur, d'Ofembray, Geoffroy, du Hamel, de Jussieu, de Parcieux, de Fouchy, Winslow.

Il étoit naturellement brusque & dur à l'extérieur, & cette derniere qualité lui étoit essentielle pour opérer ; mais au fond très-humain, très-compatissant. Il seroit difficile qu'un homme aussi occupé fût très-religieux, cependant il suivoit autant qu'il pouvoit les regles de son ordre, & satisfaisoit de son mieux à l'extérieur. Quelques gens prétendent qu'il avoit de l'enjouement, qu'il étoit fort tolérant & qu'il avoit une tournure d'esprit fine & séduisante. Peut-être en effet avoit-il eu ses qualités, qu'on ne conserve guere au milieu d'occupations pareilles aux siennes, & jusqu'à l'âge de 79 ans, où il est mort.

28 *Juillet* 1781. Quoique le rapport de l'affaire de le Bel soit commencé, ainsi qu'on a dit, le parlement par une faveur insigne, hier 27, a disjoint le procès en ce qui concerne Me. Elie de Beaumont, l'a déchargé des accusations contre lui intentées à la requête de M. le procureur-général, a déclaré Pyron non-recevable dans sa plainte, l'a débouté de sa demande en 20,000 liv. de dommages & intérêts; permet à Me. de Beaumont de faire imprimer & afficher l'arrêt par-tout où bon lui semblera; condamne ledit Pyron aux dépens.

Les conclusions de messieurs les gens du roi étoient les mêmes que ce dispositif, & ont été données d'une voix unanime au parquet, ainsi que cet arrêt rendu à l'unanimité des trente-huit magistrats formant la séance.

Me. Elie de Beaumont n'a point obtenu de dommages & intérêts, parce qu'il n'en a point exigé, même applicables aux pauvres; il a regardé son adversaire comme ne méritant point qu'il s'abaissât à cette demande.

29 *Juillet* 1781. Extrait d'une lettre de Trevoux, du 5 juillet. On compte dans cette généralité ,, pendant le cours de l'année derniere 1,169 nais-,, sances, 266 mariages, & 1,211 morts.

30 *Juillet* 1781. Le résultat de la nouvelle requête du sieur le Bel, est de prouver que n'ayant d'autres accusateurs sur tous les délits mentionnés au

procès que les chefs de l'administration de M. le comte d'Artois, qui avoient intérêt de perdre le suppliant, pour l'empêcher de divulguer toutes les déprédations commises dans l'administration des finances de ce prince, déprédations qu'il a été nécessité de révéler; ils ne peuvent le charger d'imputations qui ne doivent être regardées que comme des récriminations odieuses de leur part.

L'endroit le plus singulier de cet écrit, est celui où le sieur le Bel cite une note de créance personnelle à madame la comtesse d'Artois, d'une somme de plus de 80,000 livres, que le prince avoit consenti en 1777 de faire acquitter de son trésor, & dont les parties prenantes se trouvent toutes sous des noms supposés.

On parle au surplus d'un mémoire en regle du sieur le Bel, par Me. Blonde avocat, dont on a déja dit un mot, où l'on dévoile des iniquités si grandes de la part des chefs de l'administration de S. A. royale, qu'on n'en a donné des exemplaires qu'aux juges.

30 *Juillet* 1781. A l'assemblée de l'académie royale de peinture & de sculpture, tenue le 28 de ce mois, le sieur Philibert-Louis de Bucourt, de Paris, a présenté plusieurs tableaux dans le genre familier: la composition de tous les sujets a été jugée, bien ordonnée, & la couleur de cet artiste aimable & vigoureuse en même temps.

Le même jour le sieur Paul-Joseph Sauvage, de Tournai en Flandre, a soumis au jugement de l'académie ses ouvrages choisis dans le genre de natures mortes, comme bas-reliefs & autres. L'imitation naïve du vrai lui a concilié messieurs.

Ces deux artistes ont été admis dans la classe des agréés.

30 *Juillet* 1781. Le premier président du parlement de Bordeaux a ordre d'être le 8 du mois prochain à Versailles, & d'y porter avec lui les registres qui font mention de tout ce qui s'est passé depuis la réception de M. Dupaty; & il a été aussi adressé à la compagnie ordre de rendre la justice.

30 *Juillet*. On est revenu au projet de salle provisoire pour l'opéra, & au même local dont il étoit déja question. Le sieur le Noir, architecte, s'est engagé pour une somme de 200,000 livres de construire sur ce terrein qui lui appartient, sur le boulevard près la porte Saint-Martin, une salle complete, à quatre rangs de loges, avec les dimensions qui lui ont été prescrites, & de la livrer entiérement terminée de façon que le spectacle puisse y être donné le 5 octobre prochain. Pour assurer d'autant plus cet arrangement, il a consenti à ce qu'on appelle un dédit de 24,000 livres.

On s'est déterminé à cet arrangement pour plusieurs raisons. On s'est bientôt apperçu par la différence des recettes, que les concerts ne pouvoient suppléer à l'opéra: d'un autre côté, la plus grande partie des talents qui font le charme de ce spectacle, demande pour l'entretenir un exercice journalier, & les concerts ne peuvent offrir qu'une foible ressource à cet égard pour le chant. Le rétablissement de la salle ne peut être que l'ouvrage de plusieurs années : il est douteux qu'on eût obtenu l'agrément de jouer l'opéra sur la salle des Tuileries ; & pour la mettre en état, on ne pouvoit éviter la plus grande dépense, ni une perte de temps considérable. Il falloit attendre que cette salle fût libre, il falloit reculer les loges, agrandir le théatre, réparer.... L'offre du sieur le Noir prévient ces divers inconvéniens ; mais son emplacement en offre d'autres, l'éloignement, la difficulté pour les gens de pied de sortir en hiver, ou de se procurer des voitures.... Enfin les amateurs préféreront encore ces dégoûts à la douleur de se voir privés de l'opéra pendant le cours entier d'un hiver. Ce projet en outre ménage la dépense, si, comme on l'assure, les dimensions de ce théatre sont prises de maniere que toutes les décorations qui y seront adaptées pourront servir sur le théatre de la salle à construire. Enfin, cette salle ne sera point détruite après la construction de l'autre, & pourra servir au besoin, non-seulement dans des cas comme celui-ci, & pour les deux autres spectacles, mais même offrira des facilités pour les fêtes publiques.

31 *Juillet* 1781. Hier a été jugée l'affaire du sieur le Bel, mais non définitivement. Il a été élargi en état de décret d'ajournement personnel, avec un plus amplement informé de six mois : il a été prononcé plusieurs décrets, dont le détail n'est pas bien connu encore ; on sait seulement que Pyron en a un de *prise de corps*, & le sieur Radix de *Saint-Foix* d'ajournement personnel.

31 *Juillet*. M. le duc de Chartres a donné son désistement des lettres-patentes qu'il avoit obtenues pour l'aliénation du terrein du Palais-Royal, & il l'a fait signifier à tous les propriétaires des maisons, opposants. Cela n'a pu leur donner qu'une joie momentanée : on assure que le prince n'en persiste pas moins dans l'exécution de son projet, sans aliénation de terrein, & que dès demain on commencera à abattre des arbres.

31 *Juillet*. On revient sur le quatuor du pere

Vito. Un sieur Guerin, apprenti éleve en musique, se donnant pour le disciple du sieur Goslec, critique ce morceau de composition, rempli de plusieurs irrégularités. Son maître vient à l'appui, & en faisant profession d'estime pour les talents du religieux Portugais, dans une lettre en date du 18 juillet, insérée au *Journal de Paris*, pulvérise son quatuor, & substitue quatre manieres différentes d'en tirer parti.

1 *Août* 1781. Il y a de temps en temps aux petits spectacles des pieces qui méritent d'être exceptées de la foule, & qui attirent même les connoisseurs les plus difficiles. De ce nombre sont aux variétés amusantes, *Jérôme Pointu*, & *le Fou raisonnable* : la premiere sur-tout est un petit chef-d'œuvre dans son genre, & le Sr. Volange y joue avec une perfection sans exemple : quoique son rôle soit très-long ; puisqu'il reste sur le théatre depuis le commencement de la seconde scene jusqu'à la fin, il est tellement transformé dans le personnage qu'il représente, qui est un procureur, qu'il ne s'en écarte pas un instant, & il se renferme dans les bornes du naturel le plus vrai, sans se permettre la plus légere caricature. Le sieur Préville ne pourroit jouer mieux ; & vraisemblablement joueroit plus mal, en ce qu'il charge, & il en est convenu modestement lui-même.

1 *Août.* En effet on a commencé aujourd'hui à mettre la coignée dans la rangée d'arbres qui borde le côté des maisons de la rue de Richelieu ; ce qui a excité une désolation générale parmi les propriétaires & les amateurs de cette promenade, en ce que ce début confirme le

bruit

bruit que M. le duc de Chartres persiste dans l'exécution de son projet.

1 *Août* 1781. On ne peut douter aujourd'hui que le *Tableau de Paris* ne soit en effet de monsieur Mercier. Mais il convient lui-même qu'il n'a entrepris cet ouvrage que comme une spéculation pécuniaire, & une tâche qui lui avoit été imposée par son imprimeur de Neuchâtel. Celui-ci étant venu à Paris sans précaution, & se trouvant muni vraisemblablement d'une quantité d'exemplaires du livre, a été arrêté, moins pour l'ouvrage en lui-même, que pour avoir son aveu de l'auteur; ce à quoi il s'est refusé généreusement, déclarant qu'il tenoit le manuscrit d'un *quidam* qu'il ne connoissoit pas, & qui est venu le lui apporter. Le livre ne méritant aucune recherche ultérieure, l'étranger a bientôt été élargi, & est reparti pour Neuchâtel avec monsieur Mercier.

1 *Août*. *Isabelle Housard*, parade en un acte & en vaudevilles de Monsieur Desfontaines, a été jouée hier aux Italiens pour la premiere fois avec un très-médiocre succès. Le sujet en est très-simple. *Cœur de Lion* revient de son régiment pour épouser *Isabelle*: celle-ci veut s'assurer de la tendresse de son amant: elle se déguise en housard, reçoit d'une enchanteresse une épée avec laquelle on doit nécessairement vaincre son ennemi, & se présente à *Cœur de Lion* comme son rival. Ils mettent l'épée à la main, & la victoire se déclare en faveur d'*Isabelle*, qui récompense par le don de sa main l'amour de son cher amant.

Il y manque cette gaieté, ou plutôt cette folie continue, qui doit faire l'essence de semblables facéties.

1 *Août* 1781. Extrait d'une lettre de Rion, du 25 Juillet. " Il y a eu dans cette généralité pendant l'année 1780, naissances 27,445, mariages 6,090, morts 21,766. "

2 *Août* 1781. Il faut ajouter aux décrets prononcés lundi dans l'affaire du sieur le Bel, que Nogaret à été décrété d'ajournement personnel, que les héritiers Bastard ont été mis hors de cour sur la requête présentée en demande de réparation d'honneur; ordonné que les termes injurieux contre le Bel seroient rayés dans cette requête.

2 *Août*. Le sieur le Noir fait travailler la nuit à la construction de la salle qu'il a entreprise, pour tenir l'engagement qu'il a pris. Il a obtenu par forme de supplément du prix, le privilege durant dix années, lorsque l'opéra sera transporté à sa vraie destination, de donner dans cette salle des fêtes publiques pour son profit particulier.

3 *Août* 1781. C'est avant-hier que les fêtes pour l'arrivée du comte de Falckenstein ont eu lieu au petit Trianon; on sait que c'est la reine elle-même qui arrête la liste des courtisans admis au spectacle : c'est sa majesté qui reçoit à la porte & fait placer.

On a joué l'*Iphigénie en Tauride* de M. le chevalier Gluck, & l'exécution a été parfaite: il y a eu bal, illumination générale.

3 *Août*. Suivant ce qu'écrit monsieur l'abbé Raynal à un de ses amis à Paris, entre les diverses consolations que dans son infortune l'Europe entiere, & les plus grands potentats, se sont empressés de lui prodiguer, il a su distinguer celles de l'amitié, & y attacher tout le prix qu'elles méritent.

Du reste, il est toujours à Spa, où le retient le prince Henri de Prusse, qui a exigé qu'il y restât aussi long-temps que son altesse royale. Il est heureux & tranquille, parce qu'il n'a aucun remords: s'il n'avoit point encore écrit les grandes vérités qu'il a publiées, il profiteroit du loisir qu'il a pour les répandre, & les consigner à la postérité.

Enfin il est toujours incertain de l'asyle qu'il choisira entre ceux qu'on lui offre, & il paroît qu'il préfere Bruxelles.

3 *Août* 1781. M. de Saint-Foix a été obligé de se défaire, depuis son décret d'ajournement personnel, de sa charge de surintendant des finances, bâtiments, arts, manufactures, jardins & garde-meubles chez M. le comte d'Artois; c'est un M. de Verdun, neveu du fermier-général de ce nom, qui le remplace.

On avoit fait préalablement de nouveaux efforts pour le soustraire à la jurisdiction du parlement; mais le roi a persisté à dire que le parlement étoit institué pour juger les fripons, & qu'il falloit laisser un libre cours à la justice.

Ce magnifique seigneur soutient de son mieux cette humiliation. Il a fait bâtir à sa superbe maison de Neuilly, une charmante vacherie pour y loger, avec deux vaches, sa maîtresse Mlle. de Saint-Albans, qui se meurt de la poitrine; & tout le monde va voir ce lieu par curiosité. On sait que c'est un remede imaginé par nos docteurs modernes pour les poitrinaires, de les faire habiter avec des vaches.

4 *Août* 1781. La piece de *Jérôme Pointu*, qui passe pour être du sieur Volange, est de l'auteur ordinaire de ces petits spectacles, ci-devant abbé Robinot, aujourd'hui M. Robinot de Beaunoir.

On veut que l'histrion lui en ait donné l'idée, & qu'il n'ait fait que l'exécuter.

Quant au *Fou raisonnable*, on l'attribue assez généralement à M. Cailhava; on ne sait pourquoi il s'en défend; car elle ne lui auroit pu que faire honneur sur un autre théatre: quoique moins parfaite dans ce genre, moins gaie que l'autre, il y a cependant plus d'intrigue & plus de vigueur.

5 *Août* 1781. Le sieur le Quesne, toujours zélé pour son maître Linguet, & attentif à saisir les occasions de travailler à son élargissement, a cru que la venue de l'empereur en France étoit une circonstance favorable; en conséquence, après en avoir conféré avec divers partisans & amis du journaliste, il s'est transporté à Versailles au moment où l'empereur y est arrivé; malheureusement il n'a pu parvenir encore à voir ce prince, il n'a parlé qu'à son ambassadeur. Il écrit qu'il a eu une lueur d'espérance; mais que la cabale est devenue si forte contre ses sollicitations, qu'il désespere de réussir. Cependant il ne désempare pas, & ne veut avoir rien à se reprocher. Il faut conclure au moins de sa démarche, que M. Linguet, dont on n'entendoit plus parler, est toujours existant. Voilà le onzieme mois de sa détention qui court : on sait qu'un homme en place a dit depuis peu, en parlant à un journaliste qui s'étoit mis à dos le maréchal duc de Duras : « Prenez-y garde, vous devriez savoir combien » ce seigneur est redoutable & implacable dans ,, ses vengeances. ,, Ce qui induiroit alors à croire que c'est en effet le maréchal qui est la cause de la détention de l'écrivain des Annales.

5 *Août*. Monsieur de Mouville est un riche

particulier de cette capitale, qui, comblé de tous les dons de la nature, y a joint tous les talents que l'art lui pouvoit procurer ; & pourvu ainsi des diverses choses capables de rendre en apparence un homme heureux, est cependant le plus ennuyé mortel de France. Quoi qu'il en soit, il supporte ce fardeau, & le secoue autant qu'il peut. Pour se distraire il a choisi une de ses possessions, intitulée, *le Désert*. C'est un lieu à l'extrêmité de la forêt de Marly, où il a prodigué les merveilles dans le genre des jardins Anglois. Le plus curieux morceau de cette thébaïde, est aujourd'hui son château à la Chinoise, parce qu'il est dans un genre neuf, dans un costume unique, & parfaitement conforme au rapport des divers voyageurs qui ont été sur les lieux. Les autres parties non moins agréables, sont semblables, du reste, aux surprises qu'on trouve partout. Il fait travailler actuellement à deux bâtiments plus originaux & piquants par leur bizarrerie : l'un est une maison dans un fût de colonne, l'autre est une porte en rocher.

Le *Désert*, quoiqu'à six lieues de Paris, est devenu aujourd'hui l'objet des promenades des amateurs ; mais on n'y entre qu'avec un billet de M. de Mouville, qui ne le refuse point aux gens honnêtes. La possession est de quatre-vingt-dix arpents, enclos de murailles. La reine y est allée plusieurs fois, & s'y plaît beaucoup.

6 *Août* 1781. Les comédiens Italiens, de plus en plus encouragés par l'inaction des François, ne cessent de donner des nouveautés, même dans le genre le plus analogue à ceux-ci. Ils annoncent pour demain *les Maris corrigés*, comédie en trois actes & en vers.

6 Août. Il a percé ici des exemplaires de la *Lettre à monsieur Linguet*, un de ces écrits qui ont fort chagriné le parlement de Bordeaux, & contre lesquels il avoit commencé une procédure que la cour a arrêtée.

Cette lettre roule sur l'affaire de M. Dupaty, & rend compte de ce qui s'est passé à son sujet au parlement de Bordeaux, depuis la séance du maréchal de Mouchy, comprise jusqu'à la fin de l'année. Cet historique, qui auroit dû remonter à l'origine de l'affaire, est encore très-vague & peu satisfaisant pour ceux qui aiment les faits. On juge, au surplus, qu'il a été écrit par un partisan zélé de M. Dupaty. On y voit que la réjection de cet avocat-général élevé à la présidence du parlement, a paru un acte complet d'iniquité réfléchie à messieurs Dudou, de la Vie, de la Molere, Dousenge & de Reygnac. Ces noms sont d'autant plus remarquables que plusieurs d'entre ces messieurs étoient des restants, & conséquemment dans des principes très-opposés à ceux de M. Dupaty, renommé pour sa résistance à la révolution: la malheureuse scission actuelle a fait disparoître l'ancienne; & par un mélange monstrueux, on voit contre lui les membres les plus patriotiques, entr'autres le premier président, auquel se sont réunis aussi plusieurs restants.

M. le président de Virazel est le plus mal accommodé de tous les adversaires de monsieur Dupaty. C'est lui qui à la rentrée fit le compliment d'ouverture, où l'on ne trouve qu'une satire maladroite contre les magistrats expulsés & leurs partisans, une amplification de rhétorique remplie de choses communes, triviales & rédigées indignement.

On peut reprocher à l'auteur de cet écrit d'avoir très-mal choisi son correspondant, dont les principes & les intentions n'étoient pas assez purs pour qu'il méritât d'être le défenseur de monsieur Dupaty. Son zele aveugle en faveur du magistrat le fait aussi aller trop loin, & avancer des assertions erronnées contre les empiétements des parlements, qu'il réduit à la qualité de jugeurs ; ce qui tendroit à la subversion de la constitution. On frémit d'entendre dans sa bouche les horribles blasphèmes de M. de Maupeou & de ses adhérents.

6 Août 1781. Dans le mémoire du sieur le Bel, messieurs de Saint-Foix, Piron, Nogaret & la Chenaye, secretaire du premier, sont peints comme des fripons. Ces jours-ci on lisoit le mémoire au caveau ; M. Favier entre, il demande ce que c'est ; on lui répond que c'est le *Factum* de le Bel, qu'il est très-piquant : " oui, s'écrie-t-il, je le connois, „ c'est du *Vinaigre des quatre voleurs*. „

7 Août 1781. Extrait d'une lettre de Montpellier, du 15 juillet. " On a compté pendant l'année „ 1780, dans la généralité de Languedoc 71,590 „ naissances, 15,836 mariages & 57,397 morts. „

7 Août. Le neveu de M. le comte de Grasse, commandant le *Pandour*, est arrivé le deux à l'Orient, & dimanche dernier à Versailles, & a porté deux loques avec lui ; c'est ainsi que les plaisants appellent les pavillons de Tabago : ils disent encore que c'est *une prise de tabac*. Quoi qu'il en soit, il en résulte que c'est à cette conquête que se bornent aux Antilles tous les exploits de ce redoutable marin.

7 Août. Monsieur le comte de Thélis, senfible à l'empreffement de plufieurs foufcripteurs de fon école nationale, qui ont paru defirer que le détachement d'éleves amené dans cette capitale s'y fixât pour achever le chemin de Verfailles, en a retardé le départ, & le retardera auffi long-temps que les fonds des foufcriptions le permettront.

Ces éleves doivent en outre s'occuper à ferrer une partie des nouveaux boulevards dans toute fa longueur, pour diminuer la pouffiere & rendre cette promenade plus agréable. Si cet effai réuffit, M. le comte de Thélis fe flatte que, frappés de l'utilité de l'inftitution, les bons citoyens s'efforceront de la foutenir en verfant dans la caiffe des fecours abondants.

Ces éleves travaillent auffi à élargir avec du gravier le chemin pavé qui va de l'école militaire à Vaugirard, lequel n'avoit que douze pieds de largeur.

Les gentilshommes font logés à Paris, pour être plus à portée de leurs maîtres : ils ne coûteront annuellement à leurs parents que 420 ou 430 livres, tant pour leur nourriture que pour leur entretien, jufqu'à ce que leurs talents leur méritent des appointements : ce qui doit avoir lieu dès qu'ils ont affez profité des inftructions pour être en état d'inftruire leurs camarades.

Du refte, ils vont à tour de rôle au camp pour y joindre le coup-d'œil de la pratique à la théorie, & y remplir un fervice purement militaire, dont la direction des travaux fait effentiellement partie.

8 *Août* 1781. Arrêt du confeil d'état du 29 juillet dernier, concernant l'adminiftration de la généralité de Moulins. Le préambule où il eft

queſtion de l'aſſemblée tenue le 1 mai 1780, & des lettres-patentes du 13 mars 1781, concernant l'aſſemblée provinciale, & l'établiſſement d'une commiſſion intermédiaire, porte: " & S. M.
„ étant informée que, malgré les preuves de
„ zele & d'amour pour le bien public, que les
„ membres de ces deux aſſemblées ont données
„ juſqu'à préſent, différentes circonſtances n'ont
„ pas encore permis [de déterminer l'exercice de
„ leurs pouvoirs, ni la forme de leurs aſſemblées;
„ ſa majeſté a jugé néceſſaire de ſurſeoir à l'exé-
„ cution de ſes lettres-patentes concernant l'aſſem-
„ blée provinciale du Bourbonnois, juſqu'après la
„ publication des réglements qu'elle ſe propoſe de
„ donner à celles du Berry & de la Haute-Guyenne:
„ mais comme ſa majeſté ne veut pas que les
„ habitants de la ſuſdite province ſoient privés de
„ l'effet de ſes bontés, elle a bien voulu autoriſer
„ ladite aſſemblée à nommer des ſyndics pour
„ aſſiſter à l'aſſiette des impoſitions, avec pouvoir
„ de repréſenter, tant par rapport à la répartition
„ des impoſitions qu'en toute autre matiere, ce
„ qu'ils eſtimeront convenable pour l'intérêt géné-
„ ral de la province, ou celui de leurs ordres en
„ particulier..... „

8 *Août* 1781. Un M. *de Germival*, qui donne dans tous les travers du ſiecle, & qui a pour maxime qu'on doit rougir d'aimer ſa femme, tâche par ſes conſeils & par ſon exemple, d'entraîner ſon beau-frere, jeune homme que la corruption des mœurs n'a pas encore tout-à-fait gâté. *Cloris*, piquée de l'indifférence de ſon mari *Germival*, engage ſa belle-sœur à feindre, ainſi qu'elle, d'avoir une inclination; perſuadée

que c'est en excitant la jalousie qu'on peut rallumer des feux prêts à s'éteindre. Une de leurs amies, qui, dans presque tout le cours de la piece, passe pour un homme, seconde leur projet, en jouant auprès d'elles, avec son mari, le rôle d'amants favorisés. *Germival* & son disciple, après avoir été long-temps intrigués par leurs femmes, sur-tout dans un bal masqué, où elles changent entre elles de domino, pour surprendre leurs secrets, finissent par abjurer leurs faux soupçons, leurs faux principes, & par se raccommoder avec elles. Tel est à peu près le canevas des *Maris corrigés*, qu'une versification facile, des détails très-agréables, & le ton de la bonne compagnie ont fait applaudir. On y a critiqué au fond un manque de clarté dans l'exposition, dans la marche, dans l'imbroglio, peu de liaisons entre certaines scenes, l'inutilité même de quelques-unes pour l'action, un défaut de vraisemblance dans plusieurs incidents; enfin on a trouvé des longueurs, principalement dans les deux derniers actes.

La piece a été supérieurement jouée par le sieur Clairval, & madame Verteuil remplissant les premiers rôles, & les faisant singuliérement valoir.

* L'auteur est M. de la Chaboissiere, qui, par son talent & sa modestie, mérite d'être encouragé.

9 *Août* 1781. Depuis le commencement de ce mois il vient de s'instituer à Lille une feuille intitulée: *Annonces, Affiches, Nouvelles & Avis divers de la province de Flandre, concernant tout ce qui peut l'intéresser.* Elle doit paroître chaque vendredi, & aura huit pages in-4. Elle a pour épigraphe ce vers d'Ovide: *En ego latarum, venio tibi nuncia rerum.* Si le prospectus est bien rempli,

elle sera sans contredit plus instructive, plus amusante & plus gaie que les autres. La premiere du trois août n'a rien de bien piquant encore.

9 *Août* 1781. Extrait d'une lettre de Besançon, du 28 juillet. « On a compté dans cette généralité » pendant le cours de l'année derniere, 18,528 » naissances, 6,149 mariages, & 19,622 morts. »

9 *Août*. Par l'arrêt du conseil dont on a parlé, les cinquante-deux députés de l'assemblée provinciale de la généralité de Moulins, nommés le 1 mai 1780, sont autorisés à nommer neuf syndics & procureurs fondés ; savoir, trois ecclésiastiques bénéficiers, trois gentilshommes, & trois dans le nombre des bourgeois notables, dont trois du Bourbonnois, trois du Nivernois, & trois de la Marche.

Dans leurs délibérations les voix seront comptées par ordre & non par tête.

10 *Août* 1781. On a fait avant-hier au soir, en présence de M. le lieutenant général de police, & de messieurs les prévôt des marchands & échevins, le premier essai de la *Pompe à feu établie à Chaillot, pour fournir de l'eau dans tous les quartiers de Paris*. Cette machine exécutée par monsieur Perrier, avec l'intelligence supérieure qu'on lui connoît, & d'ailleurs modelée sur celle de Londres, a élevé & versé une très-grande quantité d'eau, dans les réservoirs pratiqués sur la hauteur de Chaillot, à 110 pieds du niveau de la riviere. Les magistrats & les spectateurs ont témoigné une grande satisfaction de la réussite. Il est à desirer qu'un établissement aussi évidemment utile, soit bientôt porté à toute la perfection dont il est susceptible.

10 *Août*. La comédie du *Chirurgien de Village*, piece nouvelle en un acte & en prose, exécutée ce soir pour la premiere fois par les comédiens François, n'a pu aller jusqu'à la fin. Malgré sa briéveté elle a paru si longue que les acteurs ont cédé par respect à l'ennui du public, & ne l'ont point achevée : il est par conséquent inutile d'entrer dans aucune espece de détail sur l'intrigue & le dialogue de cette comédie. Elle devoit être suivie d'un divertissement qui n'a pas eu lieu. On l'attribue à un M. Simon, chirurgien.

10 *Août*. Le pere Vito ne s'est pas tenu pour battu par M. Gossec, & il a inséré aujourd'hui dans le *Journal de Paris* une lettre pour sa défense, où il repousse vivement l'attaque de son adversaire. Il n'est que des gens très-exercés dans la composition qui puissent juger de cette querelle, fort ennuyeuse pour tous les autres.

10 *Août*. Depuis la destruction du Palais-Royal, le jardin des Tuileries qui, malgré sa beauté, étoit abandonné, reprend sa splendeur; la foule y abonde, & il est aujourd'hui le théatre de ces scenes bizarres ou ridicules, inévitables dans les lieux publics, & propres à amuser un moment, à distraire de leur ennui les oisifs dont cette capitale abonde. Trois événements de cette espece s'y sont passés dimanche, & font encore l'entretien des cercles.

Un jeune homme y a paru dans l'après-dînée avec un habit, veste, culotte & bas de couleur de merde d'oie; il avoit la bourse & les souliers de la même couleur, & étoit poudré d'une poudre semblable : ce qui l'a bientôt fait entourer, & obligé les Suisses de le prier de sortir.

A cet original a succédé une dame fort bien mise, en levite & en chapeau, mais tenant son chapeau à la main à la maniere des hommes, l'ôtant & le remettant alternativement: la singularité du spectacle a porté le peuple vers elle, & les Suisses sont venus lui faire le même compliment qu'au jeune homme.

Enfin un troisieme personnage ayant rencontré une jeune femme avec un homme en tête-à-tête, a donné publiquement une paire de soufflets à la premiere: scandale plus grave, qui l'a fait arrêter & conduire au château. Il s'est excusé tout haut, prétendant que c'étoit sa femme qui s'étoit absentée depuis plusieurs jours, séduite par ce galant, & qu'il n'avoit pu se refuser à cette correction.

11 *Août* 1781. C'est le roi lui-même qui a dit au neveu du comte de Grasse, lorsqu'il lui a apporté les drapeaux de Tabago, & s'est écrié: « *qu'est-ce que c'est que ces loques que vous m'apportez-là ?* » Ce qu'a rendu fort sot cet officier, s'attendant à quelque récompense. S. M. a témoigné, au contraire, ainsi le peu de cas qu'elle faisoit d'une pareille conquête, & son mécontentement que l'oncle, avec une aussi belle armée navale, n'eût rien opéré de mieux.

11 *Août*. Extrait d'une lettre de Saint-Quentin, du 28 juillet. " Monsieur le comte de Falckenstein venant de Bruxelles, accompagné du général Tercy, a quitté la grande route à deux lieues de cette ville pour aller voir le canal souterrain qui doit joindre la Somme à l'Escaut. Il a été reçu à l'entrée de ce canal par M d'Agay, intendant de Picardie, accompagné de M. Laurent de Lyonne, directeur des canaux de Picardie &

de Flandre; de M. de la Gatinerie, ingénieur de la marine, & de M. Rigaud, physicien de la marine.

L'illustre voyageur descendu dans le canal souterrain, l'a parcouru en bateau, sur une longueur de plus de trois cents toises, jusqu'à un morceau exécuté en grand, & dans les dimensions que tout le canal doit avoir. M. le comte de Falckenstein en arrivant à la galerie, s'est exprimé sur cet ouvrage en ces termes: " je suis fier d'être homme, „ en voyant un de mes pareils imaginer & exécuter „ un ouvrage aussi vaste & aussi hardi. Cette idée „ m'éleve l'ame. „ Pendant deux heures & demie qu'il a employées à visiter dans le plus grand détail cet ouvrage, à faire des questions & à disserter en connoisseur, il n'a cessé d'admirer, & a fait seulement une objection sur quelques retranchements possibles des dépenses, quant à la magnificence des dimensions de ce superbe établissement.

Monsieur le comte de Falckenstein s'est sur-tout étendu avec complaisance sur l'utilité du canal en temps de paix comme en temps de guerre, pour le commerce de la France & des pays-bas Autrichiens. Il s'est ensuite rendu sur le port de Saint-Quentin, pour y voir la jonction de l'ancien canal de Picardie avec le canal souterrain.

12 *Août* 1781. On voit dans un éloge de l'abbé de Breteuil, inséré au *Journal de Paris*, numéro 8, qu'il est très-facile de travestir en hommes supérieurs les hommes les plus médiocres. Il est vrai que les faits cités à l'appui des grandes qualités prodiguées au défunt, ne répondent guere à l'idée qu'on en voudroit donner. Par

exemple, on regarde comme une preuve de sa sagesse, d'avoir fait son testament avant sa mort. Il est aisé de juger que l'auteur de la notice n'étoit pas intéressé pour peu à son exécution.

On parle de sa bienfaisance; mais on n'en raconte aucun trait, & l'on sait que, quoiqu'il eût pour 300,000 livres de bénéfices, le patrimoine des pauvres, suivant le vœu des fondateurs, & suivant l'esprit de l'évangile & les canons de l'église, il leur en donnoit peu, & conservoit ses gros revenus à l'avancement & aux prodigalités de son neveu; on sait que ses maîtresses en avoient aussi une partie, ce qui est encore moins édifiant dans un prêtre : enfin, l'on sait qu'un de ses coseigneurs ayant fait un établissement de charité dans sa paroisse, & y ayant consacré 300 l., il a eu beaucoup de peine à faire contribuer l'abbé de Breteuil, & n'en a jamais pu arracher que 200 livres.

On le donne aussi pour un homme de lettres, ou du moins pour très-capable de produire des ouvrages d'esprit, sans la multiplicité de ses affaires, & sans une sorte de paresse aimable, & l'on vante un discours de sa composition sur l'affaire de l'archevêque d'Aix, contre le chapitre de son église métropolitaine; un autre au sujet de l'établissement d'un bureau d'agence; enfin un réquisitoire sur une demande de don gratuit; pieces d'éloquence obscures que personne ne connoît, & que même, suivant toute apparence, il n'avoit pas enfantées.

13 *Août* 1781. On raconte que M. le comte de Falckenstein se trouvant dans l'œil de bœuf avec beaucoup de courtisans, en attendant qu'on pût entrer chez le roi, & causant avec eux,

& sur-tout avec le marquis de Castries, apperçut en un coin un seigneur isolé, remarquable par sa bonne mine; il demande qui c'est? On lui dit que c'est le comte d'Estaing, qu'il ne connoissoit pas, & qu'il n'avoit pas eu occasion de voir durant son dernier voyage. A l'instant il quitte le ministre fort sot pour aller à lui, pour lui témoigner sa joie de le rencontrer, mais sa surprise en même temps qu'un aussi bon serviteur restât dans l'inaction: il entre ensuite en conversation plus particuliere, & ne le quitte que lorsque S. M. apprenant que le comte de Falckenstein est là, le fait appeller.

13 *Août* 1781. On vante beaucoup la modestie de M. de Verdun, le nouveau surintendant de la maison de M. le comte d'Artois. Il a demandé à ce prince la permission de conserver la place de fermier-général qu'il a actuellement, pouvant ne pas plaire à son altesse royale, ou manquer des talents nécessaires pour ses nouvelles fonctions: il a refusé aussi le gouvernement des châteaux de Saint-Germain & de Maisons, que sollicitoit le sieur Radix de Sainte-Foix; il a dit que cette dignité étant faite pour des militaires, on se moqueroit d'un financier qui s'en revêtiroit. Tout ce qu'on craint, c'est que monsieur de Verdun n'ait pas assez de finesse & de fermeté pour arrêter les déprédateurs, & découvrir toutes leurs ruses.

13 *Août.* Tous les préparatifs préalables nécessaires étant faits à la salle des Menus, on y doit jouer demain de petits actes. On commence à habituer le public à une augmentation de prix des places; & celles du parterre, autrefois de deux livres huit sous, aujourd'hui sont à trois livres,

sous prétexte que c'est un parquet, & qu'on est assis.

Au reste, c'est sur-tout pour exercer les sujets de la danse, pour les empêcher de se rouiller, & les tenir en haleine, qu'on s'est hâté de substituer ce spectacle aux concerts.

14 *Août* 1781. Hier, à onze heures du soir, a été jugée au palais une grande affaire qui tenoit tout le public en suspens, & avoit attiré une foule prodigieuse de curieux. C'est celle de M. de Saint-Pierre, marquis de la Rochelle : ce scélerat, qui avoit fait périr son pere de chagrin après onze procès qui lui avoit suscités, avoit imaginé une accusation de poison, dans laquelle il avoit enveloppé sa belle-mere, & tous ses ennemis principaux, au nombre de sept.

Par l'arrêt d'hier, tous les accusés ont été déchargés de l'accusation, & l'accusateur condamné à 20,000 livres de dommages & intérêts envers Me. Dumont, avocat, à 10,000 liv. envers son cocher, à 6,000 livres envers sa belle-mere, à 6,000 livres envers la sœur de celle-ci, enfin à 1,000 livres envers les sieurs Mauni, la Thibaudiere & la Morendiere.

Ensuite le procureur-général ayant rendu plainte en subordination de témoins, & en machination calomnieuse d'une prétendue accusation de poison, sa plainte a été admise; le sieur marquis de la Rochelle a été décrété d'ajournement personnel, & la Deschamps, sa maîtresse, de prise de corps. On a été surpris de ne voir ce monstre que décrété d'ajournement personnel, & l'on ne doute pas que ce ne soit une tournure prise par les juges pour ménager la famille, & donner à l'accusé le temps de s'enfuir.

14 *Août* 1781. Rien de plus misérable que tous les quolibets imaginés par les ennemis du duc de Chartres pour le tourner en ridicule, ou rendre son projet odieux. Ils disent qu'il a beau faire arracher les arbres de son jardin, il y restera toujours le platane (le plat âne); ils le représentent avec un crochet, fouillant dans les ordures & cherchant des loques à terre (des locataires): mais ce qui est plus atroce, c'est une lettre qu'on lui a adressée, à l'ouverture de laquelle il n'a trouvé que cette phrase du pseaume de l'*in Exitu : mare vidit & fugit....*

14 *Août.* Depuis que le *Mont-de-Piété* s'est étendu & a fini son magnifique bâtiment, ce lieu est devenu une des curiosités de Paris qu'on va voir. L'ordre avec lequel tous les effets sont placés dans les salles, leur immensité, la foule des détails que ce travail journalier entraîne, étonnent le spectateur. On y compte 40,000 montres, tout le reste en proportion. Mais un coup-d'œil vraiment affligeant, c'est celui de toutes les guenilles qu'on y trouve en dépôt; preuve douloureuse & irrésistible de la foule de malheureux dont cette capitale est remplie. On porte à quinze millions environ l'argent en circulation pour valeur des effets déposés, qui ne l'étant, l'un portant l'autre, que pour moitié, font un total de trente millions; & l'on frémit en songeant que si le feu y prenoit, en peu d'heures ce mobilier énorme se trouveroit anéanti.

Ce dépôt occupe 60 commis.

15 *Août* 1781. Par un arrêt du 7 de ce mois, le parlement, grand'chambre & tournelle assemblées, a supprimé un *mémoire du comte de Lally de Tollendal, en réponse au dernier libelle*

de M. Duval *d'Epremesnil, conseiller de la premiere des enquêtes.*

Quoique ce mémoire soit daté de 1781, l'avocat-général Seguier, dans son réquisitoire, observe que cet écrit ne porte ni le lieu de l'impression, ni le nom de l'imprimeur; qu'il a tous les caracteres de la clandestinité, & en cela est déja répréhensible comme contraire aux réglements de la librairie.

Il remarque ensuite que cet écrit sort tout-à-fait des bornes de la modération, de la décence, du respect dû aux personnes revêtues de quelque caractere. Il est, suivant l'orateur, rempli de sarcasmes amers, de plaisanteries indécentes, de méchancetés grossieres, d'injures même les plus graves: en conséquence il ne peut croire qu'il soit de la personne dont il porte le nom.

Il est fort singulier que, d'après ce réquisitoire, le parlement n'ait fait que supprimer ce mémoire; qu'il n'ait ordonné aucune information pour connoître l'auteur de cette contravention & de cette diffamation publique; enfin, qu'il n'ait pas au moins ordonné que le comte de Tollendal seroit tenu d'avouer ou de désavouer ce libelle.

15 *Août* 1781. On a déja vu des vers de Monsieur sur un éventail. Tout le monde sait que ce prince aime beaucoup l'étude & les lettres, & qu'il s'occupe d'amusements ingénieux. C'est ainsi que tout récemment il a proposé à M. le marquis de Montesquiou Fezensac, son premier écuyer, *des bouts-rimés* à remplir, extrêmement baroques; & ceux qui ont lu les vers assurent que ce seigneur s'en est tiré d'une maniere piquante & facile.

16 *Août* 1781. Extrait d'une lettre d'Alençon, du 10 août. « Suivant le relevé fait dans cette

,, généralité en 1780, il y a eu 19,506 naissances,
,, 5,084 mariages & 18,000 morts. ,,

16 *Août* 1781. *Bouts-rimés à remplir*, donnés par MONSIEUR.

Un accod Synallagmatique
Lioit Mars à Vénus ; Vulcain au pied Fourchu,
Voulut faire contre eux valoir sa Pragmatique;
Les dieux rirent au nez de cet époux Crochu.

Cette histoire Hiérogliphique
Apprend à tout mari fourchu, crochu, Ventru,
A voir son horoscope écrit dans l'Ecliptique:
S'il est sage, il en rit, & n'est pas moins dodu.

Dans la machine Pneumatique;
Renfermât-il la belle, il se verra Berné;
S'il n'oppose à son sort une ame Phlegmatique,
Mieux vaudroit mille fois pour lui d'être Mort né.

Les cœurs sont tous soumis aux loix de L'hydraulique
Ils cherchent leur niveau : maint auteur a Beuglé
Pour dire le contraire : Orgon Apopleƈtique
Met les graces en fuite, & justifie Eglé.

16 *Août* 1781. Depuis long-temps on parloit beaucoup d'un mémoire du comte Dubarri le roué, le pere de celui qui a épousé la demoiselle de Tournon, dans lequel il lui reproche une ingratitude caractérisée, en ce que née sans fortune, n'ayant rien apporté en dot, elle avoit abjuré dans sa viduité le nom, les armes & la livrée d'un mari dont elle n'a eu aucun sujet de

se plaindre ; en ce qu'elle cherchoit à avilir sa mémoire, à méconnoître ses bienfaits, ceux de son beau-pere & de toute la famille, par lesquels elle a été comblée lors & depuis son mariage de tous les avantages possibles ; & afin de rendre plus marquée & plus grave l'injure qu'elle leur a faite, reprendre son nom de fille.

Ce mémoire, fort rare jusqu'à présent, & dont on avoit arrêté la publicité, sans doute dans la crainte de la fermentation qu'il pouvoit occasioner, perce insensiblement, & l'on en peut parler à présent en connoissance de cause.

Il a pour titre : *Mémoire à consulter pour le comte Dubarri Cérès, seigneur & gouverneur de la ville de Levignac, contre la comtesse de Tournon, ci-devant vicomtesse Dubarri.*

Il est suivi d'une consultation, en date du 22 mai 1781, signée de trois jurisconsultes, & appuyée sur une consultation délibérée à Toulouse les 1 & 15 février 1781, qui décide que les grands avantages faits à la comtesse de Tournon par son contrat de mariage sont révocables, & parce qu'elle ne remplit pas la condition sous laquelle ils lui ont été faits, & par son ingratitude en maniere annoncée ci-dessus.

17 *Août* 1781. Mlle. de Tournon, fille d'un gentilhomme du Vivarais, pauvre & ayant deux autres enfants, fut mariée en 1773 au vicomte Dubarri, qui avoit été page de la chambre du roi, officier au régiment de S. M. infanterie, & cornette des chevaux-légers de la garde, avec rang de mestre-de-camp de cavalerie : on accumula sur elle une infinité de donations & d'avantages par le contrat que le roi & la famille royale signerent le 18 juillet.

Après plusieurs tracasseries domestiques, & même une séparation, une évasion de la femme, elle revint à son mari, le rendit pere d'un garçon, & prit sur lui un tel ascendant qu'il n'osoit refuser de satisfaire à ses goûts dispendieux. En 1778 elle le fit aller à Spa, où ayant fait connoissance avec le comte de Rice, elle desira voir l'Angleterre.

Ce fut là qu'arriva le combat au pistolet entre le seigneur Anglois & le vicomte, qui fut tué. Son pere n'a jamais pu tirer de sa bru les motifs de la querelle.

Pendant son veuvage elle fit acquisition de deux petits fiefs en friche en Corse; elle obtint des lettres-patentes pour les faire ériger en comté de Tournon; & en effet, les 13 & 14 février 1789, elle parut à la cour sous le nom de comtesse de Tournon, & se fit annoncer ainsi dans les différentes maisons où elle fut rendre visite. Six mois auparavant elle avoit fait effacer de sa voiture, dans le temps du plus grand deuil, les armes de son mari accolées avec les siennes, & y avoit fait substituer un T en chiffre : quant à la livrée, elle ne l'a jamais fait porter à ses domestiques.

L'odieux de cet éclat fut aggravé par les circonstances les plus sérieuses, lorsqu'on demandoit au sieur Dubarri, son beau-pere, comme non-noble, le droit de franc-fief. Il prétend, quant à ce dernier point, (par parenthese) être sorti vainqueur de la contestation, le 26 février 1780, où il est intervenu un jugement de l'intendant qui a cassé & annullé la contrainte décernée contre lui.

Quoi qu'il en soit, voilà comment Mlle. de

Tournon a reconnu des bienfaits dont elle demande à jouir, montant à 747,000 livres.

En vain se prévaut-elle de l'exemple du troisieme frere Elie, qui se nomme aujourd'hui comte d'Hargicourt. Il a dû se conformer à une donation confidérable, dont il ne pouvoit jouir qu'à cette condition. Il est bien vrai que le comte Dubarri infinue que c'étoit une tournure prise pour le fouftraire à l'influence des circonftances où Elie se trouvoit il y a six ans; mais il y a loin, ajoute-t-il, des orages paffagers de 1774, au calme profond de 1780.

En général ce mémoire est mal fait, mal écrit, contient peu d'anecdotes, & ne fatisfait pas la curiofité du lecteur.

17 *Août* 1781. La *Réponfe du comte de Lally de Tollendal*, que l'arrêt du parlement a fait connoître, n'en est que plus recherchée. Elle est datée du 3 juin 1781, & a pour objet sur-tout un *Mémoire contenant déclarations de fon adverfaire*, qui lui a été fignifié par huiffier. Ces déclarations, au nombre de trois, font 1°. que le comte de Lally de Tollendal n'a rien fait fignifier à monfieur d'Epremefnil de ce qu'il a fait imprimer, quoique le dernier fe foit conduit tout différemment.

2°. Qu'il n'a ni vu ni lu la requête de fon adverfaire, qu'il ne la connoît pas; mais qu'il ne doute pas que les imputations n'en foient calomnieufes, telles qu'elles foient.

3°. Qu'il pardonne ces calomnies à M. de Lally, s'il parvient à réfuter un des raifonements de fon intervention réduite.

Toute cette guerre de plume ne contenant guere que des injures, où il n'y a ni faits, ni anecdotes, commence à devenir faſtidieuſe.

Ce qu'on voit de plus ſatisfaiſant dans cet écrit, où M. d'Epremeſnil eſt tourné dans le plus parfait ridicule, & traité comme un poliſſon, comme un pendart, c'eſt que M. de Lally va enfin entrer en lice au parlement de Dijon, &, après des obſtacles qu'il a fallu lever, y pourſuivre rigoureuſement & infatigablement la juſtification de ſon pere.

17 *Août* 1781. M. le premier préſident du parlement de Bordeaux, après avoir été quelque temps à la ſuite de la cour, eſt exilé à Meaux; il n'a pu obtenir de l'être à Virlade, ſa terre. Le maréchal duc de Richelieu, qui ne peut le ſouffrir, en eſt enchanté; il diſoit lors de ſon dernier mandat : " Le roi a pris un ſi grand amour pour le chef de „ la magiſtrature Bordeloiſe, qu'il ne peut être ſix „ mois ſans le voir. „

Cette punition eſt la ſuite de l'entêtement de ce premier préſident dans l'affaire de M. Dupaty; & l'on parle de lettres de juſſion envoyées au parlement pour qu'il ait à rendre la juſtice, interrompue depuis cette malheureuſe querelle.

18 *Août* 1781. Les poëtes Eſpagnols ont déja célébré le duc de Crillon, & voici une piece que M. de Sancy nous a traduite dans *le Journal de Paris*.

Quel eſt donc ce guerrier plein de feu, de courage,
Que l'on voit s'élancer dans les champs du carnage !
C'eſt Mars, diroit ſans doute un enfant d'Apollon :
La vérité m'inſpire & me dit, c'eſt Crillon ;
Mars aime trop Vénus ; Crillon chérit la gloire ;
Mars eſt fait pour la fable, & Crillon pour l'hiſtoire:

18 *Août*. Au concert spirituel de samedi dernier, on a admiré sur-tout le concerto de violon de M. Isabey, jeune débutant, qui n'a pas encore quinze ans, & annonçant une précision & une fermeté dans les doigts, qu'il est très-rare de montrer à son âge.

18 *Août*. Extrait d'une lettre de Soissons, du 2 août. " Suivant le relevé de cette génér·lité, „ on y a compté en 1780, naissances 17,334, „ mariages 3,955, morts 14,694.

18 *Août*. Hier a eu lieu une cérémonie unique : on a fait à Saint André-des-Arts l'inauguration d'un mausolée élevé dans cette paroisse en l'honneur de M. Léger, son ancien curé, mort il y a sept ans : elle a été précédée d'un service où ont assisté tous les curés de Paris & dix évêques. M. de Senez a prononcé l'oraison funebre de ce pasteur, dont il avoit été le disciple & le coopérateur.

Cet orateur est convenu que la matiere étoit très-stérile ; mais il a eu l'art de la féconder. Il a divisé son discours en trois parties : il a considéré M. Léger, 1°. dans les fonctions de la vie pastorale : 2°. dans la direction des ames ; 3°. dans sa vie intérieure.

Le tableau d'une paroisse & le développement des fonctions d'un curé ont paru dans la premiere partie un morceau vraiment oratoire, très-philosophique, & d'un genre neuf.

Une anecdote curieuse & ignorée a frappé dans la seconde. Monsieur de Senez nous a appris que Louis XV, lors de la dissolution des jésuites, se trouvant dans le cas de chercher un confesseur, & apportant dans ce choix la sagacité are dont il étoit doué lorsqu'il suivoit ses propres

Tome XVII. P

lumieres, avoit eu envie de nommer à cette place M. Léger. Il n'a pu dire pourquoi ce choix n'avoit pas eu son effet. Il a su seulement que, pour écarter ce pasteur: on avoit représenté au monarque qu'il étoit déja âgé; à quoi S. M. avoit répliqué: *« tant pis! je veux trouver dans mon confesseur un ami, & il me seroit douloureux d'avoir à m'en séparer. »*

Dans la troisieme partie on a entendu avec plaisir le prélat donnant des leçons à ses confreres, faisant l'éloge des curés de Paris, & traçant d'un pinceau ferme & terrible les désordres qui regnent dans cette capitale.

Ce discours, dans le genre tempéré, a eu beaucoup de succès; on y a trouvé une grande sensibilité, & du reste l'orateur l'a orné de plusieurs épisodes qui, sans être étrangers au sujet, ont paru des ressources que n'auroit pas imaginé un panégyriste ordinaire. Il a fait un grand éloge de feu madame la comtesse de Gisors, une des dévotes affiliées au défunt curé, ce qui avoit été conçu pour la premiere fois, le plan des honneurs funéraires à rendre à M. Léger, du monument à lui élever; ce qui a amené naturellement ceux du duc de Nivernois son pere, du comte de Maurepas & plusieurs autres: M. de Senez n'a point perdu l'occasion de faire venir dans ce discours l'éloge de l'archevêque de Paris, & de vanter sa fermeté & son zele; en un mot, sans sortir des bornes que lui prescrivoit son héros, il a intéressé, il a soutenu l'attention de ses auditeurs, & les a touchés au point de faire répandre des larmes à plusieurs; ce qui est la perfection de l'art.

On n'entroit à ce discours que par billets,

Le mausolée, encore imparfait offre le curé à genoux, que la Religion enleve à la Charité qui le réclame.

19 Août 1781. Le sieur Rousseau de Toulouse fait un article de nouvelles dans son journal encyclopédique. Il y avoit mis le prononcé de l'arrêt rendu dans l'affaire du sieur le Bel: il étoit tout imprimé & alloit paroître ; mais un ordre est venu de biffer cet article, & de substituer un carton.

On sait aussi qu'ayant été instruit qu'on réimprimoit le mémoire du sieur le Bel, M. le comte d'Artois, à la réquisition des officiers de sa maison, auxquels il a confiance, a fait donner des ordres pour en retirer les exemplaires : malheureusement il étoit trop tard, la distribution étoit faite.

Tout cela prouve que le sieur de Sainte-Foix a encore du crédit, & pourroit bien échapper à la vindicte des loix.

19 Août. *L'édit du roi de ce mois portant augmentation de deux sous pour livre en sus des droits, établissement, suppression & modération de différents droits*, a été fort mal accueilli du public : il est effrayant, & par l'énormité de l'impôt en lui-même, qu'on assure devoir rendre vingt à vingt-cinq millions pour Paris seul, & par les suites incalculables qu'il doit avoir, & par son obscurité, par ses contradictions plus redoutables que l'impôt même.

On en trouve le préambule fort dérisoire, hypocrite, & l'on sait très-mauvais gré au parlement de l'avoir enrégistré aussi légérement. La cour des aides ne la pas vu du même œil, & a arrêté des remontrances.

Ce qu'il y a de certain, c'est que, malgré son enrégistrement, on ne commence pas encore à percevoir l'impôt aux barrieres ; & les corps du commerce qu'il intéresse, ont fait à cet égard des objections difficiles à résoudre.

Cependant, par un abus qu'on devroit bien arrêter, les marchands ont augmenté leurs denrées, comme si eux-mêmes y étoient déja assujettis.

19 *Août* 1781. On peut se rappeller une affaire d'usure d'Angoulême très-considérable, agitée au palais il y a quelques années, sous le ministere de M. Turgot, & arrêtée par l'autorité de ce ministre, ne regardant point l'usure comme un crime & comme une manœuvre vicieuse dans l'état, & dangereuse à la société. Dans cette affaire étoient impliqués plusieurs gens riches & notables d'Angoulême, entr'autres le sieur Marot, receveur des tailles de cette ville. Par une suite de cette affaire, son fils, pourvu de son office, a un procès pendant au parlement. M. Goupillot de Villeneuve, son avocat adverse, l'a fort maltraité dans un mémoire. Ce Marot outré, ayant trouvé l'avocat à la redoute, a prétexté de lui vouloir parler à l'écart, & lui a donné un soufflet ; ce dont a rendu plainte M. de Villeneuve, & ce qui fait la matiere d'un procès nouveau, qui doit se plaider incessamment.

L'offensé ne plaidera point lui-même sa cause, & l'on dit que c'est Me. de Bonnieres qui s'en est chargé pour lui. Le public, attiré par l'éclat & la nature de l'offense, doit se rendre en foule aux plaidoyers.

20 *Août* 1781. Mlle. Dumesnil, illustrée à l'opéra

sous le nom de *Cecile*, jeune danseuse, qui, par ses talents & ses graces, en faisoit un des principaux ornements, vient de mourir en couche. Elle étoit déja dans la plus grande opulence, & avoit pour entreteneur M. de la Ferté, intendant des menus, commissaire du roi pour la direction du théatre lyrique. On dit ce financier plongé dans la plus grande douleur.

20 *Août*. Il y a toujours des gens habiles à succéder non-seulement aux morts, mais même aux vivants, lorsqu'ils peuvent le faire avec impunité & sans réclamation. C'est ainsi qu'on voit à Geneve MM. Mallet & Durey de Morsan continuer les Annales de Me. Linguet. Ils se sont flattés sans doute que ce prisonnier ne paroîtroit pas de si-tôt; car, malgré les éloges qu'ils lui prodiguent, on ne croit pas qu'il se vît de bon œil remplacé par ces messieurs. Malheureusement, les efforts inutiles qu'a derniérement fait le sieur le Quesne en sa faveur, en se jetant aux pieds de l'empereur, donnent lieu de craindre qu'ils ne jouissent long-temps de leur usurpation. Cependant le sieur le Quesne désavoue cette entreprise au nom de son maître, & le nouveau journal de ces messieurs n'entre que furtivement en France.

20 *Août* 1781. Les Italiens donnent aujourd'hui encore une nouveauté; c'est une comédie en un acte avec ariettes, intitulée l'*Automate*. Ce titre semble annoncer quelque ressemblance avec l'*Amant statue* de M. Desfontaines. L'auteur a cru devoir prévenir le public qu'il avoit composé son ouvrage en 1774, & qu'il a été reçu en 1779 au mois de février. Le poëte est un pauvre diable qui a été comédien de province, puis commis, &c. Il se nomme M. Cuinet d'Orbeil. L'auteur de la musique est M. Riget.

20 *Août*. Avant-hier l'académie royale de peinture a reçu académiciens, M. Renou, adjoint secretaire; M. Barthelemy & M. Van-Spaendonck. Le morceau du premier, qui lui a mérité les suffrages des juges, est un plafond ovale de douze pieds sur huit, destiné à décorer la galerie d'Apollon. Il représente Castor ou l'Etoile du matin, & fait pendant au Morphée peint par Charles le Brun, dans la même galerie.

Pour se conformer à son pendant, le peintre s'est imposé la loi de composer son plafond d'une seule figure, & par conséquent de prendre une proportion colossale. On a trouvé la composition bien entendue, & l'on y a remarqué un bon parti d'effet & de couleur.

Le sujet traité par le second, aussi peintre d'histoire, est Appollon, qui, après avoir lavé le sang dont le corps de Sarpedon étoit tout défiguré, & l'avoir parfumé d'ambroisie, ordonne au Sommeil & à la Mort de le porter promptement en Licie, où sa famille & ses amis lui firent de magnifiques funérailles. Ce tableau, composé avec grace, d'une touche ferme & d'une couleur aimable, a été agréé avec beaucoup d'éloges.

A l'égard du troisieme, un vase de marbre, rempli de fleurs & de fruits d'une fraîcheur de ton, d'une vérité & d'un soin extrême, a fait prononcer par messieurs unanimement qu'il étoit le rival de Van-Heusum. Ce nouvel académicien est déja décoré du titre de dessinateur & peintre du cabinet du roi pour les fleurs.

21 *Août*. Il paroît constant que M. Amelot a écrit à M. le duc de Chartres, qu'il pouvoit disposer à sa volonté du terrein vacant par la destruction de l'opéra; que S. M. avoit décidé

qu'il ne seroit pas reconstruit au même endroit, & qu'il seroit placé dans son palais des Tuileries dans la cour des princes.

21 *Août*. Le sujet de la piece jouée hier aux Italiens est si rebattu, qu'il seroit fastidieux d'en donner une analyse suivie. Toute l'intrigue roule sur un jeune homme qui, voulant arracher sa maîtresse des mains d'un tuteur jaloux, se fait présenter à lui comme un automate merveilleux. Après quelques scenes qui en rappellent plusieurs de la même espece à ce théatre, entr'autres la scene de la *momie* dans *Arlequin & Scapin voleur par amour*, il se déguise en clerc de notaire, fait un contrat de mariage, y met son nom au lieu de celui du tuteur ; & au moyen de cette superchérie, finit, comme c'est l'usage, par épouser celle qu'il aime.

Les bouffonneries dont cette piece est remplie, ont procuré à l'auteur le seul succès qu'il pouvoit espérer, celui de faire rire. Quant à la musique, elle ne répond pas à l'idée que M. Riget a donnée de lui dans ses autres essais. Ses partisans prétendent que ses talents auroient brillés davantage sur un canevas plus heureux : celui-ci prêtoit cependant, & auroit eu grand besoin de son secours.

22 *Août* 1781. On critique beaucoup une décision du nouveau comité de la guerre, suivant laquelle S. M. veut que dorénavant les sujets qui seront proposés pour être nommés à des sous-lieutenances dans ses régiments d'infanterie Françoise, de cavalerie, de chevaux-légers, de dragons & de chasseurs à cheval, soient tenus de faire les mêmes preuves que ceux qui lui sont présentés, pour être admis & élevés à son école

royale militaire. On craint que cela n'ôte l'émulation de l'ordre du tiers-état ; d'ailleurs, cela rend nulle l'ordonnance concernant la noblesse militaire ; enfin, il en doit résulter dans les troupes de terre, la même morgue, le même esprit d'indiscipline & d'insubordination que dans le corps des officiers de marine, dont on a senti les inconvénients insurmontables, auxquels plusieurs ministres se sont en vain efforcés de remédier.

22 *Août* 1781. Ce qui aggrave la douleur M. de la Ferté, c'est que Mlle. Cecile ayant appellé un confesseur, ce personnage austere a exigé non-seulement qu'elle éloignât d'elle cet entreteneur, objet d'un scandale public ; mais avant cette cruelle séparation, qu'elle lui déclarât que les enfants venus durant leur union n'étoient pas même de lui. Un tel aveu, quoiqu'il dût s'en douter, mais fait à la face de toute la maison appellée en témoignage, a singuliérement humilié M. de la Ferté. Il en étoit tellement épris, qu'après l'avoir comblée de biens, il se disposoit à l'épouser & à reconnoître ses enfants. Quel coup de poignard !

Mlle. Cecile n'avoit débuté qu'en 1776, sous l'administration du sieur le Breton, & avoit eu dès ce moment le plus grand succès. Elle étoit éleve du sieur Gardel l'aîné ; elle n'avoit que vingt-un ans. Les préférences que lui valoit la protection de M. de la Ferté, la rendoit peu agréable à ses camarades, non moins jalouses de cette injustice que de sa figure & de ses charmes.

23 *Août* 1781. Extrait d'une lettre de Rouen, du 15 août. « On a compté cette année dans cette
» généralité 27,819 naissances, 8,597 mariages
» & 24,729 morts. »

23 *Août*. M. le comte de Broglio étant allé

à Rochefort dans cette saison mal-saine, y est tombé malade d'une fievre putride; on ne l'a transporté qu'au bout de quatre jours, & il en est mort.

23 *Août*. 1781. Extrait d'une lettre d'Auxerre, du 16 août. « Vous serez peut-être bien aise de
» connoître un état que cette ville a publié de ses
» trois dernieres récoltes en vins, son principal
» commerce; tous ces détails sont utiles pour
» apprécier la richesse d'un royaume.
» La récolte de 1778, compris 3000 muids
» de 1777, s'est trouvée monter à 12541 muids.
» Il en a été consommé dans le pays 2600 muids,
» vendu à l'étranger 7624 muids. Il reste encore
» à vendre 2317 muids.
» La récolte de 1779 a produit 18047 muids,
» dont on a consommé dans le pays 6628 muids,
» vendu à l'étranger 8514 muids; à vendre 2905.
» Celle de 1780 a produit 13527 muids, con-
» sommé dans le pays 5700, & vendu à l'étran-
» ger, jusques & compris le 20 juillet, 4000
» muids. Il reste à vendre 3327 muids, qui,
» réunis à ce qui reste des deux récoltes précé-
» dentes, font un total de 8549 muids. »

23 *Août*. L'arrêt intervenu dans l'affaire du soufflet, venge Me. Goupillot de Villeneuve en ce que son adversaire est condamné à vingt-cinq louis d'aumône envers les pauvres, ce qui n'est pas infamant; mais il lui est défendu de récidiver à peine de punition corporelle; ce qui rend l'arrêt grave; il n'y a point eu de dommages & intérêts prononcés, l'avocat ayant déclaré qu'il n'en vouloit point.

24 *Août* 1781. Quoique la salle de l'hôtel des menus soit fort agréable, le théâtre ne peut comporter que de petits ballets; & ne supplée qu'im-

parfaitement au vuide que laisse l'incendie de l'opéra. Il a fallu diminuer le nombre des instruments de l'orchestre, celui des acteurs & des actrices des chœurs, & enfin celui des figurants & figurantes dans les ballets. Il faut conséquemment choisir les actes susceptibles de semblables retranchements, & auxquels ils ne puissent nuire. L'essai qu'on a tenté par l'acte de *Théodore*, a prouvé que le genre héroïque ne pouvoit s'exécuter avec succès sur cette scene. En vain M. Larrivée s'est efforcé de proportionner ses sons à l'étendue du local ; on voyoit sensiblement qu'il étoit gêné & comme en prison. Ainsi il est à souhaiter que la promesse de l'architecte le Noir s'exécute, & il s'en flatte de plus en plus : il croit avoir assez de temps devant lui pour n'avoir plus besoin des travaux de nuit.

25 *Août* 1781. M. de Caumartin desirant illustrer sa prévôté des marchands par quelque établissement utile & mémorable, se propose de former une école de natation. Ce qui répond à merveille à ceux déja formés en faveur des noyés. Prévenir la jeunesse contre les accidents & les fureurs de l'onde, sera encore plus heureux. Il vaut mieux obvier aux maux que d'y remédier.

25 *Août*. Aujourd'hui on a exposé toute la journée aux regards du public, dans les salles de l'académie royale de peinture & de sculpture, les morceaux qui ont concouru pour les prix. Ceux de sculpture ont été vus avec le plus grand intérêt. Il s'agissoit de représenter *David qui empêche Abisaï de tuer Saül pendant son sommeil, & qui se contente de lui enlever sa lance & sa coupe.*

Le sujet du prix de peinture, est le *martyr des Machabées*. Un seul a excité l'attention du public.

Les prix ne feront décernés que dans quelques jours. *Le projet d'une cathédrale* eft auffi le fujet du prix d'architecture.

Dans les falles de cette académie, on voyoit aujourd'hui plufieurs plans d'un *prix d'émulation*, propofé pour celui qui fourniroit le meilleur projet de *fêtes pour la paix*. Ce prix paroît trop prématuré, en ce que la paix peut être plus ou moins avantageufe, & que les fêtes femblent devoir s'y proportionner.

Fin du dix-feptieme Volume.

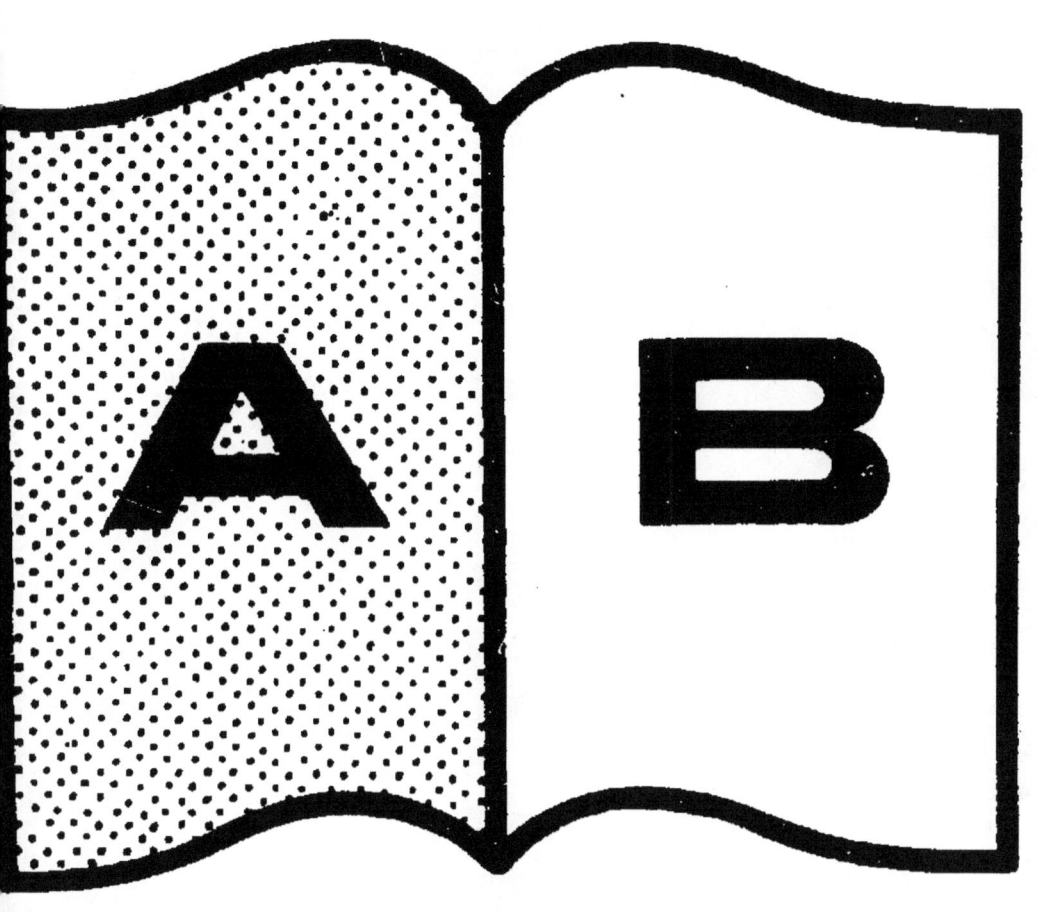

Contraste insuffisant

NF Z 43-120-14

www.ingramcontent.com/pod-product-compliance
Lightning Source LLC
Chambersburg PA
CBHW060457170426
43199CB00011B/1236